사회과학자가 보는 4차 산업혁명

※ 이 도서의 국립중앙도서관 출판예정도서목록(CIP)은 서지정보유통지원시스템 홈페이지(http://seoji.nl.go.kr)와 국가자료공동목록시스템(http://www.nl.go.kr/kolisnet)에서 이용하실 수 있습니다. CIP제어번호: CIP2018017908(양장), CIP2018017907(반양장)

사회과학자가 보는 4차 산업혁명

조화순 엮음
조화순·김성철·강재원·최항섭·박영득·심우민·조희정·김정연 지음

THE FOURTH INDUSTRIAL REVOLUTION FROM SOCIAL SCIENTIST'S PERSPECTIVE

한울
아카데미

머리말

4차 산업혁명과 사회과학

4차 산업혁명이라는 말은 요즘 우리가 자주 언급하는 화두 중 하나이다. 그런데 4차 산업혁명의 실체에 대해 우리는 얼마나 깊은 고민을 하고 있을까? 4차 산업혁명에 관한 과장되고 섣부른 예견들은 4차 산업혁명 시대를 준비하는 데 오히려 많은 문제를 부과할 것처럼 보인다. 이 책은 한국 사회의 화두인 4차 산업혁명을 사회과학자의 시각에서 분석하고 논의하고자 기획했다. 정치학자, 언론학자, 사회학자, 법학자로 구성된 저자들은 학문 분야별로 각기 다른 시각에서 4차 산업혁명의 주요 논제들을 정의하고 집필했다.

우리는 4차 산업혁명을 어떻게 이해할 것인가? 그동안의 4차 산업 관련 저서들은 경제·경영, 과학·공학을 중심으로 4차 산업혁명을 추동하는 기술 변화들을 다루어왔다. 기술, 기업, 비즈니스 측면에서 논의되는 4차 산업혁명은 유토피아적 개론이나 시장, 자본의 승리에 집중되어 있다. 이 책은 변화하고 있는 기술 발전과 기술 발전이 추동하는 정치적·사회적·법적 변화에 주목하고 있다. 4차 산업혁명에 관한 최근의 논의들을 보면, 혁신기술에 대한 기술 담론은 존재하지만 국가마다 다른 사회적 수용성을 고려한 가치 담론은 논의되지 못하고 있다. 4차 산업혁명의 기술 및 산업적 가능성과 더불어 그 부작용 역시 논의되어야 한다.

이 책은 4차 산업혁명에 관한 과장된 낙관과 기대는 유토피아가 아니라 디스토피아를 가져온다는 공유된 생각을 바탕으로 기술 발전이 추동하는 정치적·사회적·법적 변화의 실체를 논의하고 있다. 특히 저자들은 변화하고 있는 기술 환경과 정치·사회적 이해의 불균형에 주목한다. 4차 산업혁명에 관해 그동안 논의되어온 기술 담론과 기술 확장에 기반을 둔 논의들은 사회과학의 논의들과 만날 때 비로소 미래 사회의 지속 가능한 대안이 될 수 있다. 최근 4차 산업혁명을 둘러싼 기술 중심의 논의들은 기계와 인간이 분리된 채 자유와 행복을 추구하는 인간의 삶을 간과하고 있다. 4차 산업혁명은 과연 인간의 삶을 어떤 모습으로 변화시킬 것인가? 미래 사회는 그 변화의 열망과 기대가 무엇이든 사람과 사회 중심으로 그려져야 한다.

기술, 산업 비즈니스 생태계에 대한 핑크빛 전망은 난무하지만 이러한 변화가 몰고 올 사회와 국가의 변화는 일종의 수사로서만 다루어지고 있다. 4차 산업혁명의 기술과 산업의 발전이 몰고 올 기회와 가능성에 대한 논의는 그 부작용을 예측하고 대비하는 정책적 논의 속에서 더욱 실행 가능해진다. 사회과학자들의 시각을 반영해 기술변화의 기대와 우려의 간극을 메워나갈 수 있는 대책 혹은 대안을 마련하는 것이 중요하다. 공학자, 경영학자들이 주도하는 기술 주도적 논의들을 비판하면서 기술의 수용자, 정치사회문화, 법과 제도의 측면에서 유토피아적 사회가 실현 가능하도록 만들어야 한다.

이 책은 정부나 정치권이 슬로건으로 내세우는 4차 산업혁명이 아닌, '사회과학자가 어떻게 현실과 미래를 포착하고 해석해서 대안을 제시할 것인가' 하는 관점에서 의미 있는 시작일 것이다. 저자들은 각자의 연구 분야에서 4차 산업혁명에 대해 어떤 질문을 던질 수 있을지 고민하고, 다양한 시각으로 그 해답을 펼쳐 보인다.

1장 ICT 산업의 미래에서 김성철은 4차 산업혁명은 어느 산업혁명보다도 광범위하고 급진적으로 기존의 산업을 변화시킬 것을 예견한다. 특히 연결성을 제공하는 통신산업은 가장 역동적으로 변화될 것으로 전망하고 있다. 통신 사업자들이 보유하고 있는 네트워크의 가치는 유지될 것이지만, 네트워크가 융합해 이루어지는 융합 생태계는 비통신 사업자가 주도할 가능성이 높다고 본다. 그는 4차 산업혁명의 핵심 영역인 사물인터넷의 성공을 위해서는 사물인터넷 시장을 창출할 수 있는 '킬러 애플리케이션'의 개발이 필수적이라고 주장한다. 현재 4차 산업혁명은 다양한 산업 분야에서 플랫폼의 주도권 획득 및 생태계 조성을 위한 노력이 진행되고 있는데, 네트워크, 기기, 인터넷 서비스 등 세 개의 산업 생태계 중에서는 인터넷 서비스, 특히 사물인터넷 산업 생태계가 가장 건강한 것으로 평가하고 있다. 결국, 인터넷 서비스 사업자가 사물인터넷 산업 생태계 주도권을 확보할 확률이 가장 크다고 본다. 김성철은 4차 산업혁명이 효과적으로 진행되기 위해서는 5G 이동통신과 같은 차세대 정보통신 기술이 적기에 개발되고 네트워크 하부구조가 적시에 구축될 필요가 있다고 주장한다. 이를 위해서는 민간 기업의 활발한 투자와 개발 역시 중요하지만, 우선 공공 차원에서 R&D 과제를 발굴하고 보조할 필요가 있다고 제안한다.

2장 혁신기술에 대한 기대와 저항에서 강재원은 4차 산업혁명이라는 새로운 혁명적 변화와 수용성에 관한 여러 모형을 살펴보며, 가치 담론의 전파를 위한 제도적 환경에 관심을 보인다. 4차 산업혁명은 진정 우리 곁에 와 있는가? 4차 산업혁명의 중심에는 어떤 혁신기술들이 자리하고 있는가? 우리의 삶에 혁명적 변화를 가져다줄 것인가? 이러한 질문들은 우리로 하여금 4차 산업혁명을 주도할 기술에 대한 과도한 기대감을 가지게 한다. 범람하는 대중매체 또는 소셜 네트워크의 정보 속에서 우리는 전문가 집단이 주도적 의견을 피력하는 주장을 접한다. 과장된 기대와 수용이 가져올 사회적 파장은 무엇일까? 과장된 수용성은 거품이며, 거품의 붕괴와 함께 찾아오는 실망감은 사회적 관심도의 하락으로 이어질 것이다. 4차 혁명에 대한 새로운 가치 담론은 일반인들이 혁신기술과 서비스에 대해 그 유용성을 인식하는 동시에 위험에 대해서도 명확히 인지하도록 해야 한다. 이러한 점을 고려하면, 4차 산업혁명의 기술 발전이 가능하게 하는 현상을 차분하게 분석하여 그 실체적 진실을 밝혀내는 사회과학적 노력이 절실하다고 강재원은 주장한다.

사회학자 최항섭은 **3장 사회적 관계의 변화**에서 최근 부상하고 있는 기술사회 변화의 트렌드로서 4차 산업혁명에 주목한다. 우리는 유비쿼터스 혁명, 초연결사회 등 계속해서 새로운 변화 트렌드에 적응해야 하는 상황에 놓여 있다. 4차 산업혁명을 자본이 기술을 통해 스스로의 증식을 꾀하는 하나의 슬로건으로 비판할 수도 있으나, 그것이 담고 있는 변화의 양상은 먼 미래가 아니라 현실에서 실제로 일어나고 있다. 최항섭은 4차 산업혁명 시기에는 먼저 인간과 인간 간의 2차 관계에 기계가 들어오면서 인간-기계-인간 간의 3자관계가 형성되고 이는 기존의 인간들 간의 관계와 인간-기계 간의 관계에 질적 변화를 가져온다고 주장한다. 자본과 노동의 관계 역시 4차 산업혁명 시기에 변화하게 되는데, 예를 들어 인간의 노동이 인공지능화된 자동로봇에 의해 대체되고 자본과 노동 간의 간격이 더욱 증대되는 것을 우려한다. 위험사회론에서 경고한 바와 같이, 4차 산업혁명은 지나치게 빠르게 진행되면 합리성의 과잉에 의해 위험들이 발생할 수가 있다. 그는 사회학자들이 4차 산업혁명 시기의 인간과 사회의 변화에 대해 연구할 때 이러한 위험성을 해석적으로 이해할 수 있는 노력을 기울여야 한다고 주장한다.

박영득의 글, **4장 노동의 미래**에서는 4차 산업혁명의 생산과정에서 일어나는 노동의 거대한 변화에 주목한다. '생산과정의 격변이 필연적으로 노동시장에 큰 영향을 미칠 수밖에 없는데, 그렇다면 그 영향은 구체적으로 어떻게 예측되는가?' 박영득은 이와 같은 질문을 던지고, 기술 발전이 노동시장에 미칠 영향과 파생될 수 있는 문제를 고찰하고자 한다. 4차 산업혁명 관련 기술 전문가들은 첨단기술에 의해 발생하는 고용 대체 효과가 매우 크다고 예측하거나 혹은 정반대되는 예측을 하고 있다. 그런데 어떠한 예측이 현실화되든 새로운 기술의 도입으로 인해 변화할 생산과정을 체계적으로 접근하고 인간이 새로운 노동을 수행할 직무를 개발하려는 노력이 선행되어야 한다고 주장한다. 일자리 문제의 해결이 전제되지 않은 기본소득은 장기적으로 기본소득에만 의해서 살아가는 사람들의 의존성을 심화시킴으로써 정치적·사회적 측면에서 불평등을 유발할 가능성을 높인다. 정부도 역시 4차 산업혁명 논의에 걸맞게 새로운 산업을 육성하고 이를 통해 일자리를 만들어내려 하는데, 이러한 정부의 규제행위는 혁신가들의 창의적 활동을 보장하는 선에서 이루어지는 것이 중요하다.

5장 법의 미래에서 법학자 심우민은 4차 산업혁명은 다양한 차원의 학술적 논쟁에도 불구하고, 현시대 구성원들의 이상향과 가치를 투영하는 용어로 사용되고 있다는 문제의식을 가진다. 따라서 향후 쟁점은 이 용어의 활용을 통해 구현해야 할 가치가 무엇인지에 관한 진지한 성찰이 필요하고, 그 가운데 법규범의 문제는 중요한 화두로 등장하게 될 것이라고 보고 있다. 사이버 물리 시스템으로 대변되는 4차 산업혁명으로 인한 변화는 인공지능 등 기술적 방식 이면에 존재하는 알고리즘의 영향력 확산과 자동화를 의미하며, 이는 궁극적으로 인간의 의지와 인과관계를 중심으로 한 법규범의 패러다임 변화를 요청한다. 그러나 분명한 것은 기술적 발전의 방향성을 현재로서 정확하게 예측하기는 어려울 뿐만 아니라, 그러한 불확정성은 향후에도 확대일로에 있게 되리라는 점이다. 이러한 패러다임 변화에 효과적으로 대응하기 위해서는 어떻게 현실화될지 모르는 상황을 상정하여 법의 미래에 대응해서는 안 될 것이다. 심우민은 법규범적 변화 요인과 상황을 면밀하고 신속하게 포착하고 활용할 수 있는 체계를 구축해야 함을 강조한다. 법의 변화 방향을 염두에 두면서 현행 규제 체계를 정비해갈 필요가 있으며, 이를 위해서는 상시적 영향평가와 이해관계를 조율할 제도적 기반을 마련해야 한다고 지적한다.

조화순과 이수경의 글, **6장 무역과 금융의 변화**에서는 인공지능과 사물인터넷, 클라우드 서비스, 빅데이터 처리 기술이 급격히 발전하면서 세계경제가 산업화 시대와는 달리 변화할 것으로 예견하고 있다. 획기적인 기술의 발달은 국제사회의 협력을 더욱 요구할 것이다. 그렇다면 4차 산업혁명 시대의 초국가적 경제행위 증가는 영토에 기반을 두고 발달해온 근대 국가 체제의 변화를 의미하는가? 전자상거래, 암호화폐와 같은 사이버공간을 통한 새로운 무역과 금융의 형태는 국가 중심 규제의 한계를 의미하는 것인가? 필자들은 이러한 문제의식에서 4차 산업혁명이 무역과 금융 산업에 미친 변화들을 살펴보고, 기술 발전의 변화 속에 국가와 기업의 이해관계가 재편되어가는 과정을 면밀히 검토해본다. 아울러 4차 산업혁명 시대를 맞이하는 국가와 기업이 모색해야 할 생존 전략은 무엇일지 전망하고 있다.

7장 기술발전국가와 혁신의 미래에서 조희정은 정부의 기술 정책 담론의 과거와 미래를 살펴보고 있다. 한국 사회에서의 기술 정책은 시장 중심의 단기간 성과를 도출하는 것에 관심을 가지고, 이전 정부와의 차이를 부각하는 것을 가장 중요한 가치로 간주해왔다. 그 결과 한국은 ICT 강국으로서 국제적인 위상을 높일 수 있었다. 하지만, 이제는 양적 성과보다는 실용적 효과와 정책의 질에 대한 평가로 전환이 이루어져야 한다. 4차 산업혁명 시대에 사용될 기술 효과에 대한 충분한 논의를 확보하여 논의 과정에서부터 정당성을 확보할 필요가 있다. 한국의 경우 이미 4차산업혁명위원회가 출범해 새로운 정책들이 추진되고 있다. 그런데 4차 산업혁명 자체에 대해 정치·경제·사회·문화적으로 많은 논쟁과 이해의 불균형이 발생하고 있는 만큼, 신기술의 실용적 효과와 잠재되어 있는 문제에 대해 좀 더 세밀한 정책적 고려가 필요하다고 설명한다.

김정연의 **8장 정치사회 시스템의 미래**에서는 4차 산업혁명 시대 우리의 관심사는 무엇인가에 대해 논의하고 있다. 4차 산업혁명 시대는 결국 사람의 행태에 대한 분석이 많이 이루어지고, 새로운 세계의 구현은 개인의 욕망이 충족되는 과정에서 그 동력을 발견할 것이라고 본다. 김정연은 현재 한국이 4차 산업혁명 시대를 어떻게 인식하는지, 4차 산업혁명을 둘러싼 담론을 더욱 구체적으로 알아보고자 국내 학계에서 논의되는 4차 산업혁명 관련 연구 동향을 살펴본다. 사회과학 분과에서 4차 산업혁명 이슈와 관련해서 출현할 수 있는 토픽들은 4차 산업혁명의 이해관계자 어젠다와 4차 산업혁명의 기반기술 어젠다, 4차 산업혁명 시대 변화에 대한 적응과 대비를 둘러싼 규범적 차원의 어젠다이다. 그는 정치학자로서 국가 간 4차 산업혁명을 수용하는 방식의 차이를 주장하고, 시민들의 연결성 강화가 선거와 정치 영역에서 몰고 올 거버넌스와 정치사회 시스템의 변화에 관해 이야기하고 있다.

이 책은 4차 산업혁명 시대에 우리는 어디에 있고, 어떻게 대비할 것인지 변화와 수용의 본질에 대한 답을 구하고자 시도했다. 새로운 혁명적 변화는 이를 수용하는 가치와 담론을 위한 사회적 환경에 대한 고려 없이 불가능할 것이다. 사회과학자들은 수용자의 입장에서 4차 산업혁명을 이해하고 적절한 대응책을 마련하는 것이 가장 중요하다고 보고 있다. 이 책은 혁신기술이 어떻게 4차 산업혁명을 이끌어가고 있는지를 파악함과 동시에, 수용 담론과 미래 예측의 관점에서 4차 산업혁명을 만들어가는 과정을 제시한다. 한국은 정보통신 강국으로서 명성은 얻었지만 동시에 미래를 위한 정치, 문화, 제도에 대해서는 비판을 받고 있다. 4차 산업혁명의 기술적 혁신이 우리의 일상에 파고들어 경제적·사회적 행복과 여유를 꿈꿀 수 있기를 희망한다.

이 책은 2016년도 정부재원(교육부 인문사회연구역량강화사업비)으로 한국연구재단의 지원을 받아 연구되었다(NRF-2016S1A3A2925033). 책을 출판하는 과정에서 도움이 되어준 연구조교 김서연, 권민성의 노력에 감사한다. 그리고 이 책의 출판을 도와준 한울엠플러스에 감사를 전한다.

2018년 6월

조화순

차례

1장

ICT 산업의 미래

김성철

* 이 글은 2016년 대한민국 교육부와 한국연구재단의 지원으로 수행된 연구임 (NRF-2016S1A3A2924760).

산업혁명과 산업의 변화

산업혁명은 철도 건설과 증기기관의 발명을 바탕으로 기계에 의한 생산이 가능해진 1784년도 제1차 산업혁명을 시작으로 한다. 1870년 2차 산업혁명 때에는 전기와 조립 라인을 통한 대량생산 체계가 구축되어 생산성과 삶의 질이 대폭 향상됐다. 1969년 3차 산업혁명 때에는 반도체, 컴퓨터, 인터넷 등의 등장으로 더 정교한 자동화와 사물 및 사람 간의 연결이 가능해졌다. 2016년부터 논의된 4차 산업혁명의 개념은 '모든 것이 연결되며 더욱 지능적인 사회로 진화'라고 요약될 수 있다. 우리가 현재 경험하는 현상이 3차 산업혁명의 연장이든 4차 산업혁명이든, 새로운 산업혁명의 핵심은 산업의 변화, 특히 ICT (Information Communication Technology) 산업의 변화라고 할 수 있다.

이 장에서는 4차 산업혁명과 ICT 산업의 변화에 대한 네 가지 중요한 질문을 제시하고 그 답을 탐색한다. 질문은 다음과 같다. 첫째, 기존 ICT 사업자는 4차 산업혁명에 어떻게 대응해야 하나? 둘째, 4차 산업혁명 관련 시장에서 '킬러 어플리케이션'은 무엇인가? 셋째, 4차 산업혁명 관련 산업 생태계 중에서 어느 생태계가 가장 건강한가? 넷째, 4차 산업혁명 관련 공공 R&D 자원을 어떻게 배분할 것인가?

기존 ICT 사업자의 4차 산업혁명[1]

4차 산업혁명이란 '디지털·물리적·생물학적 영역의 경계가 허물어지고 기술이 융합되며 모든 것이 연결되는 새로운 시대'로 정의된다.[2] 4차 산업혁명은 과거에 인류가 경험했던 어느 산업혁명보다도 광범위하고 급진적으로 기존의 산업을 변화시킬 것으로 예견된다. 특히 4차 산업혁명의 핵심은 '연결성'이므로 연결성을 제공하는 통신산업은 기존의 경계를 넘어 다른 여러 산업과 융합하고 새로운 시장을 창출하는 등 가장 역동적으로 변화할 것으로 전망된다.

4차 산업혁명의 핵심 기술로 논의되는 사물인터넷(Internet of Things: IoT), 인공지능, 빅데이터, 로봇, 가상현실, 드론 등은 모두 통신, 즉 네트워크를 기반으로 한다. 이는 통신 사업자에게 새로운 시장 수요와 고부가가치를 창출할 기회인 동시에 기존의 사업 모델에서 벗어나 변화를 시도해야 하는 부담이기도 하다. 그러나 오랜 시간 유지해온 기존의 사업 모델에서 탈피하여 기업의 사업 방향과 체질을 바꾸는 것은 매우 어려운 일이다.

국내 통신시장은 이미 성숙기를 지나 정체기에 접어들었다. 이는 기존 통신 사업자의 수익구조가 성장의 한계에 다다랐으며 더 이상 기존의 네트워크 사업 모델에만 기대어 안주할 수 없다는 것을 시사한다.

4차 산업혁명의 시대 속에서 기술은 더욱 빠르게 발달하고, 산업 간의 경계가 낮아지면서 통신 사업자들은 국내·외 할 것 없이 너도나도 융합산업에 뛰어들기 시작했다. 그러나 문제는 의료, 금융, 교육, 건설 등 거의 모든 산업과 결합될 수 있는 '통신' 사업을 하는 통신 사업자가 어느 융합산업에 뛰어들어야 하는지, 어느 산업이 더 혹은 덜 중요한지, 또한 어떤 전략을 통해 진입해야 하는지에 대한 답을 찾는 것이다.

시나리오 분석 방법이란 불확실성을 기초로 의미 있는 시나리오들을 도출하여 시나리오별로 대응 방안을 수립함으로써 미래에 대비하려는 기법이다.[3] 이때 시나리오는 '미래에서 발생할 수 있는 모든 가능성과 상황 그 자체'를 말한다. 4차 산업혁명 속의 통신산업과 같이 시장 환경이 지속적으로, 빠르게 변화하고 또 예측이 점점 더 어려워진 경영 환경에서 전략 방향에 대한 답을 얻고자 할 때 시나리오 분석 방법은 매우 도움이 된다. 시나리오 분석 방법은 핵심 이슈를 선정한 뒤 변화, 위험, 기회의 징후를 추적하여 핵심 이슈의 미래에 영향을 미칠 것으로 보이는 불확실한 추세를 도출한다. 4차 산업혁명 시대의 통신 산업의 미래가 핵심 이슈라면 이 이슈에 영향을 미칠 것으로 보이는 불확실성 요소는 다양하다. 국내외 통신산업에 대한 분석을 종합한 결과, 불확실성 요소로서 '융합산업 진출 시 통신 사업자의 생태계 주도권 확보 여부'와 '통신 사업자 네트워크의 가치 변화'가 도출됐다.[4]

〈표 1-1〉 4차 산업혁명 환경에서 통신산업 시나리오

		융합 생태계 주도권	
		통신 사업자 주도	비통신 사업자 주도
통신 네트워크 가치	네트워크 가치 유지	대장 시나리오	멘토 시나리오
	네트워크 가치 하락	아재 시나리오	퇴물 시나리오

차 산업혁명 시대에서 융합 생태계의 주도권은 통신 사업자가 확보하는 경우와 비통신 사업자가 확보하는 경우, 그리고 통신 사업자의 네트워크 가치는 유지되는 경우와 하락하는 경우로 나타날 수 있다. 통신시장이 성숙기를 지나 포화기에 이르러 성장이 정체됨에 따라 통신사업자들은 인접 혹은 이종산업으로 탈(脫)통신 흐름을 보이기 시작한 것이 사실이다. 이때 통신 사업자가 새롭게 진출하는 영역에서 주도권을 확보할 수 있는가는 융합 생태계에서의 성공에 지대한 영향을 미치기 때문에 이는 통신산업의 미래를 예측하고 전략을 구성하는 데 매우 중요한 요소이다. 또한 통신산업의 미래는 통신 네트워크의 가치 변화에 따라서도 달라질 수 있다. 통신 사업자가 제공하는 네트워크는 대안망의 등장, 사업자의 증가 등으로 인해 덤파이프(dumb pipe)로 전락할 수도 있고 5G나 프리미엄 망 구축을 통해 생태계 내에서 필수재의 성격을 갖는 스마트파이프(Smart pipe)로 기능할 수도 있다. 이 두 개의 불확실성을 결합하면 통신산업의 미래 모습은 네 가지 시나리오로 요약된다. 이 네 가지 시나리오는 통신 사업자의 '역할'에 주목하여 우리 사회의 '대장', '멘토', '아재', '퇴물' 시나리오로 명명하고 그 개념을 풀어 설명할 수 있다(〈표 1-1〉 참조).

첫째 '대장 시나리오'는 네트워크 가치가 유지되는 가운데 융합 생태계를 통신 사업자가 주도하는 시나리오로서 지금까지 키우고 유지해온 능력을 앞세워 주도적으로 일을 이끌어가는 우리 사회 대장의 역할로 설명할 수 있다. 둘째 '멘토 시나리오'는 네트워크의 가치는 유지되지만, 비통신 사업자가 융합 생태계를 주도하는 상황을 가리키는데, 이는 능력은 여전하나 다른 이들의 활약을 지지하고 뒷받침하는 멘토에 빗대어 표현할 수 있기에 이와 같이 명명했다. 셋째 '아재 시나리오'의 경우 네트워크의 가치는 하락함에도 통신 사업자가 융합 생태계를 주도하려 하는 상황으로서 본인의 능력과 영향력은 예전과 같지 않으나 여전히 일을 벌이려 앞장서는 아저씨를 가리키는 속어 '아재'에 비유했다. 마지막 '퇴물 시나리오'는 네트워크의 가치도 하락하고 융합 생태계도 비통신 사업자가 주도하는 시나리오로 능력도 예전과 같지 않고, 일의 주도권도 빼앗긴 역할인 퇴물로 설명할 수 있다.

총 23명의 국내 통신 관련 전문가들에게 향후 5년 기준 국내 통신 사업의 시나리오별 발생 가능성 평가를 요청해서 통신 사업자가 융합 산업으로 진출하는 전반적인 상황에서의 각 시나리오별 발생 가능성을 평가했다. 설문에 참여한 전문가들은 시나리오별 발생 가능성을 10점 척도로 평가했다. 즉, 시나리오가 100% 발생할 것이라고 생각하는 경우 10점을, 거의 발생 가능성이 없다고 생각하는 경우 1점을 부여한 방식이다. 전문가들의 평가를 합산하여 평균값을 계산한 결과, 멘토 시나리오, 즉 네트워크의 가치는 유지되지만 비통신 사업자가 생태계를 주도하는 시나리오의 발생 가능성이 가장 높게 평가되었다(〈표 1-2〉 참조). 순서대로 보면 발생 가능성은 멘토 시나리오, 퇴물 시

〈표 1-2〉 시나리오 발생 가능성 평가

시나리오	산업 전반	의료	금융	스마트홈	미디어
대장 시나리오 - 네트워크 가치 유지 - 통신 사업자가 생태계 주도	4.87	4.13	5.26	**6.39**	6.22
멘토 시나리오 - 네트워크 가치 유지 - 비통신 사업자가 생태계 주도	**6.13**	**7.30**	**6.96**	5.52	**6.39**
아재 시나리오 - 네트워크 가치 하락 - 통신 사업자가 생태계 주도	4.39	3.91	3.96	5.35	4.86
퇴물 시나리오 - 네트워크 가치 하락 - 비통신 사업자가 생태계 주도	5.74	6.09	5.83	5.09	5.65

나리오, 대장 시나리오, 아재 시나리오 순으로 높았다.

의료, 금융, 미디어 산업과의 융합에서 또한 멘토 시나리오가 가장 발생 가능성이 높은 것으로 평가되었다. 즉, 이 세 분야에 통신 사업자가 진출할 경우 통신 사업자 망의 가치는 높게 유지되지만, 시장 생태계는 경쟁자인 비통신 사업자가 주도할 가능성이 더 크다. 의료 분야의 경우 전통적 의료기관이나 제조업체, 플랫폼 사업자 등 비통신 사업자가 고객 접점을 마련하며 스마트의료 시장의 생태계를 주도하고, 금융에서는 은행이나 카드사 등의 기존 금융 사업자가 생태계 주도권을 확보하며, 미디어에서 또한 기존 방송 사업자 및 신규 OTT(인터넷 기반 영상 서비스) 사업자 등 비통신 사업자들이 융합적 미디어 생태계를 주도할 가능성이 더 높을 것이다.

그러나 흥미롭게도 스마트홈과의 융합에서는 결과가 다를 것으로 예측되었다. 통신 사업자가 스마트홈 산업으로 진출하는 경우에는 대장 시나리오의 발생 가능성이 가장 높게 평가되어, 통신 사업자가 주도하는 시장을 형성할 수 있을 것으로 나타났다. 즉, 안정성과 연결성의 가치가 부각되어 통신 네트워크의 가치가 여전히 높게 유지되고, 쿼드러플 플레이(유선전화, 유료방송, 초고속인터넷, 이동통신 서비스) 등 결합상품의 강점을 기반으로 통신 사업자가 주도적으로 스마트홈 시장 진입 및 형성에 성공하며 생태계 주도권을 획득할 가능성이 매우 높다는 평가이다.

산업 전반뿐 아니라 세부 영역 전반에 걸쳐 가장 낮은 발생 가능성을 보인 시나리오는 아재 시나리오, 즉 통신 사업자의 네트워크 가치는 하락하는 반면 생태계 주도 가능성은 높아지는 시나리오이다. 특히 의료와 금융 분야에서의 아재 시나리오는 시나리오 분석 전체에서 가장 낮은 점수로 나타났다. 통신 사업자의 핵심 가치인 네트워크가 약화된 상황에서 생태계의 키스톤이 될 수 있다는 시나리오 자체가 설득력이 부족했던 것으로 보인다.

한 가지 더 주목할 만한 부분은 퇴물 시나리오가 멘토 시나리오 다음으로 발생 가능성이 높게 평가된 점이다. 통신 사업자에게 퇴물 시나리오는 가치도 하락하고 생태계 주도권도 상실하는 가장 기피하고 싶은 시나리오이다. 따라서 통신 사업자는 멘토 및 대장 시나리오뿐 아니라 퇴물 시나리오에 대한 대응 전략 또한 고민해보아야 할 것으로 보인다.

다시 종합하여 살펴보면, 전반적인 통신산업을 비롯해 의료, 금융, 미디어 세부 산업에서는 공통적으로 통신 사업자의 네트워크 가치는 유지되나 융합 생태계는 비통신 사업자가 주도하는 멘토 시나리오의 발생 가능성이 가장 높다. 즉, 네트워크가 다양한 융합 산업을 가능하게 하는 인프라로서 여전히 필수재로 인식되기는 하나, 통신 사업자가 전반적으로 생태계를 주도하는 역할은 하지 못할 것으로 전문가들은 평가하는 것이다. 한편, 스마트홈 산업과의 융합에서는 통신 사업자가 생태계를 주도하고 통신 사업자의 네트워크 가치 또한 높게 유지될 가능성이 높다. 현재 국내 통신 3사가 모두 공통적으로 홈 IoT 사업에 적극적으로 투자 및 광고하고 있는 것이 반영된 결과로 해석할 수도 있으나, 통신 사업자가 스마트홈 시장에서 주도적으로 생태계를 형성하고 진출할 것이 장려된다고 볼 수 있을 것이다.

시나리오 분석 결과 가장 발생 가능성이 높았던 멘토 시나리오에 대응하기 위해 국내 통신 사업자는 다음과 같은 전략을 취할 수 있다. 멘토 시나리오는 망이 다양화되고 복잡해지며 통신 사업자의 역할이 더욱 강조되기 때문에 네트워크의 가치는 유지되지만, 콘텐츠 및 플랫폼 사업자의 서비스가 고객 접점을 확보하여 통신 사업자는 시장 참여자의 역할에 머무르는 시나리오이다. 이 시나리오하에서 통신 사업자는 첫째로 의료, 금융 및 미디어 분야 등에서 끊김 없는(seamless) 커넥션과 망의 보안성을 보장하기 위해 망의 고도화와 프리미엄 망에 대한 투자를 할 수 있다. 또한 콘텐츠 및 플랫폼 사업자 등 비통신 사업자가 생태계를 주도할 때는 이들의 필요에 맞는 네트워크 솔루션을 제공하고, 스타트업 펀드 조성, 적극적인 지분 투자, 합작기업 설립 등을 통해 융·복합 생태계에 진출하는 전략을 펼치는 것이 적합하다. 내부의 자원과 역량을 활용하여 직접 사업에 착수하거나 적극적인 인수

합병보다는 투자, 협력, 공동개발 등의 전략이 권유된다. 직접 콘텐츠 및 플랫폼 사업자로 활동하기보다는, 자유로운 자본 투자를 통해 생태계 투자자의 역할을 하는 생태계 멘토로서의 활동이 장려되는 것이다.

퇴물 및 아재 시나리오는 모두 통신 사업자의 네트워크 가치가 하락할 것이라는 예측을 기반으로 한다. 구글 등의 거대 IT 기업이 대안망을 개발하는 등 망 사업자의 수가 증가하면서 통신 서비스에 대한 통신 사업자의 지배력이 약화되는 것이다. 이는 네트워크를 핵심 자원으로 가진 통신 사업자에게 가장 심각한 상황이다. 통신 사업자 망의 가치가 하락한 시나리오에서 통신 사업자는 망의 프리미엄화에 전력을 다해야 할 것이다. 망의 가치가 하락한다는 것은 망의 대안이 증가하여 통신 사업자가 제공하는 망 서비스에 대한 의존과 망의 희소성이 감소한다는 의미이다. 그러나 대안망은 초기에는 주로 인터넷 공유기의 역할에 그칠 뿐 통신 사업자가 제공할 수 있는 고도화되고 유연한 통신망과는 수준 면에서 차이가 있을 가능성이 높다. 따라서 망의 가치가 약화된 시나리오에서 통신 사업자가 생존하기 위해서는 비통신 사업자가 대체할 수 없는 망을 시장에 제공할 수 있어야 한다. 즉, 의료나 금융 산업에서 최우선시하는 안정적인 연결과 정보 보안을 제공하며, 대안망이 구현하지 못하는 효율성을 제공할 수 있어야 할 것이다.

4차 산업혁명의 킬러 어플리케이션은?[4]

최근 ICT 산업의 주요 화두 중 하나는 단연 사물인터넷이다. 사물인터넷 기술과 서비스는 4차 산업혁명의 핵심 요소로서 그 파급 효과가 막대할 것으로 예견되고 있다. 그렇기에 사물인터넷은 '인더스트리 4.0의 초석'으로 일컬어지기도 한다.[5] 사물인터넷에 관한 정의는 다양하지만, 포괄적인 정의상 '스스로 행동할 수 있는 지능을 가진 사물이 네트워크를 통해 사람 또는 다른 사물과 끊김 없이 커뮤니케이션을 하고, 이를 통해 새로운 서비스를 제공하거나 새로운 가치를 창출하는 것'이라고 볼 수 있다.[6] 기존의 사물지능통신(Machine to Machine Communication)이 기계 간의 연결을 골자로 했다면, 사물인터넷은 더 나아가 인간을 둘러싼 모든 사물과 환경이 연결될 수 있다는 비전을 의미한다. 사물인터넷이 새로운 ICT 패러다임으로 주목받는 이유는 그 가능성이 무궁무진하기 때문이다. 사물인터넷은 단순히 사물들이 통신으로 연결되어 있고 작동이 자동화된다는 것 이상의 가치를 창출할 수 있다. 사물에 부착된 센서가 각종 데이터를 수집하고, 이를 통합처리함으로써 새로운 정보가 생산된다. 이렇게 생성된 정보는 더욱 맥락적이고, 융합적이고, 진화된 형태의 서비스를 가능하게 한다.[7] 사물인터넷은 특정한 분야나 서비스에 국한된 것이 아니라 궁극적으로 ICT 및 ICT와 융합해가고 있는 모든 산업의 근본적 진화를 의미한다. 사물인터넷의 성공을 위해서는 기반기술의 발전뿐 아니라 비즈니스적 고민과 사회적 준비가 필요하다. 특히 사물인터넷 시장을 창출할 수 있는 '킬러 애플리케이션'의 개발이 필수적이다. 그렇다면 사물인터넷 킬러 어플리케이션은 무엇이며 어떻게 선정할 수 있을까?

기술적 문헌과 보고서들을 살펴보면 사물인터넷 애플리케이션의 다양한 청사진이 제시되고 있다. 그러나 동시에 기술적 한계와 난관 역시 제기된다. 만약 특정한 사물인터넷 애플리케이션의 개발과 상용화가 기술적으로 불가능하거나, 비효율적이거나, 신뢰하기 어렵다면, 해당 애플리케이션은 전략적 투자 분야로서 좋은 선택지가 아닐 것이다. 이러한 관점에서 기술적 실현 가능성, 기술적 신뢰성, 비용 효율성, 기술 표준화 수준 등의 기술적 요인은 사물인터넷 킬러 애플리케이션 우선순위를 결정하는 데 중요한 평가기준이라고 할 수 있다.

현재로서 사물인터넷 시장의 성장은 기정사실로 보이나, 어떤 기술, 상품, 서비스가 국내 또는 세계 시장에서 성공을 거둘지는 아직 불명확하다. 기술적으로 완벽한 사물인터넷 서비스가 출시된다고 해도 시장에서의 성공을 담보하는 것은 아니다. 킬러 애플리케이션을 선정하기 위해서는 시장에서의 성공과 안착 가능성 또한 신중하게 평가되어야 한다. 시장 잠재력을 구성하는 요인들로는 잠재수요, 이용자 수용, 수익모형, 생태계 형성 등이 포함될 수 있다.

한편 정책·규제는 기술의 사회적 통제 도구이다. 사물인터넷은 기술에 대한 의존을 더욱 높인다는 점에서 공공안전, 법적 책임, 개인정보보호 등 사회적·윤리적 문제가 수반될 가능성이 높다. 특정 사물인터넷 애플리케이션이 이러한 문제들에 대한 정당성을 확보하지 못한다면 상용화에 상당한 제약이 있을 것이다. 그뿐 아니라 사물인터넷은 산업적으로 중요한 의미를 가지므로 정책적 지휴이 필요하다. 이

〈표 1-3〉 사물인터넷 애플리케이션의 분류

대상 수요	애플리케이션
개인	건강 관리, 텔레매틱스, 개인 및 소셜, 스마트홈, 미디어 및 엔터테인먼트
산업	물류 자동화, 산업 자동화
공공	에너지 관리, 환경 관리, 교통 관리
개인·공공	안전
개인·산업	지불 방식, 보험

러한 관점에서 사물인터넷 킬러 애플리케이션 평가 시 정책적·규제적 평가기준은 산업적 규제, 소비자 보호 규제 그리고 정책적 지원으로 정리될 수 있다.

사물인터넷 킬러 애플리케이션 선정을 위한 후보는 〈표 1-3〉과 같이 정리됐다. 개인, 산업, 공공 부문의 애플리케이션을 각 한 가지씩 후보로 선정한 결과, 최종적으로 선정된 평가대상은 ① 사물인터넷 건강 관리, ② 사물인터넷 물류 자동화, ③ 사물인터넷 에너지 관리 애플리케이션이다.

기술, 시장, 정책·규제 측면의 킬러 애플리케이션 평가기준과 세 가지 킬러 애플리케이션 후보를 조합하면 〈그림 1-1〉과 같은 계층분석모형이 구성된다. 평가기준의 대분류는 기술적 전망, 시장 잠재력, 정책·규제적 환경이다. 그 아래 위치한 11개 하위 평가기준은 "TP(technical practicality): 기술적 실현 가능성", "TR(technical reliability): 기술적 신뢰성", "CE(cost efficiency): 비용 효율성", "SD(standardization): 기술 표준화", "MD(market demand): 잠재수요", "UA(user acceptance): 이용자 수용", "BM(business model): 수익모형", "EB(ecosystem building):

〈그림 1-1〉 사물인터넷 킬러 애플리케이션 선정 계층분석모형

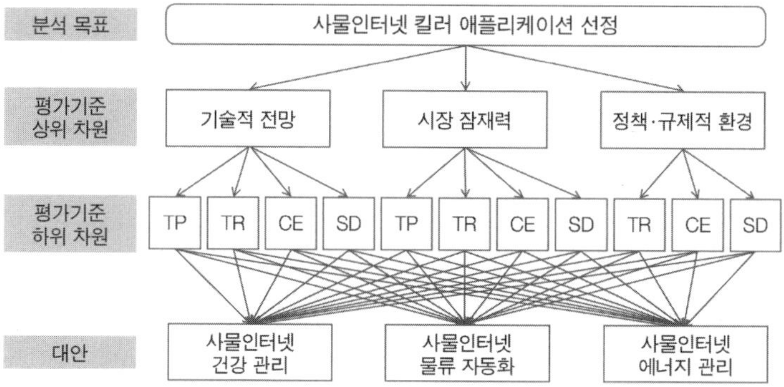

생태계 형성", "IR(industrial regulation): 산업적 규제", "CP(consumer protection regulation): 소비자 보호 규제", "GS(govermental support): 정책적 지원"이다. 세 가지 애플리케이션의 전망은 이들 기준의 중요도와 기준에 대한 평가점수의 곱으로 산출된다.

제시된 모형을 실증적으로 분석하기 위해 전문가 설문을 수행하여 총 43명의 ICT 전문가로부터 설문을 수집했다. 계층분석법에 따른 계산 결과, 각 대분류 평가기준의 상대적 중요성은 시장 잠재력이 가장 높았고, 그다음에는 정책·규제 환경과 기술적 전망의 순으로 나타났다. 기술적 전망 중에서는 비용 효율성, 기술적 실현 가능성, 기술적 신뢰성의 점수가 비슷한 수준이었으나 기술 표준화는 유독 낮은 중요도를 보였다. 시장 잠재력 하위 요인 중에서는 생태계 형성과 수익모형이 잠재수요나 이용자 수용에 비해 상대적으로 중요한 것으로 나타났다. 정책·규제 환경에서는 산업적 규제와 소비자 보호 규제, 정책적 지원 간 다소 차이가 있었다. 대분류 기준의 중요도와 하위 차원의

〈표 1-4〉 사물인터넷 킬러 애플리케이션 최종 점수

평가기준	중요도 (WC)	사물인터넷 건강 관리		사물인터넷 물류 자동화		사물인터넷 에너지 관리	
		평가기준별 점수 (WC×WA)	순위	평가기준별 점수 (WC×WA)	순위	평가기준별 점수 (WC×WA)	순위
기술적 실현 가능성	.057	.012	6	.029	8	.015	10
기술적 신뢰성	.056	.007	10	.033	7	.016	9
비용 효율성	.058	.018	5	.021	9	.020	8
기술 표준화	.027	.005	11	.011	11	.010	11
잠재수요	.122	.064	1	.033	6	.025	5
이용자 수용	.119	.030	4	.055	4	.034	3
수익모형	.166	.046	2	.079	1	.041	2
생태계 형성	.168	.040	3	.071	2	.057	1
산업적 규제	.103	.010	8	.060	3	.033	4
소비자 보호 규제	.077	.008	9	.046	5	.024	6
정책적 지원	.048	.010	7	.015	10	.022	7
최종 점수 (ΣWC×WA)		.250		.453		.297	
최종 순위		3		1		2	

중요도를 곱한 최종 중요도에서는 시장 잠재력의 중요도가 현격히 커서 그 하위 기준들이 1~4위의 중요 평가기준으로 나타났다.

평가기준의 중요도와 각 애플리케이션의 상대적 우위 점수를 곱해 산출한 최종 점수와 순위는 〈표 1-4〉와 같다. 사물인터넷 물류 자동화는 .453점으로 다른 두 애플리케이션에 비해 높은 최종 점수를 획득했다. 사물인터넷 에너지 관리와 건강 관리 애플리케이션은 각각

.297과 .250으로 차이가 크지 않았다. 사물인터넷 물류 자동화 애플리케이션이 모든 평가기준에서 전반적으로 다른 애플리케이션에 비해 우위인 것으로 나타났다. 단 사물인터넷 건강 관리 애플리케이션은 잠재수요 측면에서 다른 두 애플리케이션을 압도했다. 또한 사물인터넷 에너지 관리 애플리케이션은 정책적 지원 측면에서 가장 점수가 높았다. 나머지 평가기준에 대해서는 물류 자동화가 가장 높은 점수를 획득했다.

국내 ICT 전문가들의 평가에 따르면 사물인터넷 킬러 애플리케이션 선정의 가장 중요한 고려 사항은 시장성이었다. 특히 수익모형과 생태계 구축이 가장 중요한 요인이었다. 기술 또는 정책·규제 환경보다 시장에서 자생할 수 있는 가능성이 더 중요하다고 인식한 것이다. 이러한 평가기준을 기반으로 사물인터넷 킬러 애플리케이션 후보들을 평가한 결과에서 가장 우위로 나타난 애플리케이션은 사물인터넷 물류 자동화였다. 물류 자동화는 대부분 평가기준에서 전반적으로 높은 점수를 획득했는데, 특히 시장성 측면이 두드러졌다. B2B 애플리케이션으로서 수익모형이 명확함을 고려할 때 이는 설득력 있는 결과이다. 그러나 잠재수요 측면에서 사물인터넷 건강 관리 애플리케이션에 비해 상대적 열위에 있었다는 점을 주목할 필요가 있다. B2B 애플리케이션은 잠재수요가 물류사업자에 한정되므로 사물인터넷 관련 산업과 시장의 폭발적 확산으로 이어지기는 다소 어려울 수 있다. 사물인터넷 건강 관리 애플리케이션은 잠재수요 측면에서 강점을 보였으나, 기술적 신뢰성, 이용자 수용, 규제 측면 등에서 상대적으로 부정적으로 인식되었다. 건강이라는 문제와 직결되어 있어 기술의 높은 완성도가 요구될 뿐 아니라 이용자의 심리적 장벽을 극복해야 하기 때문일 것이다. 또한 의료법 등 공고한 규제 체계와의 충돌이 예상되고 개인정보 위험도 수반되므로 산업 및 소비자 보호 규제 측면에서도 난관이 예견된다. 사물인터넷 에너지 관리는 정책적 지원 측면에서 우위에 있었다. 국내에서 이미 사물인터넷 에너지 관리 애플리케이션에 대한 정책 지원이 이루어지고 있다는 점이 반영된 결과로 볼 수 있다. 반면 시장 측면의 요인들, 특히 잠재수요와 수익모형 측면에서 약한 것으로 나타났다. 따라서 사물인터넷 에너지 관리와 같이 사회적으로 중요한 의미를 갖는 분야라도 시장에서의 지속 가능성이 보장되지 않는 애플리케이션에 대해서는 정책적인 지원에 앞서 사업성을 신중히 검토하고 지속 가능성을 확보하기 위한 방안을 고민해야 할 것으로 보인다.

4차 산업혁명 산업 생태계의 건전성

4차 산업혁명이 성공적으로 진행되기 위해서는 건강한 비즈니스 생태계와 플랫폼을 구축하는 것이 중요하다. 건강하고 안정적인 산업 생태계 구성은 다양한 기업들이 4차 산업혁명 환경에서 키스톤 플레이어가 될 수 있는 기회를 제공하기 때문이다. 현재 4차 산업혁명은 초기 단계로서 다양한 산업 분야에서 플랫폼 주도권 획득 및 생태계 조성을 위한 노력이 진행되고 있다. 비즈니스 생태계는 1993년 제임스 무어에 의해 처음 등장한 개념으로서 플랫폼의 주도권을 획득한 키스톤 플레이어와 다양한 영역에서 희소가치를 제공하는 니치 플레이어로 구성된다.[8] 즉 4차 산업혁명 생태계는 플랫폼을 중심으로 서로 경쟁하고 협력하는 기업들과 이용자들이 상호작용하여 만드는 시스템을 의미한다.

그렇다면 4차 산업혁명 관련 여러 비즈니스 생태계 중에서 상대적으로 더 건강한 생태계는 어떤 생태계일까? 서로 다른 산업적인 배경을 갖는 4차 산업혁명 생태계의 건강도는 어떻게 평가할 수 있을까?

4차 산업혁명 생태계 중에서 가장 핵심 영역인 사물인터넷 생태계의 건강도를 평가하기 위해 주요 평가속성을 "안정성", '생산성", "다양성"으로 선택한 후 각 속성에 대한 하위 수준을 다시 선정했다. 우선 건강한 생태계가 되기 위해서는 필요한 자원들이 지속적으로 공급되어 기업들이 균형적으로 존재하고 견고한 관계를 유지할 수 있도록 도와주어야 한다. 이러한 안정성의 하위 수준으로는 구조적인 안정성, 네트워크 안정성, 기술적인 안정성이 제시될 수 있다. 구조적 안정성은 사물인터넷 서비스를 구현하기 위한 필수 구성 요소(예: 핵심 기술 제공사, 데이터 분석 서비스, 플랫폼 제공사 등)가 제공되는지를 의미한다. 네트워크 안정성은 생태계 구성원 간 연결망이 튼튼하고 다양한 커뮤니케이션이 원활하게 이루어지는지를 의미하며, 기술적 안정성은 생태계가 안정적이고 상호운용이 가능한 플랫폼을 제공하는지를 의미한다. 한편 사물인터넷 생태계가 건강하기 위해서는 구성원들이 금전적인 성과뿐만 아니라 가치를 생산하는 능력도 가지고 있어야 한다. 생산성은 다시 재무적인 생산성과 가치 생산성으로 세분화된다. 건강한 산업 생태계는 지속적 혁신을 통해 틈새시장을 개척할 수

〈표 1-5〉 사물인터넷 생태계 건강도 평가 결과

속성	하위 수준	가중치	삼성전자 사물인터넷 산업 생태계		SK텔레콤 사물인터넷 산업 생태계		네이버 사물인터넷 산업 생태계	
			종합 평가치	순위	종합 가중치	순위	종합 가중치	순위
안정성	구조적 안정성	0.117	0.044	4	0.045	3	0.028	5
	네트워크 안정성	0.108	0.023	7	0.040	4	0.045	3
	기술적 안정성	0.133	0.78	1	0.032	6	0.023	7
생산성	금전 생산성	0.078	0.033	6	0.020	7	0.025	6
	가치 생산성	0.254	0.057	2	0.082	1	0.114	1
다양성	기술적 다양성	0.123	0.046	3	0.035	5	0.042	4
	서비스 다양성	0.187	0.035	5	0.061	2	0.091	2
종합			0.315		0.316		0.369	
종합 순위			3		2		1	

있도록 하며 따라서 사물인터넷 생태계의 다양성은 생태계의 잠재적 혁신능력을 가늠할 수 있는 지표라고 할 수 있다. 다양성의 하위 수준은 기술적 다양성과 서비스 다양성인데 기술적 다양성은 얼마나 다양한 기술이 해당 생태계에서 호환되고 공존하는지를 의미하고 서비스 다양성은 얼마나 다양한 서비스를 제공하는지를 의미한다.

상기한 평가기준을 중심으로 국내 통신 사업자(SKT), 모바일 기기 사업자(삼성전자) 그리고 인터넷 서비스 사업자(네이버)가 주도하는 사물인터넷 생태계의 상대적 건강도를 평가했다. 30명의 사물인터넷 전문가를 대상으로 설문조사를 진행하여 그 결과를 계층분석법으로 분석했다(〈표 1-5〉 참조).

전문가 설문 결과, 생태계의 안정성이 사물인터넷 비즈니스 생태계의 건강도를 측정하기 위한 가장 중요한 기준으로 나타났으며 생산성과 다양성이 그 뒤를 이었다. 그런데 세 기준 사이에 큰 차이가 없기 때문에 세 기준 모두 비슷한 수준으로 중요한 것으로 판단된다. 7개의 세부 평가항목 중 가치 생산성이 가장 중요했으며 서비스 다양성과 기술적 안정성이 그 뒤를 이었다. 즉, 의미가 있는 가치를 꾸준히 생산하며 이를 통해 서비스를 발굴하고 서비스를 지탱하기 위한 기술을 개발하는 것이 건강한 사물인터넷 생태계의 중요한 요건이라고 볼 수 있다.

세 개의 비즈니스 생태계 중에서는 네이버의 사물인터넷 산업 생태계가 가장 건강한 것으로 분석됐다. 네이버의 사물인터넷 산업 생태계는 서비스 다양성, 가치 생산성 그리고 네트워크 안정성에서 우수한 평가를 받았다. SK텔레콤의 사물인터넷 산업 생태계는 구조적 안정성과 네트워크 안정성에서 우수한 평가를 받았고, 삼성전자의 사물인터넷 산업 생태계는 기술적 다양성과 기술적 안정성 그리고 금전 생산성에서 우수한 평가를 받았다. 삼성전자는 기기 사업자로서의 강점이 있는 것으로 판단되나 생태계의 주요 평가 요소인 서비스 다양성과 가치 생산성에서 낮은 점수를 받아 건강도가 세 가지 대안 중 가장 낮은 것으로 판단된다. 결국, 인터넷 서비스 사업자가 사물인터넷 산업 생태계 주도권을 확보할 확률이 가장 큰 것으로 판단된다. 사물인터넷 산업 생태계는 다양한 서비스를 통해 가치를 생산하는 사업자가 주도할 것으로 보이므로 인터넷 서비스 사업자는 기기 사업자 등과의 협력을 통한 서비스 다양화를 시도하는 한편 견고한 비즈니스 모델 구축을 통한 가치 생산에 집중해야 할 것으로 판단된다.

공공 R&D 자원의 배분

4차 산업혁명이 효과적으로 진행되기 위해서는 5G 이동통신과 같은 차세대 정보통신 기술이 적기에 개발되고 네트워크 하부구조가 적시에 구축될 필요가 있다. 이를 위해서는 민간 기업의 활발한 투자와 개발이 중요하지만, 우선 공공 차원에서 R&D 과제를 발굴하고 보조할 필요가 있다. 5G 이동통신 네트워크는 4G 이동통신 대비 약 1000배 향상된 연결성을 목표로 한다. 그런데 5G 이동통신의 비전은 단순히 '빠른 통신 속도'가 아니라 '새로운 수요'에 기반을 둔다는 점에서 지금까지의 네트워크 업그레이드와는 질적인 차이가 있다.[9] 한국 정부는 2014년 이후 5G 이동통신을 다음 세대의 국가 성장 동력으로 인식하고 통합적 5G 육성 계획을 발표해왔다. 그러나 정부의 실질적인 R&D 자원 투입 계획의 틀은 변하지 않고 있다. 즉, '핫이슈'가 되는 신기술을 중심으로 항목(사물인터넷, 빅데이터, 인공지능 등)을 나누고, 각 기술에 일정 금액을 투입하는 틀은 크게 달라지지 않은 것이다. 그렇다면 5G 이동통신산업 발전을 위해 공공 R&D자원을 어떻게 투입해야 할 것인가?

5G 이동통신 R&D에 공공자원을 투입할 때 고려해야 할 기준은 크게 '경제적 파급 효과', '사용자 후생', '글로벌 ICT 생태계 주도'로 구분된다. '경제적 파급 효과'의 하위 기준은 '통신시장 성장'과 '융합시장

〈그림 1-2〉 5G R&D 공공자원 배분 계층분석모형

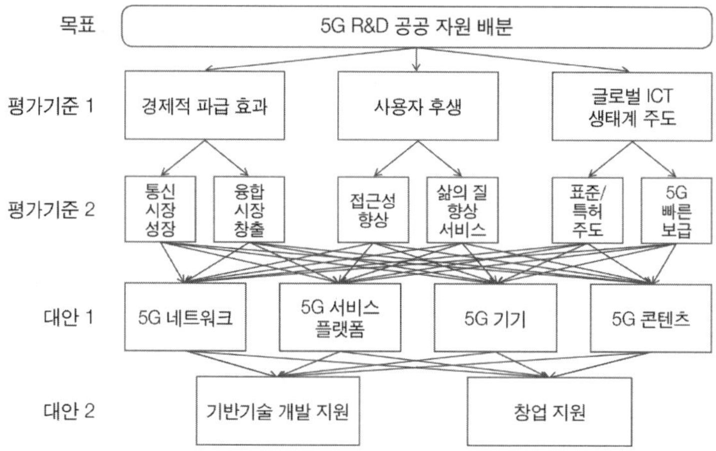

창출'로 세분화되며, '사용자 후생' 기준에는 '접근성 향상'과 '삶의 질 향상 서비스 제공'이 포함된다. '글로벌 ICT 생태계 주도' 기준은 다시 '표준/특허 주도'와 '5G의 빠른 보급'으로 나뉠 수 있다. 5G 이동통신 R&D에 공공 자원을 투입할 대안으로는 '네트워크' 계층과 이를 뒷받침하는 '플랫폼', '기기', '콘텐츠' 계층이 포함될 수 있다. 또한 각 계층 내에서는 '기반기술 개발 지원' 또는 '창업 지원'에 자원을 투입할 수 있을 것으로 보았다. 계층분석모형을 활용해 평가기준과 대안을 구성하면 〈그림 1-2〉와 같다.

연구모형에 따른 대안 평가를 위해 ICT 산업 전문가 40명을 대상으로 설문을 실시한 결과, 사용자 후생과 경제적 파급 효과의 중요도가 글로벌 ICT 생태계 주도에 비해 높게 나타났다(〈표 1-6〉 참조). 사용자 후생 측면에서는 삶의 질 향상 서비스 제공이 접근성 향상에 비해 중

〈표 1-6〉 5G R&D 공공자원 배분모형 평가기준의 중요도

평가기준 상위 차원	중요도 (W1)	평가기준 하위 차원	중요도 (W2)	최종 중요도 (WC=W1×W2)	순위
경제적 파급 효과	.401	통신 시장 성장	.199	.080	5
		융합 시장 창출	.801	.321	1
사용자 후생	.442	접근성 향상	.322	.142	3
		삶의 질 향상 서비스 제공	.678	.300	2
글로벌 ICT 생태계 주도	.157	표준/특허 주도	.703	.111	4
		5G의 빠른 보급	.297	.047	6

요한 것으로 나타났으며, 경제적 파급 효과 측면에서는 융합시장 창출이 통신산업 성장에 비해 중요했다. 글로벌 ICT 생태계 주도 차원에서는 표준/특허 주도가 5G의 빠른 보급에 비해 중요한 것으로 나타났다. 평가기준의 최종 중요도는 융합시장 창출, 삶의 질 향상 서비스 제공, 접근성 향상, 표준/특허 주도 순이었으며, 통신시장 성장과 5G의 빠른 보급의 중요도는 최하위였다.

평가기준별 대안의 점수를 살펴보면, 가장 중요한 평가기준인 융합시장 창출과 삶의 질 향상 서비스 제공 측면에서 높은 점수를 획득한 5G 서비스 플랫폼의 R&D 공공 자원 투입 순위가 높았다(〈표 1-7〉 참조). 그 뒤로는 5G 네트워크, 5G 콘텐츠, 5G 기기 순으로 R&D 자원 투입이 필요한 것으로 나타났다. 서비스 플랫폼과 콘텐츠 계층에서는 창업 지원이 더 필요한 것으로 평가됐으며, 네트워크 계층은 기반기술 개발에 더 많은 자원이 투입되어야 할 것으로 나타났다. 5G 기기 계층에서는 양 측면의 중요도가 비슷했다. 결국 5G 서비스 플랫폼 창

〈표 1-7〉 5G R&D 공공자원 배분모형 평가결과

		5G 네트워크		5G 서비스 플랫폼		5G 기기		5G 콘텐츠	
	평가 기준 중요도 (WC)	평가 기준별 대안 점수 1 (WC×WA1)	순위	평가 기준별 대안 점수 1 (WC×WA1)	순위	평가 기준별 대안 점수 1 (WC×WA1)	순위	평가 기준별 대안 점수 1 (WC×WA1)	순위
통신시장 성장	.080	.022	2	.026	1	.013	4	.019	3
융합시장 창출	.321	.055	4	.143	1	.057	3	.067	2
접근성 향상	.142	.068	1	.029	2	.025	3	.020	4
삶의 질 향상 서비스 제공	.300	.044	4	.124	1	.047	3	.084	2
표준/특허 주도	.111	.037	1	.025	3	.033	2	.015	4
5G의 빠른 보급	.047	.018	1	.009	3	.012	2	.008	4
총점 1 (ΣWC×WA1)		.244	2	.357	1	.186	4	.213	3

업 지원, 5G 네트워크 기반기술 개발 지원, 5G 콘텐츠 창업 지원 등에 5G R&D 공공 자원을 우선 투입할 필요가 있는 것으로 판단된다. 반면 5G 콘텐츠 기반기술 개발 지원, 5G 네트워크 부문의 창업 지원, 5G 기기 기반기술 개발 지원 등을 위한 공공자원 투입 필요성은 상대적으로 약한 것으로 보인다.

상기 결과가 주는 시사점은 다음과 같다. 우선 5G 이동통신 R&D의 주요한 목표는 융합시장의 창출과 그에 따라 국민의 삶의 질을 향상시킬 수 있는 서비스를 제공하는 것이 되어야 한다. 즉, 5G 네트워크의 보급 자체가 목표가 되기보다는 네트워크 성능 향상에 기반을 둔 혁신적인 서비스를 주도적으로 개발하고 보급하는 것이 정책의 목표로서 적합하다는 것이다. 둘째, 5G 이동통신으로의 효율적 전환을 위해서는 5G 대응 서비스 플랫폼에 더 집중적으로 투자할 필요가 있다. 특히 5G 서비스 플랫폼 관련 창업 지원을 통해 다양한 혁신 서비스들이 경쟁하고 성장할 수 있도록 해야 할 것으로 보인다.

건강한 비즈니스 생태계를 위하여

4차 산업혁명은 어느 산업혁명보다도 광범위하고 급진적으로 기존의 산업을 변화시킬 것으로 예견된다. 특히 4차 산업혁명의 핵심은 '연결성'이므로 연결성을 제공하는 통신산업은 기존의 경계를 넘어 다른 여러 산업과 융합하고 새로운 시장을 창출하는 등 가장 역동적으로 변화할 것으로 전망된다. 특히 통신 사업자의 네트워크 가치는 유지되나 융합 생태계는 비통신 사업자가 주도하는 멘토 시나리오의 발생 가능성이 가장 높다. 4차 산업혁명의 핵심 영역인 사물인터넷의 성공을 위해서는 기반기술의 발전뿐 아니라 비즈니스적 고민과 사회적 준비가 필요하며, 특히 사물인터넷 시장을 창출할 수 있는 '킬러 애플리케이션'의 개발이 필수적이다. 기술적 전망, 시장 잠재력, 정책·규제 환경 등의 평가기준으로 사물인터넷 킬러 애플리케이션 후보들을 평가한 결과에서 가장 우위로 나타난 애플리케이션은 사물인터넷 물류 자동화였다. 사물인터넷 킬러 애플리케이션 선정의 가장 중요한 고려 사항이 시장성이었고, 특히 수익모형과 생태계 구축이 가장 중요한 세부 요인이었음은 주목할 만하다. 한편 4차 산업혁명이 성공적으로 진행되기 위해서는 건강한 비즈니스 생태계와 플랫폼을 구축하는 것이 중요하다. 현재 4차 산업혁명은 초기 단계로서 다양한 산업 분야에서 플랫폼 주도권 획득 및 생태계 조성을 위한 노력이 진행되고 있는데, 네트워크, 기기, 인터넷 서비스 등 세 개의 산업 생태계 중에서는 인터넷 서비스의 사물인터넷 산업 생태계가 가장 건강한 것으로 분석됐다. 결국, 인터넷 서비스 사업자가 사물인터넷 산업 생태계 주도권을 확보할 확률이 가장 큰 것으로 판단된다. 또한 4차 산업혁명이 효과적으로 진행되기 위해서는 5G 이동통신과 같은 차세대 정보통신 기술이 적기에 개발되고 네트워크 하부구조가 적시에 구축될 필요가 있다. 이를 위해서는 민간 기업의 활발한 투자와 개발이 중요하지만, 우선 공공 차원에서 R&D 과제를 발굴하고 보조할 필요가 있다. 전문가 설문 결과, 5G 서비스 플랫폼 창업 지원, 5G 네트워크 기반기술 개발 지원, 5G 콘텐츠 창업 지원 등에 5G R&D 공공 자원을 우선 투입할 필요가 있는 것으로 판단된다. 즉, 5G 네트워크의 보급 자체가 목표가 되기보다는 네트워크 성능 향상에 기반을 둔 혁신적인 서비스를 주도적으로 개발하고 보급하는 것이 정책의 목표로서 적합하다고 볼 수 있다.

주

1 이 절의 내용은 박지은·권혜선·김성철. 「국내 통신사업자의 제4차 산업혁명 대응전략: 시나리오 분석을 중심으로」. ≪방송통신연구≫, Vol.97(2017), 37~59쪽의 일부를 요약한 것임.

2 클라우스 슈밥, 『클라우스 슈밥의 제4차 산업혁명』, 송경진 옮김(메가스터디(주), 2016); UBS, "Extreme automation and connectivity: The global, regional, and investment implications of the Fourth Industrial Revolution"(UBS White Paper for the World Economic Forum Annual Meeting, 2016).

3 김성철, 「시나리오 분석방법」, 한국언론학회 엮음, 『융합과 통섭, 다중매체환경에서의 언론학 연구방법』(나남, 2012).

4 이 절의 내용은 S. Kim and S. Kim, "A Multi-criteria Approach toward Discovering Killer IoT Application in Korea," *Technological Forecasting and Social Change*, Vol.102 (2016), pp.143~155의 일부를 요약, 번역한 것임.

5 W. H. Dutton, "Putting things to work: social and policy challenges for the Internet of things," *Info*, Vol.16, No.3(2014), pp.1~21.

6 편석준 외, 『사물인터넷: 클라우드와 빅데이터를 뛰어넘는 거대한 연결』(미래의창, 2014).

7 L. Atzori, A. Iera and G. Morabito, "The Internet of Things: A survey," *Computer Networks*, Vol.54, No.15(2010), pp.2787~2805.

8 J. F. Moore, "Predators and prey: a new ecology of competition. Harvard Business Review," Vol.71, No.3(1993), pp.75~86.

9 ITU-R 2015. "IMT Vision – Framework and overall objectives of thefuture development of IMT for 2020 and beyond." Recommendation ITU-R M.2083.

2장

혁신기술에 대한 기대와 저항

강재원

* 이 글의 일부는 2017년 한국산업기술진흥원의 지원을 받아 수행된 연구보고서 「혁신기술에 대한 사회적 수용성 제고방안 연구」를 토대로 작성되었음.

혁명적 변화

인류는 오랜 시간을 통해 다양한 변화를 겪어왔다. 변화가 불러온 결과에 따라, 우리는 개혁(reform)과 혁명(revolution)이라는 표현을 구별해서 쓴다. 이전 패턴과 연결되어 있는 연속적인 변화를 개혁이라고 했고, 이와 달리 이전 패턴과 단절되어 있는 불연속적인 변화를 혁명이라고 했다. 혁명의 대표적인 사례로, 인류는 한 곳에서 작물을 재배하고 수확한 양식을 비축함으로써, 수렵과 채집을 주로 하며 계절별로 이동하는 삶에서 정주하는 삶의 패턴으로 급격한 변화를 겪게 된다. 우리는 이를 농업혁명이라고 부른다. 농업혁명만큼이나 인류사에 큰 혁명적 변화를 가져온 사건은 바로 산업혁명이다.

18세기 말부터 제1차 산업혁명은 증기기관과 기계설비 등 주요 혁신기술의 등장과 함께 시작되었다. 육체적 노동의 생산에서 벗어나게 된 혁명이었다. 제2차 산업혁명의 주요 혁신기술은 전기다. 대량생산이 가능해지고, 따라서 대량소비 시대를 맞이했다. 이 역시 누구도 부인하기 힘든 혁명이었다. 이후 제3차 산업혁명은 컴퓨터와 인터넷이라는 주요 혁신기술의 등장과 함께 시작되었고, 자원의 가치가 물질에서 정보로까지 확장되는 혁명적 변화를 가져왔다.

4차 산업혁명은 "디지털·물리적·생물학적인 기존 영역의 경계가 없어지면서 융합되는 기술적인 혁명"이다.[1] 전문가들은 과거와 비교할 수 없을 정도로 기술이 빠르게 변화하며, 거의 모든 국가가 전 산업에서 혁신을 경험하고 있으며, 시스템의 영향 측면에서는 경영, 생산 및 거버넌스 등을 포함하는 시스템 전체의 변혁이 초래될 것으로 전망한다. 기술 변화의 크기와 속도, 그리고 그 질에 있어서 과거와 차이가 있는 만큼 우리 삶을 송두리째 바꾸어놓을 것이라고 전망한다. 사람과 사람만의 연결이 아니라 사람과 사물, 사물과 사물 간의 연결이 가능해지는 새로운 인터넷, 즉 사물인터넷(Internet of Things: IoT)이 이전과는 다른 상호 간 소통을 가능케 할 것이다. 더욱 활발해진 소통이 남긴 흔적들인 빅데이터(big data)가 개인 맞춤형 서비스를 제공할 것이다. 나아가 빅데이터를 통해 스스로 학습하는 인공지능(AI: Artificial Intelligence)이 우리 주변 기기에 속속 적용될 것이다.

4차 산업혁명은 실재하는가?

4차 산업혁명은 진정 우리 곁에 와 있는가? 4차 산업혁명의 중심에는 어떤 혁신기술들이 자리하고 있는가? 우리의 삶에 혁명적 변화를 가져다줄 것인가? 이러한 4차 산업혁명에 대한 의문들은 여전히 풀리지 않고 있다. 일각에서는 실체가 없는 논의일 뿐이라고 주장한다. 반면, 실제로 존재하며 현재 진행되고 있는 혁명이다라는 주장도 있다. 이러한 논란의 이면에는 4차 산업혁명의 주요 혁신기술들에 대한 과도한 기대감(inflated expectation)인 과장(hype)이 있다는 데는 이론의 여지가 없는 듯하다.

과장은 혁신기술의 미래 실현 가능성에 대한 기대와 그 기술에 대한 현재의 평가 간 차이에서 발생한다. 다시 말해, 과장은 불일치된 기대감(mismatched expectations)에서 발생한다. 주로 대중매체가 불러일으키는 과장(hype)은 미래에 대한 과도한 기대감을 의미하며, 이 기대감의 확산은 실제 혁신기술의 사회적 수용에 시간적으로 앞선다. 이 과장은 여타의 다른 혁신기술이 등장하고 수용되는 과정에서 흔히 볼 수 있는 보편적인 현상으로 보고된다.

주요 혁신기술에 대한 과장은 SNS(Social Network Sites) 시대에 더욱 확대 재생산되는 경향을 띤다. 보고 싶은 것, 자신의 주장과 일치하는 것만을 노출시키는 SNS의 알고리즘에 의해 자신의 주장이 다수의 사람과 공유되고 그들로부터 인정받고 있다는 착각에 빠지는 경우가 많다. 이러한 자기확증편향이 SNS상에서 점차 강화되면, 과장은 과거보다 빠른 속도와 넓은 범위로 전파되고, 확대 재생산될 것이다. 따라서 어느 때보다 주요 혁신기술에 대한 과장이 가져올 사회적 영향은 클 수 있다.

과장, 수용성, 채택 혹은 저항?

필자는 혁신기술의 수용성을 사회 전반에 미치는 확산의 의미로 개인의 채택 또는 구매 저항이라는 각각의 개념을 넘어서 좀 더 포괄적으로 접근한다. 그리고 미래는 예측하기보다는 만들어가는 대상이다. 물론 미래는 주어진 방향이 있어서 그 추세를 예측할 수도 있다. 하지만, 필자는 우리의 생각과 생각 속에 담긴 가치가 미래를 만들어간다고 생각한다. 따라서 혁신기술의 수용성은 우리가 만든 가치 담론의 영향 아래에 있다. 이러한 전제들 속에서, 필자는 다음 세 가지 질문에 대한 답을 구하고자 한다.

첫째, 현재 혁신기술에 대한 과장(hype)이 일어나고 있는 것은 아닌가? 과장은 어디서부터 발생하는가? 일반 대중 또는 과학기술 전문가로부터 시작되는가?

둘째, 혁신기술에 대한 과장이 일반인과 전문가 집단 사이에 차이가 있는가?

셋째, 혁신기술에 관한 과장이 사회적 수용성에 어떤 영향을 미치는가? 4차 산업혁명의 주요 혁신기술을 일반인들은 어떻게 채택 또는 저항할 것인가?

필자는 4차 산업혁명 시대의 주요 혁신기술로 로봇을 선택해서, 이 혁신기술에 일반인들이 어떻게 채택 또는 저항할 것인지 그리고 나아가 이 혁신기술이 사회적으로 어떻게 확산될 것인지를 추정해보고자 한다. 왜 로봇인가? 미(未)발간 연구보고서는 4차 산업혁명 시대에 투자의 중요성이 가장 높은 분야로 로봇을 꼽았다.[2] 로봇(1~10점 척도, 평균 7.78)이 가장 높았고, 이어서 인공지능(Artificial Intelligence, 이하 AI)(평균 7.72), 빅데이터(평균 7.15) 분야 순으로 조사되었다. 빅데이터와 AI가 결합되면, 인간의 지식이 알고리즘의 단계적 명령으로 전환 가능해지며, 이에 따라 로봇과 인간과의 협업이 가능해질 것이다. 이를 근거로, 필자는 미래 혁신기술 중 일상의 생활현장에 직접적으로 영향을 미칠 수 있는 기술(서비스)이 로봇일 것으로 예측한다.

AI, 머신러닝과 로봇

4차 산업혁명은 "인간·가상공간·만물이 디지털로 상호연결된 상황에서 스스로 현상을 인지·분석하고 대응하는 디지털 시스템이 초래하는 포괄적인 개념"이다.[3] 4차 산업혁명 시대는 네트워크로 연결된 컴퓨터를 통해서 할 수 있는 일이 많아지게 되어, 모든 기술과 시스템에 적용되는 범용 기술인 ICT(Information Communication Technology)가 핵심으로 등장한다. ICT를 통해서 제반 산업이 자동화될 뿐만 아니라, 이를 통해서 우리의 삶과 질을 바꾸는 혁명이 촉발될 수 있다. ICT의 주요 혁신기술로는 ICBM(IoT, Cloud, Big Data, Mobile)과 AI를 들 수 있다. 이 같은 지능정보기술은 초연결, 초지능 환경에서 플랫폼의 경쟁을 전 사업으로 확산시키며, 플랫폼을 주도하는 기업이 전통산업의 파괴와 함께 새로운 혁신을 가져오게 될 것이다.

필자는 ICT의 주요 혁신기술들 가운데 AI에 주목한다. AI100 보고서(ai100.stanford.edu)에 따르면, 인공지능은 기계를 지능화하는 데 주력하는 활동이며, 지능이란 어떤 개체가 주변 환경과 상황에 따라 적절히 가능하도록 하는 특성으로 정의한다. AI가 합리적으로 행동한다는 것은 주어진 제약 조건 내에서 어떤 목표를 최대한 달성하는 것이다. 주어진 제약 조건을 결정하는 것은 수집된 빅데이터이며, 이를 기반으로 기계는 학습한다. 다시 말해, 머신러닝(machine learning)이 이루어지는데, 이 '기계를 가르치는 기술'은 지금까지 수집한 데이터를 입력해놓은 상태에서 뭔가 새로운 입력에 대해서 정확한 답을 찾는 모델을 만든다.

AI와 머신러닝이 적용된 사례로 챗봇(chat bot)을 들 수 있다. 생활로봇인 챗봇은 대화형 인터페이스상에서 인공지능으로 이용자와 상호작용하는 서비스, 즉 대화를 하는 로봇이다. 반응이 즉각적이고, 개인화된 대화가 가능하며, 내려받기(다운로드)를 할 필요가 없다. 챗봇에 쓰이는 인공지능 기술은 기본적으로 빅데이터에 달려 있으며, 엄청난 양의 대화 데이터를 넣어 이를 바탕으로 기계가 말을 생성하게 하는 방법이다.

필자는 로봇을 '엄청난 양의 데이터를 기반으로 인공지능을 통해 주변 환경과 상황에 따라 적절히 기능하는 장치'로 조작적 정의한다. 로봇의 어원이 체코어로 노동자(worker)에 있는 것처럼, 인간이 노동하는 현장에서 로봇을 쉽게 찾아볼 수 있다. 예를 들어, 챗봇처럼 이야기를 나눌 수 있는 앱(소프트웨어)에서부터 일상생활에 도움으로 주는 기계(하드웨어)인 로봇 등이 있다.

혁신기술 수용성의 모형들

수용은 채택(adoption)을 의미하며, 수용성은 채택 의도가 높아지는 정도와 함께 구매 저항, 즉 유보 또는 거부가 낮아지는 정도로 개념화할 수 있다. 채택 의도가 높더라도, 상황에 따라서는 구매 저항이 높아 곧 구매행위로 이어지지 않는 경우도 있다. 또한 채택 의도가 낮다고 해서 곧 구매 저항을 한다거나 구매 저항 정도가 높다고 볼 수 없다. 수용성은 채택 의도와 더불어 구매 저항을 고려한 개념이며, 궁극적으로 혁신기술의 채택 정도를 높이기 위해서는 채택 의도를 높임과 동시에 구매를 유보하거나 거부하지 않도록, 즉 구매 저항을 낮추는 등 수용성을 높일 필요가 있다.

과거 혁신기술의 수용성에 어떤 요인들이 영향을 미쳤는지에 대한 관련 모형들을 살펴보자. 먼저 혁신기술의 채택 과정을 도식화해서 설명한 경우가 많다. 대표적인 설명으로 우리에게 잘 알려진 혁신확산모형을 들 수 있다.

혁신확산모형

혁신은 개인 혹은 조직 등에서 새롭게 지각되는 아이디어, 실행, 객체를 의미한다. 확산은 특정 사회 체계하의 구성원들에게 시간의 경과에 따라 특정한 경로를 통해 의사소통되는 과정이다.[4] 혁신확산 모델은 S자형 커브 모양으로 생긴 곡선으로 혁신제품의 사회적 수용을 설명한다. 이는 시간의 흐름에 따른 확산의 모습을 채택자가 얼마나 늘어나고 줄었는지를 통해 보여준다. x축이 시간(t)이고, y축이 채택한 사람들의 수인 그래프에서, 누적된 채택자의 수를 그렸을 때, 우리는 S자형 커브의 곡선을 얻을 수 있다. 반면, 채택한 사람들의 수를 빈도(frequency)로 계산해서 그렸을 때, 종형 커브의 곡선을 얻을 수 있는데, 이를 정규분포곡선이라고 한다. 혁신기술의 수용 곡선이 정규분포를 나타낼 것이라고 예측하는 이유는 개인을 넘어서 집단 네트워크의 존재와 그 활동이 채택과 저항에 누적적인 영향을 미치고 있기 때문이다.[5] 인터넷의 전파 사례를 통해서 집단, 즉 동료와 조직, 나아가 사회 체계 내 연결망의 존재와 그 활동이 혁신기술의 확산에 어떤 영향을 미쳤는지를 살펴볼 수 있다.

확산의 연결망에서 중요한 개념은 의견지도력이다. 한 개인이 원하는 방향으로 다른 사람들의 태도나 행동에 비공식적으로 영향을 미치는 정도를 말한다. 이러한 의견지도력을 갖춘 선두에 있는 사람들을 의견지도자(opinion leader)라고 부른다. 이들이 혁신기술의 전파 과정인 '① 혁신기술의 인지, ② 설득, ③ 채택 혹은 저항의 결정, ④ 실행, ⑤ 결정의 확인' 가운데 ① 인지와 ② 설득 단계에서 큰 영향을 미친다고 알려져 있다. 대중매체 채널은 주로 혁신기술의 지식을 구축하는 반면, 대인 간 네트워크 채널은 채택 혹은 저항의 결정에 더 큰 영향을 미친다. 두 채널 모두에서 의견지도자는 큰 역할을 하는 것으로 알려져 있다.

개인과 매체 또는 네트워크 간 상호작용적 교류에 있어서 또 하나의 중요한 개념은 결정적 다수(critical mass)이다. 결정적 다수는 S자형 커브상에서 가파르게 올라가는 지점의 채택자 수라고 할 수 있다. 임계점이라고도 불리는 이 시점을 거쳐 가는 순간, 채택자 수가 급속도로 증가한다. 결정적 다수를 설명하는 여러 가지 개념들이 존재하는데, 이들 중 하나가 '네트워크 외부성'이다. 이 개념은 상품이 거래되는 양측 당사자가 아닌 제삼자에게 효용이 증가하고 이 효용으로 인해 시장에서 특정 상품이 주류를 이루는 현상을 설명한다. 대표적으로, 인터넷과 휴대전화를 예로 든다. 채택자 수가 증가할수록 혁신기술의 가치는 더욱 상승하는 경우다. 휴대전화와 같이 상호작용 기술혁신은 채택자 수가 늘어날수록 그 유용성은 거래 당사자보다 외부에 더 매력적으로 비친다. 따라서 그 확산 범위가 넓고, 속도 역시 빠르다.

한 제품과 서비스에 대해 결정적 다수가 만들어지는 데 필요한 시간의 양을 상승에 필요한 시간(time-to-take-off)이라고 한다. 다양한 제품과 서비스 그리고 채택되는 시장(국가)에 따라 그 시간은 각각 다르다. 결정적 수가 만들어지는 필요한 시간은 평균 6년이라는 연구결과가 있다.[6] 이러한 혁신확산모형에 대한 평가는 좋은 편이다. 다만, 혁신기술에 대한 정보가 인지되면서부터 채택에 이르는 전 과정을 설명하는 데 매우 설득력 있는 모델임이 분명하지만, 이용자 측면만 보고 설명한다는 점에서 한계가 있다.

기술수용모형

기술수용모형은 주로 채택률에 영향을 미치는 요인들에 대한 답을 주는 모형이다. 기술수용모형은 합리적 행동 이론(theory of reasoned action)을 기초로 정보기술 이용자의 행위를 설명하고 예측한다.[7] 기술

〈그림 2-1〉 기술수용모형

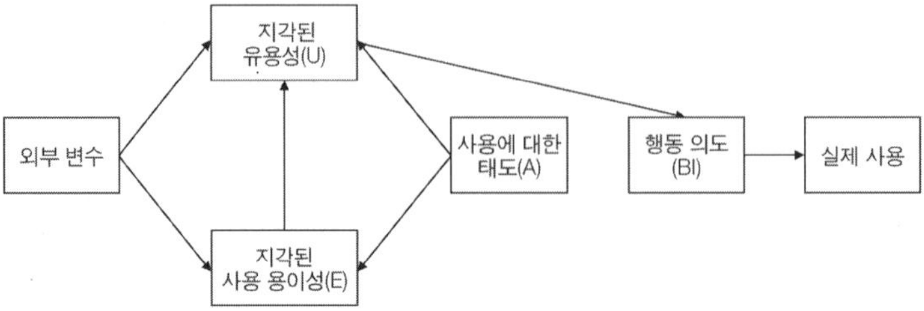

수용모형은 합리적 행동 이론에서의 행위에 대한 태도와 행위 의도 간 관계를 정보기술 이용자의 정보기술수용 연구로 확장한 모델이다(〈그림 2-1〉 참조). 기술수용모형에서 수용자의 기술에 대한 태도와 향후 이용 의도에 영향을 주는 주요 요인들은 지각된 유용성(perceived usefulness)과 지각된 용이성(perceived ease of use)이다.

지각된 유용성은 정보기술 이용자가 업무 생산성 및 효율성과 관련한 기존의 기술이 보여주지 않았던 특정 기술을 유용하게 이용하는 것이 개인의 업무 수행 능력 또는 삶의 질 향상에 도움이 될 것이라는 결과에 대한 평가를 말한다. 지각된 용이성은 정보기술이나 혁신 제품에 대해서 습득하고 사용하는 데 필요한 개인의 정신적 혹은 물리적 노력이 감소될 것이라는 성향을 의미한다. 지각된 유용성은 정보기술 이용의 행위 의도에 직접적인 영향을 미치고, 지각된 용이성과 외부 변수의 결합 형태에 영향을 받는다. 또한 지각된 유용성과 지각된 용이성은 외부 변수들에 의해 영향을 받는 것으로 추정된다. 기술수용모형 자체가 간명하고, 이론적 기반이 확고하기에 모델의 변형과 확장이 비교적 손쉬운 장점이 있어서, 정보기술 수용 현상을 다양한 관점에서 파악하는 데 적합하다.

혁신저항모형

대부분의 혁신과 관련한 소비자 행동 연구들은 긍정적인 결과인 수용 또는 확산에만 초점이 맞춰져 한계가 있다. 이러한 한계를 극복하기 위해서 혁신저항 개념이 등장한다.[8] 다시 말해, 혁신저항모형이 기존 수용모형들의 대척점에 서 있다. 혁신저항은 현재의 상태에 새로움으로 인한 변화에 대해 거부감을 지니며, 혁신에 대한 압력으로 인해 개인이 기존 상태를 유지하려 하는 경향으로 볼 수 있다.[9] 한편, 혁신저항은 개인이 지각하는 혁신 특성, 개인적 특성, 확산 기제 이외에도 성격, 규범, 습관 등 다양한 요인에 의해 유발될 수 있고, 그 중 지각된 위험(perceived risk)은 혁신저항에 영향을 미치는 매우 중요한 변인으로 평가된다.[10]

저항이란 혁신의 수용에 대해 반대하는 것으로, 혁신을 일으키는 변화에 대해서 이용자들이 저항감을 느끼며, 이용자가 어떤 변화를 직면했을 때 이용자 자신의 심리적인 균형 상태가 깨진다고 느끼고, 깨진 균형 상태를 해결하기 위해 심리 재조정 또는 변화에 대한 저항을 택한다.[11] 따라서 이용자의 저항을 이해하고 파악하기 위해서는 수용자의 저항 심리에 대해 알아보는 것은 중요한 일이다. 기술의 복잡성으로 인해 새로운 기술과 제품에 대한 소비자들의 심리적 부담감이 높아지고 있어서, 혁신저항은 현재의 이용이 과거 경험하지 못했던 새로운 기술과 제품에 대한 이용에 영향을 미치는 주요 요인으로 그 중요성이 커지고 있다. 하지만 혁신저항모형은 예측 변인들 간의 구조적 관계에 대해서는 명료한 설명을 제시하지 않고 있다는 한계를 갖는다. 더불어 새로운 혁신을 대상으로 혁신저항의 결정 요인들을 검증함에 인색하다.

캐즘이론

저항과 관련된 또 하나의 모형은 캐즘이론이다. 캐즘(chasm)을 사전적 의미로 보면 "땅의 깊게 갈라진 틈, 깊은 구렁 혹은 골짜기"를 뜻한다. 캐즘이 첨단기술제품 시장에도 존재한다는 주장이 있다.[12] 앞서 논의한 혁신확산이론은 혁신자, 선각 수용자, 전기 다수 수용자, 후기 다수 수용자, 지각 수용자의 수용 집단 간 연속성이 존재한다고 보았으며, 제품의 생명주기가 발아기에서 성장기까지 연속적으로 기술혁신이 이루어지고 성숙기에서 쇠퇴기까지 그 연속성을 유지하는 것으로 보았지만, 캐즘이론은 연속성 유지에 의문을 가진다. 새로운 첨단기술이 초기에 수용되는 모습을 보이다가 판매가 급감하고 시장에서 사라지는 현상을 설명하기 위해 캐즘을 사용한다.

〈그림 2-2〉에서 혁신기술의 수명주기에서 관찰되는 3개의 단절을 볼 수 있다. 2개의 소단절(small cracks)과 1개의 대단절, 즉 캐즘(chasm)이다.[13] 먼저, 두 군데의 소단절을 크랙(crack)이라고 하는데, 첫 번째 소단절은 혁신자 집단과 선각 수용자 집단 사이에 존재한다고 주장한다. 즉, 첨단기술에 열광하는 사람들은 신기술이라는 점 때문에 제품을 선호하게 되지만, 대부분의 사람들은 새 제품을 먼저 사용할 엄두

〈그림 2-2〉 혁신기술의 수명주기

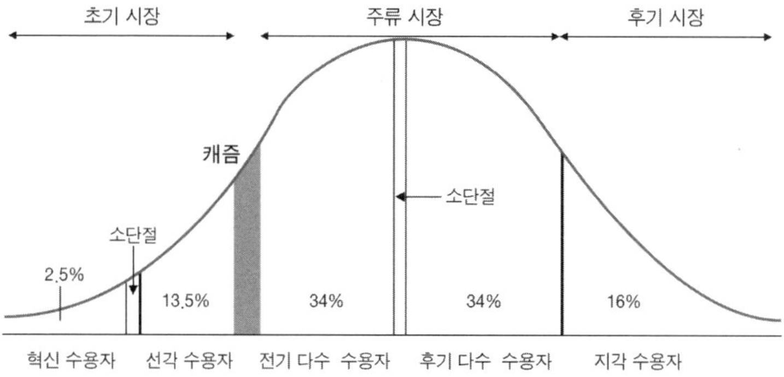

를 내지 못한다. 두 번째 소단절은 주류 시장의 전기 다수 수용자와 후기 다수 수용자 사이에 있다.[14] 전기 다수 수용자는 자신이 필요로 할 경우 제품에 관련된 기술을 배우려 하고, 배울 능력이 되지만, 후기 다수 수용자는 전기 다수 수용자와 다르기 때문에 소비자들이 제품을 더욱 수용하기 쉽도록 기업이 개선해야 할 필요가 있고, 그렇게 하지 못할 경우 단절이 발생한다.[15] 한편, 캐즘은 선각 수용자와 전기 다수 사용자 간에, 즉 초기 시장과 주류 시장의 경계에서 발생한다. 변화의 촉진자 역할을 하는 선각 수용자는 업계 최초의 변화를 시도함으로써 더 낮은 제품 원가, 빠른 시장 진입, 더 나은 고객 서비스 등의 전략적 비교우위를 획득하려고 하지만, 실용주의자인 전기 다수 수용자는 새로운 기술보다는 기본 방식을 개선 및 강화시켜줄 기술을 원한다.[16]

캐즘이론은 대부분 선각 수용자로 구성된 초기 시장에서 다음 단계인 전기 다수 수용자의 주류 시장으로 이행될 때 기업이 처음부터 다시 시작할 수밖에 없다는 것을 시사한다. 실용주의 성향을 지닌 전기 다수 수용자들은 앞선 적용 사례를 참조하려 하며, 높은 수준의 지원을 요구하기에 대부분의 기업은 이들의 요구를 충족시키지 못하는 난관에 봉착하게 된다. 캐즘이론은 소비자들의 가치판단이나 관점의 차이에 기초하고 있어서 예측력의 한계를 갖는다. 이러한 캐즘이론을 보다 사회적 관점에서 보완한 것이 과장 사이클 곡선(hype cycle curve)이다.

과장 사이클 곡선 모형

과장 사이클(hype cycle)이란 혁신기술에 대한 기대가 급격히 상승하다가 현실을 직시함에 따라 나타나는 실망, 즉 기대의 붕괴 과정을 거쳐 일정 수준으로 수용되는 현상을 말한다.[17] 시간의 경과에 따라 만들어지는 기술의 성숙도(time, x축)와 업계에 많이 이야기하는 혁신

〈그림 2-3〉 과장 사이클 곡선

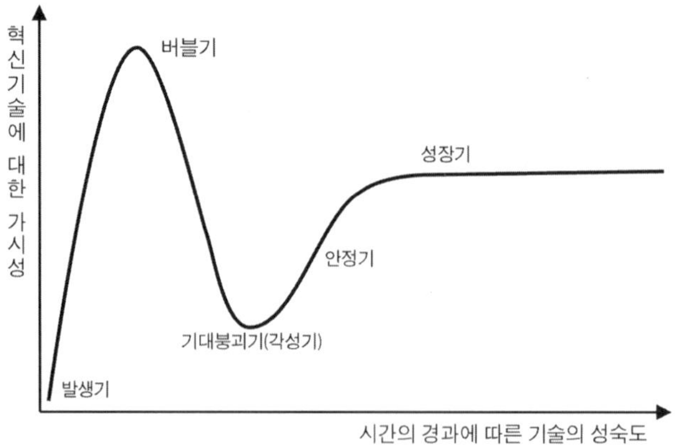

〈표 2-1〉 과장 사이클 곡선의 5단계

구분	주요 특성
발생기 (Technology Trigger)	• 신기술의 출현이 언론 등 각종 매체의 집중 조명을 받으면서 사회의 관심을 끌기 시작하는 시기 • 매체들은 신기술의 시장과 사회에서의 잠재적인 영향력에 대해 주로 다루며 일부 기업만이 그 기술의 도입을 검토
버블기 (Peak of Inflated Expectations)	• 신기술에 대한 막연한 기대가 일부 성공사례로 더욱 증폭되어 최고조에 이르지만 성공보다는 실패 사례가 주로 나타남 • 신기술을 도입하거나 사업 전략과 신기술의 적합성을 검증하는 기업의 수는 증가함
기대붕괴기(각성기) (Trough of Disillusionment)	• 신기술의 기대와 실제 성능 간의 괴리, 다양한 한계점의 노출, 수익 모델의 부재 등이 실망으로 작용하여 기대는 최저점에 이름 • 이 시기는 신기술에 대한 거품이 꺼지며, 해당 기술에 대해 언론 보도나 시장의 기대가 급격히 감소함 • 일부 기업은 통합이나 도산에 이르고 이 단계에서 사멸하는 기술도 나타남
안정기 (Slope of Enlightenment)	• 일부의 성공사례와 실패에 대한 교훈으로 기술에 대한 현실 인식이 새로운 적용 가능성을 높여줌 • 이 시기에 일부 기업들은 기술에 대한 적용, 위험, 이익에 대해 더욱 정확히 이해하고 현실적인 경험으로 시장에 대응함
성장기 (Plateau of Productivity)	• 신기술의 가시화된 가치의 정도에 따라 현실 인식이 확산되면서 응용 분야가 확대되고 안정적인 사회 수용 단계를 맞이함

기술에 대한 가시성(visibility, y축)을 이용해서, 〈그림 2-3〉과 같은 과장 사이클 곡선을 그릴 수 있다.[18]

업계에서 회자되는 가시성, 다시 말해 관심도의 변화를 전통적 기술 수용 주기인 S자형 곡선과 대비하여 다음과 같이 설명한다. 혁신기술에 대한 관심이 대략 20%가 되기 전에, 과장 현상이 나타나며 초기 시장 진입에도 불구하고 시장의 관심도가 급격히 상승하는 거품이 존재한다. 수용도가 20% 지점을 지나게 되면 이러한 시장의 관심은 점차 줄어들게 된다. 이는 시장의 관심도 하락에 따라 가시성과 혁신기술에 대한 수용도 간의 차이가 줄어듦을 의미한다. 〈표 2-1〉은 새로운 혁신기술이 개발되고 업계 또는 관계자들로부터 관심을 받는 정도가 시간의 흐름에 따라 변화하는 과정을 5단계로 구분하여 설명한다.

과장곡선의 5단계에서 캐즘 현상은 기술이 기업과 미디어의 부푼 기대를 충족시키지 못할 때, 그 기술이 급격하게 불신받기 시작하는 거품 붕괴에서 발생한다. 이 시기에는 초기의 실패 사례가 홍보되고 미디어의 관심은 줄어들고, 대부분의 기술이 불가피하게 지나친 열정과 기대의 붕괴를 거칠 것임을 주장한다.

제안된 혁신기술 수용 모형

필자는 가트너(Gartner)가 제시한 과장 사이클 곡선과 수정된 기술수용곡선을 결합시켜, 혁신기술의 수용 과정을 새롭게 설명하고자 한다. 가트너가 과장 사이클 곡선과 기존의 기술수용곡선을 결합한 곡선을 제안한 바가 있지만,[19] 수정된 기술수용곡선과 과장 사이클 곡선[20]을 결합한 경우는 처음이다. 수정된 기술수용곡선은 채택률이 20%에 도달하는 순간 캐즘이 발생하여 한동안 채택자의 수가 급감하고, 이를 극복하면 다시 채택자 수가 증가하는 현상을 반영한 기술수용곡선이다. 이는 기존의 기술수용곡선인 S자형 곡선에 캐즘이론을 접목하여 만든 것으로, ICT 관련 기술들의 수용 과정을 일반화하는 데

〈그림 2-4〉 제안된 혁신기술 수용 모형

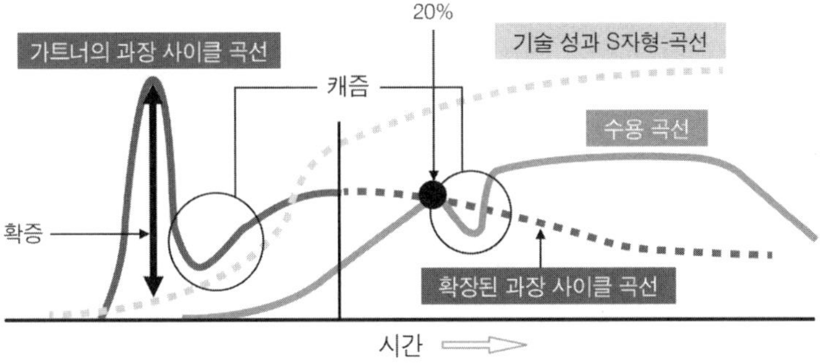

일조했다.[21] 따라서 이 수정된 기술수용곡선은 과장 사이클 곡선과 함께(〈그림 2-4〉 참조) 4차 산업혁명의 혁신기술인 로봇의 수용 과정을 유효하게 설명해줄 수 있을 것이다.

확증(confirmation)은 미래의 기대와 현실의 평가 간의 일치성(congruence)이다. 일치성이 떨어진다는 것, 즉 확증의 약화는 미래의 기대와 현실의 평가 간 불일치, 즉 불일치된 기대감을 불러온다는 말이다. 〈그림 2-4〉에서 볼 수 있듯이, 확증의 정도는 특정 시기의 과장곡선(hype curve) 위에 위치한 점과 기술의 성과 S자형-곡선(performance S-curve) 위에 위치한 점 간 차이로 나타낼 수 있다(그림의 좌측 검은 수직 화살표). 만약, 현실의 평가, 즉 기술 성과 S자형 곡선의 점을 상수로 보면, 과정 곡선의 높이를 낮춘다는 것은 결국 두 곡선 간 차이를 줄인다는 뜻이다. 이는 확증의 강화를 말한다.

기대확증이론(expectation confirmation theory)에 따르면, 확증이 강할수록 만족도(satisfaction)가 높아져, 이는 결국 이용 의도를 높인다는 연구가 있다.[22] 물론 이 연구는 수용 이후(post acceptance)라는 맥락에서 설계된바, 필자의 연구와 차이가 있다. 이 연구는 수용 이전(ex-acceptance), 즉 새로운 혁신기술이 경험되지 않는 맥락에서 설계한다. 하지만, 대중매체 또는 SNS로부터 영향을 받아 이미 형성된 미래의 기대를 토대로 확증을 개념화한다면, 본 연구에서 설계한 바와 같이, 확증이 채택 의도 그리고/또는 구매 저항에 유의미한 영향을 미칠 수 있을 것으로 생각한다.

확증이 강해지면 〈그림 2-4〉에서 보이는 첫 번째 캐즘의 골이 낮아지고, 이는 결국 수정된 기술수용곡선의 좌측 끝자락(〈그림 2-4〉에서 두 번째 캐즘의 좌측 선)을 시간적으로 앞당겨 두 번째 캐즘이 미미하게 발생하게 또는 발생시키지 않게 한다. 기술수용곡선이 기술 성과 S자형 곡선의 위치까지 끌어 올려진다면, 이는 확증 강화와 이에 따른 수용성 증대의 결과라고 볼 수 있다.

설문조사 및 주요 결과

필자는 로봇 관련 일반인들의 인식이 전문가들의 그것들과 비교해서 어떤 차이가 있는지, 그리고 로봇을 일반인들이 어떻게 채택 또는 저항할 것인지를 설문조사를 통해서 검증해보았다. 본 조사는 일반인과 전문가 집단을 구분하고, 로봇에 대해서 각 집단의 인식을 파악하는 것을 목적으로 설계되었고, 이 설문조사를 조사전문기관인 (주)칸타퍼블릭이 실행했다. 설문지 전문에 4차 산업혁명과 혁신기술의 수용성에 관한 설문임을 밝히고, 설문 문항에서 로봇 관련 문장들에 대한 동의 여부를 1점에서 7점 척도에 따라 답하도록 했다. 조사 개요는

〈표 2-2〉 혁신기술 수용성에 관한 설문 조사 개요

	일반인 조사	전문가 조사
조사 대상	전국에 거주하는 만 19~59세 성인 남녀	IT 또는 뉴미디어 분야 교수 및 전문가
표본 크기	500명	21명
조사 기간	2017.8.7~2017.8.14.	2017.8.9~2017.8.21.
조사 방법	일반인 대상 온라인조사(CAWI)	전문가 대상 온라인조사(CAWI)
표본 추출 방법	성·연령·권역을 고려한 비례할당(2017년 7월 말 행정자치부 주민등록 인구 기준)	전문가 리스트
조사 기관	(주)칸타퍼블릭	

* 본 조사의 자세한 분석 결과는 강재원 외, 「혁신기술에 대한 사회적 수용성 제고방안 연구」, 한국산업기술진흥원 2017년도 연구보고서(2017) 참조.

〈표 2-2〉에 기술되어 있다.

필자는 확증을 ① 미래에 대한 기대와 ② 현실에 대한 평가가 일치되는 인지된 일관성(perceived congruence)으로 개념화한다. 이들 간 차이(①-②)를 확증값이라고 정의한다. 확증은 일치되지 않는 정도 즉 차이에 따라 강약으로 표현된다. 차이가 적으면 확증이 강하다. 확증값으로 다시 표현하면, 확증값이 낮으면(즉 차이가 적으면), 확증이 강하다. 반면 차이가 크면, 확증은 약하다. 확증값이 높으면(즉 차이가 크면), 확증은 약하다. 여기서 확증이 약하다는 것은 과장이 높다는 의미다.

주요 결과를 살펴보면, 전문가들은 로봇을 통해서 이용할 수 있는 콘텐츠 또는 서비스가 종류와 양에서 앞으로 증가할 것이고 따라서 우리가 쉽게 구할 수 있으리라는 기대를 하고 있다(평균=6.16). 일반인들과 비교할 때 전문가들도 로봇에 대해 유사한 수준의 기대를 하고 있었다. 그러나 전문가들이 로봇에 대해 현실적으로 평가할 때는 일반인들과 유의미한 차이를 보인다. 전문가들이 더 많은 정보를 통해서 현재 로봇의 기술성과를 냉정하게(낮게) 평가하고 있다고 추론한다. 이에 반해, 일반인들은 대중매체 또는 SNS를 통해 얻게 된 제한된 정보 아래, 평가와 기대를 일치시키려는 방향으로 현재의 기술성과를 평가하고 있음을 알 수 있다.

앞서 설명한 바와 같이, 확증값은 미래에 대한 기대와 현실에 대한 평가의 차이를 말하며, 차이가 클수록 확증이 약하다. 확증이 약하면 이로 인한 과장이 높다. 확증에 대한 일반인과 전문가 간의 인식 차이는 확연하다. 로봇의 경우, 전문가들은 일반인에 비해 2배에 가까운 확증값(=2.95)을 갖는다. 전문가들의 확증값을 통해서, 로봇에 대한 과장(hype)이 대중매체 또는 SNS에 등장하는 전문가들로 인해 발생되고 있음을 추정한다.

한편, 확증은 채택 의도와 저항에 각각 부정적 상관관계($r=-.111^{**}$, $p<.001$) 그리고 긍정적인 상관관계($r=.226^{**}$, $p<.001$)를 갖는다. 일반인들의 경우, 확증이 약할수록, 즉 과도한 기대감이 높을수록 로봇에 대해 구매 저항 내지는 보류하려는 경향을 갖고 있다. 반대로 확증이 강할수록, 즉 과장이 낮을수록 혁신기술을 수용 내지는 채택 의도를 가진다.

하지만, 로봇의 저항과 채택 과정에서 일반인들은 확증을 유용성과 위험성 인식에 비해 중요하게 생각하고 있지 않다. 로봇에 대해 유용성과 위험성 인식 모두가 확증에 비해 채택 의도와 구매 저항에 더 큰 영향을 미치는 결과를 얻었기 때문이다. 채택 의도와 구매 저항의 정도를 결정할 때, 일반인은 확증보다 도구성(instrumentality)을 지닌 변인들, 즉 인지된 유용성과 위험성을 상대적으로 더 깊게 생각한다고 볼 수 있다.

단, 주의할 점은 혁신기술이 가져다줄 유용성과 위험성 인식만이 채택 의도와 구매 저항에 영향을 미치는 것은 아니라는 사실이다. 확증과 인지된 유용성, 인지된 위험성 간의 관계를 고려하여, 혁신기술에 대한 유용성 인식을 높이고, 위험 인식을 낮추면서 동시에 최적의 확증 수준을 찾아야, 사회적 수용성을 최대화시킬 수 있다.

과장이 불러올 저항

대중매체 또는 SNS에 등장하는 과학기술 전문가 집단이 과장된 주장을 할 수 있다. 이러한 과장이 가져올 사회적 파장은 무엇일까? 과장이 가져온 거품의 붕괴다. 거품은 과도한 기대감에 따라 부풀어 오른 막연한 환상과 같다. SF 영화 속에 등장하는 혁신기술들이 가져다주는 환상과 같다. 현실과는 동떨어진 곳에 존재하는 허상이다. 거품의 붕괴와 함께 찾아오는 실망감은 사회적 관심도의 하락을 가져온다. 혁신기술에 대한 관심은 곧 기술개발의 투자로 이어지는데, 관심의 하락은 곧 시장의 냉각을 뜻한다.

거품이 없다면 결정적 다수에 필요한 시간(time-to-take-off)이 대폭 줄어들 수도 있다. 거품이 가져온 결과는 캐즘, 즉 골짜기다. 결정적 다수에 이르는 과정에서 두 번의 캐즘이 발생하는데, 첫 번째 캐즘은 채택이 본격화되기 전에 발생하는 과장에 따른 골짜기다. 전문가 등 의견지도자들의 과도한 기대감에서 출발하는 과장은 대중매체와 대인 소통채널(예컨대 SNS)을 통해 확대 재생산되는 과정을 거친다. 채택 전에는 사실상 거품을 인지하기란 쉽지 않다. 시간이 흐르면서, 현실적으로 관련 기술에 대한 냉정한 평가가 감춰진 채 미래에 실현될 가능성만을 높게 제시한 전문가들의 주장은 그 실체가 드러나면서 설득력을 잃어간다. 일반인들과 시장의 관심은 깊은 골짜기의 차디찬 바닥으로 떨어진다. 보류와 저항이 주류를 이루면서, 채택의 시점과 결정적 다수에 이르는 데 필요한 시간도 늦춰질 것이다.

이러한 캐즘을 극복하는 길은 과도한 기대감인 과장이 발생하지 않도록 하는 것이다. 4차 산업혁명에 대한 기대는 과학기술 전문가들이 평가하고 예측하는 이야기들로부터 시작한다. 4차 산업혁명 관련 주요 혁신기술들은 마치 요술램프에서 밖으로 뛰쳐나온 지니와 같다. 우리가 상상하는 모든 것이 일순간 우리 앞에 등장할 것처럼 과대 포장되어 이야기된다. 막연한 기대감이 가져올 저항의 결과는 바로 캐즘이다. 캐즘은 거품이 없다면 발생되지 않는다. 거품이 없다면 캐즘도 없다.

새로운 가치 담론의 생산

4차 산업혁명 시대, 인공지능을 갖춘 생활형 로봇의 출연을 앞두고 있다. 우리의 삶 속에 로봇이 어떤 모습으로 자리 잡을 것인가? 이에 대한 답은 우리 마음에 있다. 정확하게 표현하면, 대중이 로봇에 대해 어떤 가치를 마음속에 담고 있느냐에 달렸다. 로봇 기술과 서비스에 대한 과도한 기대 속에서 유용하며 용이한 점만을 부각시키거나 또는 예기치 못한 위험성만을 지나치게 강조한다면, 어느 쪽이 실체적 진실에 가깝든 과장이든 간에 이들 이야기, 즉 담론이 미래의 로봇을 만들어간다.

4차 산업혁명에 대한 섣부른 예단, 즉 과장된 기술 유토피아 또는 디스토피아 담론은 사회가 주요 혁신기술을 수용하는 데 걸림돌이 될 수 있다. 다시 말해, 과도한 기대감이 오히려 수용성을 낮추는 결과를 가져올 수 있다. 새로운 가치 담론은 혁신기술과 서비스에 대해 일반인들이 그 유용성 인식을 높이며 동시에 위험에 대해서도 명확히 인식도록 하는 적절한 수준의 기대감을 담아내야 한다. 이러한 점을 고려하여, 차분하게 그 현상을 분석함으로써 그 실체적 진실을 밝혀내는 사회과학적 노력이 필요하다.

가치 담론의 생산과 더불어 전파 역시 중요한 과제이다. 전파된 담론이 보편적으로 받아들여져서 그 정당성을 인정받게 되면, 이 가치 담론은 제도적으로 규범화되며, 이는 혁신기술의 수용성 증대에 긍정적인 영향을 미칠 수 있다. 이러한 제도적 환경을 조성하는 데 정부가 큰 역할을 한다. 혁신기술의 수용성 증대는 수용자의 채택과 더불어 기업의 기술 투자 나아가 정부의 정책적 지원이 함께 만드는 성과이기 때문이다.

주

1 클라우스 슈밥, 『클라우스 슈밥의 제4차 산업혁명』, 송경진 옮김(메가스터디(주), 2016).

2 최계영, 「4차 산업혁명시대의 경제 작동 메커니즘」, ≪KISDI Premium Report≫, 17권 11호(정보통신정책연구원, 2017).

3 같은 글.

4 E. M. Rogers, *Diffusion of innovation* (5th ed.)(New York: Free Press, 2003).

5 같은 책.

6 S. Shermesh and G. Tellis, "The international takeoff of new products: The role of economics and culture"(Unpublished manuscript)(Los Angeles: University of Southern California, 2002).

7 F. D. Davis, R. P. Bagozzi and P. R. Warshaw, "User acceptance of computer technology: A comparison of two theoretical models," *Management Science*, Vol.35, No.8(1989), pp.982~1003.

8 J. N. Sheth, "Psychology of innovation resistance: The less developed concept in diffusion research," *Research in Marketing*, Vol.4, No.3(1981), pp.273~283.

9 G. Zaltman and M. Wallendorf, *Consumer Behavior: Basic Findings and Management Implications* (New York: John Willey and Sons, 1983).

10 S. Ram, "A model of innovation resistance." *Advances in Consumer Research*, Vol.14, No.1(1987), pp.208~212.

11 Sheth, J. N. "Psychology of innovation resistance: The less developed concept in diffusion research," pp.273~283.

12 G. A. Moore, *Crossing the Chasm: Marketing and Selling High-tech Products to mainstream Customers* (New York: HarperCollins Publishers, 1999).

13 같은 책.

14 같은 책.

15 같은 책.

16 같은 책.

17 서윤교·김시정, 「뉴스 내용분석과 하이프 사이클을 활용한 기술기획의 탐색적 연구: 클라우드 컴퓨팅 기술을 중심으로」, ≪한국기술혁신학회≫, 19권 1호(2016), 80~104쪽.

18 Gartner, "Understanding Gartner's hype cycles," *Strategic Analysis Report* (2015).

19 같은 글.

20 L. De Marez and G. Verleye, "Innovation diffusion: The need for more accurate consumer insight. Illustration of the PSAP scale as a segmentation instrument," *Journal of Targeting, Measurement and Analysis for Marketing*, Vol.13, No.1(2004), pp.32~49.

21 같은 글.

22 A. Bhattacherjee, "Understanding information systems continuance: An expectation-confirmation model," *MIS Quarerly*, Vol.25, No.3(2001), pp.351~370.

3장

사회적 관계의 변화

최항섭

* 이 글은 2017년 대한민국 교육부와 한국연구재단의 지원을 받아 수행된 연구임 (NRF-2017S1A5A2A03067632).

4차 산업혁명 열풍

유비쿼터스 혁명, 웹 2.0 혁명, 컨버전스 혁명, 빅데이터 혁명, 초연결 혁명. 지난 10년간 정보사회의 새로운 흐름을 표현하기 위해 사용되었던 개념들이다. 매번 새로운 개념이 제시될 때마다 무엇인가 완전히 새로운 시대가 열린 것처럼 열광을 했고, 연구자들은 그 개념을 정의 내리고 그에 걸맞은 현상들을 찾아내고 가치를 부여하느라 바빴다. 국책연구소에서는 정보통신부, 과학기술부, 미래부 등 관련 부처에서 이러한 개념을 다루는 연구프로젝트들을 부여받았고 새로운 보고서들을 써냈다. 이러한 트렌드는 학계에도 영향을 미쳐 많은 학자들이 이 개념을 사용하면서 "○○ 시대의 사회구조 변화", "○○ 시대의 정치행위 변화"와 같은 논문들을 생산했다. 그런데 매번 반복되는 일들이 있었다. 바로 개념 정의의 어려움과 중복이었다. 영역별로 다른 인식론과 학문 베이스를 가진 학자들은 개념 정의를 제대로 해야 한다고 했지만, 생소한 이 개념에 대해서 심층적인 정의를 내릴 수가 없었다. 그래서 대부분 이미 나와 있던 연구보고서, 해외의 보고서를 인용할 뿐이었다. 또한 '모든 것이 연결되는 초연결 혁명', '모든 것이 융합되는 컨버전스 혁명'에서와 같이 각각의 혁명에서 중복되는 내용이 너무도 많았다. 하지만 이에 대한 문제를 제기할 여유도 없이 또 다른 새로운 혁명 개념이 나타나고 그 개념 정의를 새로 시작해야 했다.

약 2년 전 인공지능이 가져온 충격 여파는 한국의 정부 부처, 국책 연구소, 학계에 '인공지능혁명'을 연구 주제로 다루게 했고, 이제 그 이전의 혁명들은 다 옛날이야기가 되었다. '지능정보사회'로 명명된 연구프로젝트들이 발주되기 시작했다. 하지만 잉크가 채 마르기도 전에 독일의 한 연구소에서 사용한 '4차 산업혁명'이 해외에서 각광을 받기 시작하면서 이제 이 개념이 새로운 시대를 여는 개념으로 한국 사회에 빠르게 확산되었다. 지난 대선 때는 후보들이 TV토론에서 4차 산업혁명 시대를 준비해야 한다는 청사진들을 제시하기도 했다. 사람들은 3차 산업혁명이 언제 일어났는지도 모르고 그 필요성을 느낄 겨를도 없이, 이제 우리가 사는 시대는 4차 산업혁명 시대라고 믿게 되었다. 진실은 사회적으로 구축된다는 지식사회학의 비판적 접근이 이 현상을 잘 설명해준다. 불과 수년 전 『3차 산업혁명』을 저술한 리프킨이 '우리가 사는 시대는 여전히 3차 산업혁명 시대'라고 아무리 이야기를 해도 사람들은 이제 외면을 한다. 그리고 많은 사람들은 그 책을 읽어보지도 않았다. 많은 전문가들이, 정부가, 대통령후보가, 미디어에서 4차 산업혁명이라고 하니 그렇게 믿는 것이다.

4차 산업혁명은 단순히 경제적·산업적 변화만을 가져오지 않는다. 인간의 일상생활 깊숙하게 파고들어 삶의 거의 모든 영역에 들어와 관계, 정체성에 변화를 가져온다. 또한 사회의 구조와 권력관계, 계층관계에까지 변화를 야기한다.

사회학자 게오르크 지멜의 시각을 빌리자면 현재 불고 있는 4차 산업혁명의 바람은 일종의 유행이다. 지멜에 의하면 어떠한 상품의 유행은 그 상품이 아주 멋져서 혹은 아주 기능적으로 우수하기 때문에 생기는 것이 아니다. 유행의 가장 중요한 원인은 "다른 사람들 다수가 이미 그 상품을 구매하고 있기 때문"이라는 것이다.[1] 즉 유행의 추진력은 모방이다. 유행에 대한 지멜의 이러한 시각은 현재 4차 산업혁명이라는 키워드가 산업계를 넘어 학계, 일반인들에게까지도 통용되기 시작하는 현상을 설명하는 데 유용하다. 즉, 4차 산업혁명이 가져올 미래의 변화가 대단히 멋지고, 그것이 우리의 삶의 대단히 효율적이고 편안하게 바꿀 것이라는 전망 때문에 사람들이 4차 산업혁명에 동참하려는 것이 아니다. 단순하게 이야기하면 "이미 다른 사람들 다수가 4차 산업혁명이 미래의 대세라고 이야기하고 있고 거기에 동참하고 있다고 여기기 때문에 이러한 대세의 흐름에 뒤처지지 않기 위해서, 그들이 동참을 모방"하려고 하는 것이다.[2]

미디어에서 계속해서 4차 산업혁명이 일어나고 있고, 이것은 세계를 엄청나게 바꾸어놓을 것이고, 이에 모두가 대비하지 않으면 미래에는 뒤처질 것이라고 이야기하고 있기 때문에 4차 산업혁명에 동참하려고 하는 것이다. 기업들은 이를 상품판매에 전략적으로 이용하고 있다. 새로운 상품을 내놓으면서 이 상품은 4차 산업혁명에 핵심이 이공지능 상품이라고 이야기하면서 이것을 소비해야만 소비자가 4차 산업혁명에 익숙해질 수 있다고 말한다. 소비자는 그 상품이 실제로 자신에게 얼마나 필요한지 잘 모르지만, 대다수 사람들이 사고 있는 것 같기 때문에, 그 상품이 갖고 있는 4차 산업혁명 이미지를 가볍게 여길 수 없기 때문에 그 상품을 소비한다. 이는 특히 다른 사람의 시선에 대단히 민감하고 대세에 민감한 한국 사회에서 두드러진다. 2017년 말에 벌어진 '평창 롱패딩' 현상도 이와 대단히 유사하다. 평창 동계올림픽을 맞아 출시된 긴 패딩 점퍼가 가격 대비 대단히 우수하다는 입소문이 번지고, 수많은 사람이 그 롱패딩을 사기 시작하여 바로 품절이 되어버렸다. 백화점에서는 새로 입고되는 롱패딩을 사기 위해 전날 새벽부터 사람들이 백화점에서 밤을 새우는 진풍경이 벌어졌다. 이는 단순히 그 패딩의 디자인이나 유용성만으로 설명할 수 없는 것이며, 유행, 대세, 다수의 모방에 대한 지멜의 이론이 뒷받침되어야 설명될 수 있다. 4차 산업혁명에 동참해야 한다는 기업과 정부의 메세지들, 이 흐름에서 벗어나지 않으려고 하는 일반인들의 모습은 평창 롱패딩을 사기 위해 밤을 새워 줄을 섰던 소비자들의 모습과 크게 다르지 않다.

그렇다면 4차 산업혁명이 정확히 무엇인지 알지 못하면서, 그것이 신기루인지 아니면 현실로 벌어지고 있는 혁명인지 확신하지도 않으면서, 왜 사람들은 4차 산업혁명에 동참하려고 하는 것일까? 그것은 유행이 가지고 있는 모방의 기능 중에 '고립에 대한 불안감 해소'가 있기 때문이다. 인간은 본능적으로 고립에 대한 두려움을 갖고 있다. 이 고립되지 않으려고 하는 행동 중 가장 용이한 것은 '남들 하는 것을 따라 하는 모방행위'이다. 4차 산업혁명이 대세이기 때문에 갑자기 초등학교에서 코딩 교육을 실시하고, 자신의 아이도 이 교육을 시켜야겠다는 생각들, 모두 모방을 통한 불안감 해소의 기능을 한다.

인간의 사회적 관계의 변화

사회학자들은 본질적으로 자본의 탐욕에 대해서 예민하고 비판적이다. 그런 관점으로 보면, 앞서 말한 혁명 개념들은 실제로 일어나는 현상이 아니라 이윤을 계속 증식해야 하는 정보 산업체들이 '새로운 사회 변화가 일어나고 있으니 그 변화에 적응하기 위해서는 새로운 상품을 사야 한다'고 소비자들에게 내세우는 슬로건으로 받아들여진다. 기업은 4차 산업혁명에 동참하기 위해서 수많은 인공지능 제품들을 사야 한다고 외치며, 이를 통해 이윤 증식을 꾀한다는 것이다.

그러나 필자가 보기에는 과거의 혁명들에 비해 4차 산업혁명은 분명히 그 파급 효과가 다르다. 그 기술이 지금까지 인류가 경험하지 못한 것들이기 때문이다. 인간만큼, 혹은 인간보다 더 똑똑한 로봇, 인간의 감정을 이해할 수 있는 로봇, 현실과 거의 차이가 없거나 보드리야르의 개념처럼 현실보다 더 현실적인 HMD(Head Mounted Display) 가상현실 등은 이전 인터넷을 기반으로 이루어졌던 혁명들보다 사회적 파급 효과가 훨씬 더 큰 기술임이 분명하다. 물론 이러한 기술들의 등장 배경에 자본의 이윤 증식이 있음은 분명하다. 그러나 이 기술들이 이미 등장하고 있고, 이러한 흐름은 과거의 혁명들과는 다른 수준의 것으로 판단된다. 지금이 4차 산업혁명 시대인지 아닌지는 모르지만, 이 새로운 기술들은 빠르게 삶 속으로 들어오고 있고, 그 변화는 우리가 경험하지 못했지만 현재에 분명히 일어나고 있는 '현실'이다.

4차 산업혁명은 경제, 산업, 정치, 행정, 의료복지, 사회 등 사회 전 영역에 걸쳐 변화를 가져올 것이다. 이 중에서 사회 영역에서는 특히 인간의 '사회적 관계'에 큰 변화를 야기할 것이다. 사회적 관계에 대해서 사회학 이론을 발전시킨 학자는 독일의 지멜이다. 지멜은 기존의 사회학이 지나치게 거대한 구조를 중심으로 발전되어왔다고 비판하면서 사회학은 인간의 일상의 삶에 초점을 맞추어야 하며, 그 삶의 바탕이 되는 다른 인간과의 관계, 즉 사회적 관계를 중점적으로 연구해야 한다고 주장했다. 특히 지멜은 인간의 사회적 관계가 유지되기 위해서 필요한 일상의 소소한 것들이 사회학의 중요한 주제가 된다고 했다. 그에 의하면 술, 식사, 옷 등은 기존의 사회학에서 볼 때는 하찮은 주제이지만, 사실은 인간이 사회적 관계를 만들어나가는 데 대단히 중요한 주제이다.[3] 지멜의 시각에서 보면 4차 산업혁명 시대에 인간의 일상에 들어올 존재, 로봇, 인공지능은 인간의 사회적 관계에 큰 영향을 미칠 수 있기 때문에 역시 사회학의 핵심 주제가 될 수 있다. 로봇사회학, 인공지능사회학이 가능하다는 것이다.

지멜은 인간의 사회적 관계를 '소시에이션(sociation)'이라고 명명하면서 이 사회적 관계는 특히 관계를 맺는 인간이 어떠한 유형(type)의 인간인가에 따라 결정된다고 했다.[4] 예를 들어 시어머니, 며느리, 장남, 막내, 부장, 인턴사원 등은 모두 하나의 유형이 된다. 우리는 어떠한 사람을 평가할 때 그 사람이 가족 내에서, 형제 내에서, 회사에서 어떠한 위치에 있으며, '그 위치에 있는 사람은 대부분 어떠한 유형의 사람이다'라는 인식을 가지고 있다. 그래서 시어머니와 며느리 사이에는 갈등의 관계가 종종 발생하며, 장남과 막내의 관계에는 이끎과 따라감의 관계, 부장과 인턴사원의 관계에는 종종 지배와 복종의 관계(현재 크게 변하고 있기는 하지만)가 나타나는 것이다. 지멜에 의하면 모든 인간은 다른 인간에게 어떤 '특정한 유형의 사람'으로 인식되며, 그 역시 그 다른 인간을 어떤 '특정한 유형의 사람'으로 인식한다. 이러한 인식에 기초하여 두 인간 간의 사회적 관계가 이루어진다는 것이다. 그 사회적 관계는 때로는 갈등의 관계가, 때로는 지배복종의 관계가 될 수 있다.

그런데 문제는 인간의 사회적 관계는 철저히 인간 중심적이라는 것이다. '인간들만의 관계'인 것이다. 4차 산업혁명 시대에는 인간의 사회적 관계에 새로운, 그리고 파괴력이 큰 변수가 등장한다. 바로 인공지능기계(때로는 로봇으로, 때로는 단순히 프로그램으로만 존재한다)이다.

4차 산업혁명 시대에 크게 증가할 인간과 기계의 사회적 관계는 '유형'을 중심으로 한 기존의 상호작용론으로 쉽게 설명할 수 없다. 기계는 수많은 데이터 입력을 통해 인간들의 유형들을 구별한다. 또한 인간과 상호작용을 맺으면서 스스로의 러닝을 통해 그 구별을 세밀화시킨다. 기계는 인간과의 상호작용에서 그 인간의 '유형'을 토대로 하여 메시지를 보내고 응답한다. 하지만 인간은 기계의 유형을 알지 못한다. 혹은 기계의 유형을 일률화할 뿐이다. 유형화(typification)는 상대방의 얼굴, 말투, 옷, 목소리 등 다양한 신호를 통해 하는 것인데, 기계는 표준화된 모습과 말투를 가지고 있기 때문에 인간이 기계의 유형을 알 수가 없는 것이다. 이는 사회학 이론의 긴 흐름 중 하나인 상호작용론에 근본적인 변화가 필요해질 수도 있음을 말해준다.

가장 큰 사회 변화는 관계에서 생겨날 것이다. 지멜의 관계이론에 따르면 2자관계에서 3자관계로의 변화는 단순히 하나의 관계 주체가 더 늘어나는 것이 아니라 수많은 관계의 양상들을 만들어내는, 관계의 질적인 변화를 가져오는 대단히 사회적인 것이다. 인간과 인간 간의 관계에 기계가 들어오는 것은 3자관계를 의미한다. 즉, 인간-인간 간의 관계에서 인간-기계-인간 간의 관계의 형성을 의미한다.

3자관계에서는 먼저 새로운 감정 변화가 생겨난다. 2자관계에는 없었던 질투와 같은 감정이 나타난다. 내가 좋아하는 그녀가 나 아닌 다른 사람을 좋아하게 되면 나는 질투의 감정을 느낀다. 제삼자의 등장으로 나 자신에게 잠재해 있던 감정이 드러날 수도 있다. 2자관계에서는 내가 그녀를 좋아하는지 모르고 있다가 제삼자가 등장하여 그녀와 가까워지게 되는 것을 보고서 내가 그녀를 좋아한다는 사실을 뒤늦게 자각할 수도 있다. 그렇다면 인간 간의 관계를 중심으로 설명되었던 3자관계에서의 감정 변화는 기계가 그 관계 안으로 들어올 때에 어떠한 양상으로 전개될 것인가? 최근 인공지능기계 광고 중에 바쁜 엄마와 계속 놀아달라는 아이, 그리고 엄마가 그 아이에게 주면서 대신 놀아주는 기능을 하는 인공지능기계를 보여주는 것이 있다. 엄마와 아이 간의 2자관계는 엄마-아이-인공지능기계 3자 간의 관계로 변화한다. 집에서도 일하느라 바쁜 엄마는 아이가 인공지능기계와 대화하며 노는 것을 보고 안심하고 흐뭇해한다. 그리고 아이는 자신의 말에 대답해주며 자신과 대화해주는 기계를 '친구'로 여기게 된다. 이러한 상황의 지속은 엄마의 역할을 대체해주는 기계의 등장으로 엄마의 역할을 축소를 가져다주는 동시에, 아이와 기계 간 관계의 강화와 엄마와 아이 간 관계의 약화를 가져올 수 있다. 그리고 엄마는 아이에게 서운함을 느낄 것이다.

두 명 간의 관계에서 세 명 간의 관계로의 변화는 또 다른 질적 관계를 만들어낸다. 세 명이기 때문에 '다수'가 생겨난다. 이 다수는 나머지 한 명에게 자신들의 판단이나 의견을 강제할 수 있는 힘을 확보한다. 친구 세 명이 여행을 떠나 어떤 음식을 먹을지 결정할 때, 두 명의 의견이 같으면 다른 한 명은 그들의 의견을 따르게 된다. 그렇지 않으면 자신은 고집불통인 사람이 되며, 세 명 간의 통합관계를 해치기 때문이다. 어떤 길로 가야 하는지와 같은 논리적인 판단을 할 때도 마찬가지이다. 자신이 판단이 옳다고 여기지만 다른 두 사람이 다른 판단에 일치를 보이고 있다면 자신의 판단을 포기하고 그들의 판단에 따르게 된다. 인간과 인간 간의 관계에 기계가 들어오게 되면 특히 이 논리적·합리적 판단을 하는 경우 기계를 포함한 다수의 판단이 우위를 점하게 될 것이다. 어떠한 곳에 투자를 해야 하는지, 어떠한 경로로 여행을 떠나야 하는지에 대해 인간과 인간 간의 판단이 갈릴 때 논리적·합리적인 계산성을 바탕으로 만들어진 기계가 내린 판단이 자신의 판단과 같다면, 그 한 명은 자신과 기계의 판단을 다수의 힘을 통해 다른 인간에게 강제하게 될 것이다.

인간 간의 2자관계가 3자관계로 전환되면, 두 명 간에 갈등이 발생할 시에 나머지 한 명이 그 갈등을 해소하는 중재자의 역할을 하기도 한다. 그렇다면 기계가 인간과 인간 간의 갈등을 해소하는 중재자 역할을 할 수도 있을 것인가? 인공지능기계는 가장 합리적인 판단을 내릴 수 있는 능력을 보유하지만 항상 '진실만을 이야기'해주도록 프로그램화되지는 않을 것이다. 그 기계를 구입하고 사용하는 인간이 자신이 행한 일에 대해 '진실한 판단'을 내려주도록 요구하지 않을 것이기 때문이다. 인간이 다른 사람과 갈등이 생길 시 인간의 속성은 자신은 옳고 다른 사람이 틀렸다는 판단을 스스로 정당화한다는 것이다. 그리고 그것을 지지받기 위해 가까운 친구들을 만나 위안을 찾기도 한다. 만약 인공지능기계가 상황을 정확히 판단하고 사실 그 갈등의 원인은 그 사람 본인에게 있다고 판단되더라도 이를 사실 그대로 말해주기가 힘들 것이다. '진실을 이야기해주기'보다는 '위로를 해주고 지지를 해주기'가 인간과의 상호작용에서 더욱 우선순위의 대화법으로 프로그램화되어 있을 것이기 때문이다.

지멜의 사회학에 의하면 2자관계에서 3자관계가 될 때 '비밀'이 생겨난다.[5] 두 명만이 공유하면서 다른 한 명에게는 말하지 않는 비밀이 생겨나며, 이는 그 관계에서 다른 한 명을 소외시키는 결과를 가져온다. 그런데 지멜에 의하면 인간이 비밀을 말하는 대상은 아주 가까운 사람보다는 오히려 자신이 속한 공동체에서 멀리 떨어진 사람일 가능성이 높다. 가까운 사람이라도 공동체 안에 있는 사람이라면 그 비밀이 결국은 누출될 가능성이 높기 때문이다. 하지만 오히려 공동체에서 멀리 떨어진 '이방인(stranger)'이라면 비밀을 누설할 가능성이 낮기 때문에 그에게 비밀을 털어놓는 것이다.

인간은 공동체에 전혀 속하지 않는 기계에게 비밀을 털어놓을 수 있다. 기계는 그 비밀에 대해 나에게 지지를 보내주며, 정신적 위안을 제공할 것이다. 그런데 인간 간의 비밀 공유는 인간들의 연대를 강화한다. 비밀을 누설할 경우에는 그 연대가 깨어지고 배신감이 커지지만, 그렇지 않을 경우에는 비밀을 공유하는 사람들 간에 끈끈한 연대감이 생긴다. 인간이 점점 기계에게 비밀을 이야기하게 되면, 인간들 간의 비밀 공유가 줄어들게 될 것이며, 이는 결국 인간들 간의 연대감을 감소시킬 것이다. 이는 이미 신자유주의 체제의 강화 이후로 우리가 경험하고 있는 것이기도 하다. 다른 인간들을 경쟁 상대로 여기는 상황에서 그들과 비밀의 공유는 너무도 위험한 것이다. 차라리 혼자 간직하거나 기계에게 이야기하는 편이 더 낫다고 생각하게 되는 것이다.

인간과 인간 간의 2자관계에서 인간-기계-인간 3자관계로의 변화는 기계와 인간 간의 상호작용, 그리고 이를 넘어 기계와 기계 간의 상호작용까지도 염두에 두어야 함을 의미한다. 고전적 상호작용론에 따르면 상호작용은 행위자와 행위자 간의 몸짓, 음성, 그리고 수많은 상징체계에 의해 이루어진다. 다른 사람의 기분이 좋고 나쁨을 그의 몸짓과 음성을 통해 알 수 있으며, 장미를 선물하는 것은 나와 상대방이 그 장미가 애정을 상징한다고 믿기 때문이다. 기계는 인간 행위자가 하는 몸짓, 음성, 상징을 무수히 많이 입력할 것이며, 스스로 이를 학습할 것이다. 그렇게 되면 적어도 기본적인 수준까지는 기계와 인간이 상호작용할 수 있게 된다. 이때 기계는 단순히 기계가 아니라 상호작용에 참여하는 기계 행위자가 된다.

한 행위자의 몸짓은 다른 행위자의 반응을 가져온다. 손을 흔들거나 인사를 하는 몸짓은 상대방으로 하여금 화답 인사로 반응하게 한다. 인간 행위자 간에 이루어지는 수많은 몸짓과 반응들이 기계에 입력되면, 기계 역시 인간의 몸짓에 걸맞은 반응을 할 것이다. 그렇다면 기계가 행하는 몸짓에 인간은 어떻게 반응할 것인가? 여기서 인간과 인간 간 상호작용과 차이가 발생한다. 누군가가 나에게 인사를 할 때 나는 그에게 응답을 한다. 그러지 않으면, 즉 반응하지 않으면 상대방을 무시한 것이 되기 때문이다. 상대방을 난처하게 하지 않기 위해서, 감정을 상하지 않게 하기 위해서 인간은 다른 인간이 보낸 몸짓에 응답을 한다. 그러나 기계가 보낸 몸짓에 인간이 응답하지 않아도 기계와 인간 간의 상호관계에는 별다른 문제가 발생하지 않는다. 기계는 인간이 배려할 감정을 가지고 있지 않기 때문이다.

비단 몸짓만이 아니고 상호작용의 또 다른 중요한 수단인 음성(voice)의 경우도 마찬가지다. 음성 역시 대단히 상호적이다. 어떤 말을 할 때 음성의 높고 낮음과 같은 음성의 특징은 그 사람의 기분을 전달한다. 똑같은 말을 해도 음성이 다르면 그 의미를 다르게 전달받는다. "사랑한다"라는 말을 할 때 음성에 따라서 더 이상 사랑하지 않는다는 느낌을 받을 수도 있는 것이다. 그래서 인간 행위자들은 다른 행위자들과 상호작용을 할 때 자신의 음성에 대단히 신경을 쓴다. 하지만 기계 행위자에게는 그럴 필요가 없다. 정확히 메시지만 전달하면 되기 때문이다.

또 하나는 알프레드 슈츠(Alfred Schutz)의 현상학에서 제시하는 상호주관성(intersubjectivity)의 관계이다. 슈츠는 인간과 인간 간의 사회적 관계에서 서로 주고받는 수많은 상징체계가 그 인간들의 의식에 어떠한 현상으로 나타나는지에 주목했다. 즉, A는 B의 의도와는 상관

없이 B가 보낸 메시지를 자신의 감정 상태에 의거하여 해석한다는 것이다.[6] 인간과 인공지능로봇과의 관계에 있어서 앞으로 많은 상호작용이 일어날 것인데, 감정을 가지지 않은 인공지능로봇이 인간에게 보낸 메시지를 인간은 주관적으로 해석하여 그 로봇을 감정을 가진 주체로 인식하게 될 것이다.

슈츠의 현상학은 이해하기 쉽지 않지만 독자들을 위해 쉽게 설명하자면 다음과 같다. A와 B가 만날 때, A는 B가 자신을 어떻게 생각하고 있는가를 머릿속에 그린다. B가 자신에게 보내는 눈빛, 얼굴 표정, 자신에게 하는 말투, 음성, 자신에게 행하는 행위들을 토대로 하여, B가 자신을 어떻게 생각하고 있는지 해석을 내린다. 만약 A가 "B는 나를 아주 좋아하고 있구나"라는 생각을 한다면, 그는 B가 자신에게 보여준 여러 가지 의미표식들을 통해 그렇게 생각한 것이다. 그런데 B는 사실 A를 전혀 좋아하지 않고 있을 수 있다. B는 다른 사람들을 대할 때와 똑같이 대했는데, A는 그와 무관하게 자신을 좋아한다고 믿어버린 것이다. 그리고 이는 단지 A에만 해당하지 않고 B에게도 역시 해당하는 이야기다. 이를 슈츠는 상호작용에 참여하는 두 행위자가 각자의 주관적인 판단하에 다른 사람이 보내는 메시지를 자의적으로 해석한다고 말하면서, '상호주관성의 세계(world of intersubjectivity)'라고 설명했다. 기계와 상호작용하는 인간은 기계가 나를 배려해주고 믿어준다고 생각할 수 있다. 그리고 기계가 정말 친한 존재로 여겨질 수 있다. 여기서 기계의 의도는 중요하지 않다. 인간이 기계가 보낸 메시지와 행위를 주관적으로 해석할 뿐이다.

인간이 기계의 의도와는 상관없이 주관적으로 그것을 이해해버리는 사실을 좀 더 잘 이해하기 위해서는 사회학자 어빙 고프먼(Erving Goffman)의 연극론이 유용하다. 고프먼에 의하면 인간은 다른 인간들과 상호작용을 할 때 다른 사람의 기분을 좋게 하고 자신을 잘 평가받으려는 행위를 한다. 이는 마치 연극무대에서 배우가 관객을 만족시키려고 연기를 하는 것과 유사하다. 이때 이 연기를 퍼포먼스(performance)라고 부른다. 퍼포먼스의 수준 높을수록 관객은 배우의 연기를 연기가 아니라 실재라고 믿게 된다.[7] 기계 역시 그것을 소유한 인간의 최고의 만족감을 이끌어내기 위해서 어떠한 몸짓과 언어를 구사해야 하는지가 입력되어 있다. 즉, 기계의 퍼포먼스의 수준이 그 기계의 효용성에 중요한 요인이 되는 것이다. 기계의 퍼포먼스가 높을수록 그 기계와 상호작용을 하는 인간은 기계가 하는 것이 아니라 인간이 하는 것과 같다고 믿게 된다. 만약 퍼포먼스가 최고점에 이르게 되면 인간은 기계와의 상호작용에서 기계라는 존재와 상호작용하는 것 자체를 망각할 수도 있다.

자본과 노동, 그리고 4차 산업혁명

사회학은 사회구조에 대해 설명함에 있어서 그 구조를 구성하는 중요한 요인들인 자본과 노동에 주목한다. 현재의 사회구조를 형성하게 한 근대 이후의 자본의 형성과 축적, 그리고 그 과정에서 노동의 형성과 소외에 대해 설명하기 위해 사회학은 계급, 계층과 같은 다양한 개념을 제시했다. 먼저 1·2차 산업혁명으로 생긴 가장 큰 변화는 이전까지 토지를 가진 봉건귀족계급이 사회의 지배층이었던 것이 이제는 자본과 공장을 보유한 자본가들이 사회의 지배층으로 변했다는 것이다. 그리고 봉건귀족계급 아래에서 피지배계층이었던 농민들이 대규모로 도시로 이동하여 자본가들의 지배와 통제를 받는 노동자계층을 형성했다. 여기서 생겨난 인간 소외에 대해서는 잘 알려진 바와 같이 카를 마르크스와 같은 학자들이 그 문제점과 대안을 제시한 바 있다. 특히 마르크스는 단순히 자본가와 노동자 사이에 계급의 차이만 존재하는 것이 아니라 그 계급에 따라 인간으로서의 가치도 달리 평가받는 사회의 부조리한 모습을 강하게 비판했다. 영화 〈타이타닉〉에서 배가 침몰하여 구조가 진행되는 과정에서 '상류층'이 우선적으로 구조되고, 피지배층은 상류층이 구조되기까지 '갇혀서' 기다려야 했던 모습이 전형적인 자본과 노동 간의 관계에서 발생하는 인간으로서의 존재가치의 소외다.

4차 산업혁명이 가져다줄 것으로 기대되는 여러 가지 혜택으로 테러로부터의 보호, 건강을 위협하는 질병으로부터의 보호, 재난으로부터의 보호 등 여러 가지가 꼽힌다. 그런데 이렇게 위험 상황이 발생할 시에 위험을 더 빠르게 안전하게 피할 수 있게 해주는 인공지능기계를 보유하고 있는 계급과 그렇지 못한 계급 간에는 마치 타이타닉의 구조 상황에서 벌어졌던 것과 같은 일들이 재현될 수 있다.

자본과 노동의 관계에서 자본은 상품을 통해 끝없는 욕구를 생산하여 노동자들로 하여금 그 욕구를 갖게 한다. 노동자들은 그 욕구를 충족시키기 위해 지속적으로 강도가 높아지는 노동을 받아들이며, 자본은 이를 통해 스스로를 증식한다. 이러한 시각에서 볼 때 4차 산업혁명을 통해 나타날 수많은 기술제품은 결과적으로 노동의 강도와 노동자들의 소외를 부추길 가능성이 많다. 4차 산업혁명에 적응하기 위해서 이런 상품, 저런 상품을 사용해야 한다는 광고들이 등장할 것이다. 일을 더 효율적으로 하기 위해서, 더 따뜻한 삶을 살기 위해서, 노후를 더 편안하게 보내기 위해서, 아이를 외롭지 않게 키우기 위해서 인공지능로봇이 필요하다는 광고들이 곧 우리에게 제시될 것이다. 그리고 우리는 그 광고들의 메시지를 큰 비판 없이 수용하여, 광고의 제품들을 사고 싶다는 욕구를 가지게 될 것이다.

마르크스에 의하면 사회갈등은 원래 긍정적인 것이다. 갈등을 통해 사회가 더욱 진화할 수 있기 때문이다. 그러나 자본주의하에서 이 갈등은 기형적으로 변화하는데, 자본주의가 물질에 대한 욕망을 끊임없이 생산하여 인간을 탐욕적으로 만들기 때문이다. 더 많이 갖고 싶은 탐욕이 사회갈등을 기형적으로 만든다. 4차 산업혁명 시대에 인간은 이 혁명 시대에 걸맞은 상품들, 기계들을 소유하고 싶은 욕구를 끝없이 갖게 될 것이다. 그러나 그 욕구를 충족하는 데는 경제적 조건에 따라 커다란 차이가 나타날 것이다. 예를 들어 싸구려 인공지능기계를 가진 사람은 고가의 최고성능 인공지능기계를 가진 사람을 부러워할 것이다. 이때 계급 간에 사회갈등이 나타나는데, 이는 더 나은 사회의 모습을 가져오는 생산적인 갈등이 아니다. 지속적으로 이어지는 계급갈등은 피지배계급의 소외감을 더욱 커지게 하는 결과를 가져온다.

비단 계급 간의 문제만이 아니라 인간 자체로서도 이 문제를 다시 바라볼 수 있다. 4차 산업혁명 시기에 하루가 멀다고 등장하는 새로운 기술제품들을 우리는 모두 소비하고 사용할 수가 없다. 비록 하나의 기술제품을 소비하여 사용하면서 "나도 이제 4차 산업혁명 시대에 동참하고 있다"라는 생각을 가질 수 있겠지만, 이는 대단히 일시적일 수밖에 없다. 그 제품의 업그레이드된 버전이 빠르게 출시될 것이기 때문이다. 경제적 조건의 한계로 인해 우리는 대부분 업그레이드된 기술제품을 모두 소비할 수 없다. 그리고 종국적으로는 "나는 항상 4차 산업혁명 시대의 빠른 변화 흐름에 뒤처지고 있다"라고 생각하게 될 것이다. 이는 고전사회학자인 지멜이 말한 "문화의 비극(tragedy of culture)"으로 설명된다.

지멜에 의하면 근대사회에서 개인은 자본의 증식 욕구에 필요와 욕구를 지배당하고 있다.[8] 자본은 스스로의 증식을 위해서 인간에게 끊임없이 새로운 재화를 갖고 싶은 욕구를 부여한다. 그래서 인간은 자신에게 '불필요한 재화들'을 필요하다고 믿게 된다. 이는 자본이 스스로의 증식을 위해서 인간에게 '인위적인 욕구'를 생성시키는 것을 의미한다. 하지만 이러한 욕구들이 거의 대부분 제대로 실현되지 않는다. 새로운 제품들을 모두 구매할 수 있는 능력, 그리고 새로운 기술을 모두 이해하고 통제할 수 있는 능력이 인간에게 없기 때문이다. 지멜에 의하면 생산되는 모든 종류의 재화는 인간에게 주어진 객관적 문화(objective culture)이다. 이 객관적인 문화를 인간이 생산하고 이해하고 통제하는 능력이 주관적 문화(subjective culture)인데 이 능력에 비해 항상 더 새롭고 더 많은 객관적 문화들이 생산되기 때문에 이 간격은 절대로 채워질 수 없는 것이 숙명이다. 이 숙명에 따라 인간은 스스로의 능력이 항상 지체되어 있고 자신의 삶이 항상 우울한 삶이라고 생각한다. 이것이 문화의 비극이다.[9] 4차 산업혁명 시기에 끊임없이 등장하게 될 기술제품들이 객관적 문화라면, 이 제품들을 소비하고 통제하는 능력이 주관적 문화인데, 이 사이의 간격은 지멜이 설명한 대로 영원히 채워질 수 없는 것이다.

4차 산업혁명 시에는 근대 이후 지속되어왔던 자본가와 노동자 간의 관계에도 변화가 생길 것이다. 근대 이후 자본가는 자본을 토대로 공장과 기계를 제공하고 노동자는 노동력을 제공하면서 서로의 이익을 챙겨왔다. 그런데 이 과정에서 단순히 서로 주고받는 관계를 넘어 증오, 무시와 같은 계급 간 감정의 골이 생기게 된다. 하지만 그럼에도 서로의 이익을 위해서 협업을 하게 되는데, 이것은 마르크스에 의하면 적대적 협업관계이다. 즉, 물질적 욕구의 충족을 위해서 하는, 적대적 관계에서의 협업인 것이다. 근대 이후 부르주아계급과 프롤레타리아계급은 이러한 적대적 협업관계에서 서로 상생해왔다. 부르주아의 권력이 강해지면서 이들의 지배적 위치는 중세 봉건귀족에 버금가게 되었다. 이들은 노동자들을 착취하면서 자신들의 이윤을 추구했고 이 과정에서 노동자들은 자본가계급에 대한 증오심을 품게 되었다. 그리고 이러한 노동자들의 소외는 노동자들로 하여금 노동자들의 단체를 만들고, 노동자 투쟁을 통해 자신들의 인권을 보호하며, 최종적으로는 노동자가 주인이 되는 사회주의혁명을 성공시키게 할 것이라고 마르크스는 제안했다.[10]

그런데 문제는 4차 산업혁명 시기에 이 노동자들의 역할 중 상당 부분이 자동화·지능화된 로봇에 의해 대체될 것이라는 점이다. 로봇이 노동자들의 일자리를 빼앗지 않도록 하고 노동자들의 역할을 보완하는 방향으로 4차 산업혁명이 진행되도록 할 것이라는 전망이 있지만 이는 지나치게 순수한 전망이다. 자본가들은 더 효율적이고 더 생산적인 것을 항상 선호해왔으며, 자동화되고 지능화된 로봇이 인간의 노동력보다 더욱 효율적이고 생산적이라면 그것의 도입을 마다하지 않을 것이다. 이미 정보사회로 접어들면서 이러한 양상은 조금씩 나타나기 시작했는데, 단순히 자동화를 넘어서 인간의 지능을 갖춘 기계들이 인간의 삶에 들어오게 되면 인간노동의 소외 양상은 더욱 극명하게 드러날 것이다. 이러한 상황에서 노동자들의 힘은 약화될 것이다. 자본가들에게 맞설 수 있는 투쟁의 장 자체가 축소되기 때문이다. 기계에 의한 인간노동 소외가 발생하는 것이다. 그렇다면 한편, 과연 기계가 자신이 노동하는 기계라는 자아의식을 갖게 될 것인가라는 질문도 던질 수 있다. 아직은 먼 이야기처럼 들릴 수도 있다. 노동계급 역시 단순히 자신이 노동하는 사람이라는 즉자적 계급(class in itself) 인식에서 자본가들에 의해 통제당하고 소외당하는 노동자라는 대자적 계급(class for itself) 인식의 단계로 갈 때 비로소 노동계급의 소외를 극복하는 단초가 마련된다. 기계는 자신이 노동하는 기계를 넘어 자본가들에 의해 일방적으로 통제당하고 지배당하는 존재일 뿐이라는 사실을 과연 자각할 수 있을 것인가? 영화 〈아이, 로봇〉에 나오는 SF의 스토리이긴 하지만, 현재의 인공지능기계와 딥러닝의 진화 속도를 보면 이는 미래에 우리가 주목하면서 살펴볼 문제라고 생각한다.

여기서 우리가 주의 깊게 살펴봐야 하는 것은 인간의 고유한 능력, 즉 주관적 문화가 오히려 과거에 비해 쇠퇴할 가능성도 있다는 점이다. 4차 산업혁명의 핵심은 인간의 능력을 기계가 보완 혹은 대체하여 인간의 삶을 더욱 편하게 해준다는 것이다. 그런데 인간의 능력은 과연 더 이상 발전될 수 없는 것인가? 인간 능력을 더 계발하기도 전에 그 능력을 보완 혹은 대체해버리게 되면 인간에게는 어떠한 일이 생길 것인가? 그 능력 자체를 사용하지 않게 될 것이다. 수를 계산하는 능력에서부터 암호를 기억하는 능력, 공간을 판단하는 능력, 합리적 방안을 고안할 능력, 다른 이들과 감정을 소통하는 능력 등 다양한 능력이 기계에 의해 보완 혹은 대체되고 나면 인간에게는 무엇이 남을 것인가? 그 능력 자체를 사용하지 않으면서 오히려 기계가 제시하는 합리적인 방안, 효율적인 방안을 무비판적으로 따르는 '일차원적 인간'으로 회귀할 수도 있다.

'일차원적 인간'은 1940년대 독일의 신마르크스주의자들인 프랑크푸르트학파에서 제시한 개념이다. 마르쿠제(Herbert Marcuse)는 나치가 제시하는 대중 메시지를 독일 국민들이 무비판적으로 받아들이면서 일차원적 인간으로 회귀하는 위험에 빠질 수 있다고 경고했다.[11] 4차 산업혁명 시대에 인간 스스로 판단하는 능력을 점점 더 사용하지 않게 되면 프랑크푸르트학파가 경고했던 획일적인 인간의 모습이 나타날 수 있으며, 이는 인간의 아우라가 사라질 수도 있음을 말해준다.

위험사회론과 4차 산업혁명

사회학자로서 4차 산업혁명은 인간의 삶에 새로운 기회가 되기도

하며 새로운 위험이 되기도 한다고 본다. 이를 기회 혹은 위험으로 만드는 것은 순전히 인간에게 달렸다. 한편, 20세기 후반 폭주하는 자본주의와 기술문명에 대해 이것의 위험에 대해 고찰하는 새로운 학문 영역이 생겨나는 데 기든스(Anthony Giddens)와 벡(Ulrich Beck)을 중심으로 하는 위험사회론이 그것이다. 여기서는 위험사회론의 시각에서 4차 산업혁명이 가져올 사회 변화가 어떻게 해석될 수 있는지를 설명하고자 한다.

전근대 시기에 위험은 '숙명적 위험'이었다. 자연재해와 같은 위험은 인간에게 숙명적인 것이었으며 외부적인 변수였고 인간 스스로 통제할 수 없는 것이었다. 흑사병과 같은 질병이 대표적이다. 그리고 이 숙명적 위험에서 벗어날 수 있는 유일한 방법은 신에게 의지하고 신을 통해 구원받는 길밖에 없었다.

1차 근대 시기에는 기존의 위험들을 인간의 노력으로 방지할 수 있다는 패러다임이 제시되었다. 위험에는 반드시 원인이 있으며, 이 원인을 찾으면 위험을 막을 수 있다는 것이다. 이를 위해 위험을 통제할 수 있는 '기술들'이 만들어진다. 한편 위험사회론에서는 2차 근대 시기에서 나타나는 위험들에 주목한다. 먼저 그 위험들은 빠르게 달리는 거대한 전차 혹은 트럭을 의미하는 '저거놋(Juggernaut)'이라는 개념으로 은유된다. 더욱더 많이 싣고 더 빠르게 달려 최대한의 이익을 내려는 저거놋은 길의 변화에 취약하며 그 길에서 한쪽으로 쏠려 넘어져 파괴될 위험성이 크다. 지나친 근대성이 위험을 가져올 수 있다는 것을 위험사회론 통해 설명한 바 있다.[12]

위험사회론은 한국 사회에서 1970~1980년대 고도경제성장 이후 발생한 위험들을 설명하는 데 유용했다. 소위 압축적 근대화 과정을 통해 서구가 100여 년을 거쳐 이루어놓은 근대화를 20년 정도에 이룬 한국 사회의 빠른 발전 속도가 사회를 위험에 취약하도록 만들었다는 것이다. 인류 전체로 볼 때 1차 산업혁명, 2차 산업혁명 모두 50~100여 년에 걸쳐서 이루어진 것들인데, 4차 산업혁명은 현재의 속도로 보면 앞선 산업혁명들보다 훨씬 더 빠르게, 더 많은 기술을 인류의 삶 속에 보낼 것으로 전망된다. 산업혁명이 가져올 경제적 효과만이 아니라 그것이 진정으로 인간의 삶에 어떠한 변화를 가져다줄 것인지를 고려하지 않은 채 폭주하는 과적 트럭처럼 4차 산업혁명이 달리게 되면 그것이 노출되는 위험들 역시 커질 것이다.

위험사회론에서는 기술이 가져오는 위험성에 특히 주목한다. 합리성은 분명 인간의 삶에 필요한 것이지만, 과잉될 때 새로운 양상의 위험을 야기한다. 4차 산업혁명의 핵심인 인공지능은 다른 기술들과는 달리 스스로 학습할 수 있는 능력을 지니고 있다. 이 딥러닝의 결과가 어떠한 결과를 가져올지는 프로그램을 만든 인간조차 예측할 수가 없다. 이렇게 되면 통제 불가능성의 위험이 발생한다. 또한 4차 산업혁명 시기에는 이 기계들이 서로 네트워킹된다. 네트워킹된 인공지능들은 서로가 서로에게서 학습하면서 진화한다.[13]

이는 위험사회론에서 이야기하는 시공간을 초월하는 예측 불가능한, 통제 불가능한 위험을 야기할 가능성이 높다. 네트워킹된 인공지능에서 발생한 위험은 탈지역화될 것이며, 원인이 무엇인지 찾아내기가 불가능해진다. 또한 그 결과가 어떠한 범위까지 미치게 될지 모르는 비계산성의 위험이 될 것이다. 그리고 그 위험의 피해자인 인간들에게 어떠한 범위까지 보상을 해주어야 하는지 모르는 보상 불가능성의 위험이 될 것이다. 가장 단편적인 예로 네트워킹된 인공지능들이 중심이 되는 자율자동차 시스템의 경우, 여기서 발생한 위험들은 예측 불가능한, 통제 불가능한, 탈지역화된, 비계산적인, 보상 불가능한 위험이 될 것이다.

위험사회론에서는 기술은 인간을 위해서 존재해야 하는데 기술이 언제부터인가 인간을 통제하고 압도하기 시작했다고 보고 있다. 이를 합리성의 과잉이라고 보면서, 인간이 통제할 수 없는 기술들이 인간에게 오히려 위험을 가져다줄 수 있으며 이는 합리성의 비합리성(irrationality of rationality)이라고 본다. 4차 산업혁명 시기에는 가장 합리적인 판단을 하도록 프로그램화되어 있는 인공지능기계들이 판단을 인간에게 제시하고 인간은 점점 수동적으로 그 판단을 따라가게 되며, 예기치 못한 비합리적인 위험이 발생할 수 있다. 이것이 위험사회론에서 경고하고 있는 부분이다.

4차 산업혁명 시대에는 인공지능기계는 효율성에 기초하고 지시와 수행이라는 전통적 관료제에 맞도록 설계되어 자신의 역할을 수행해 나갈 것이다. 그런데 이렇게 지시와 수행이라는 설계대로 움직이는 로봇들의 역할이 증가하게 되면, 이미 조직 내에서 활동하고 있는 인간들이 관료제에서 자유로워지기란 더욱 어려워질 것이다. 원형 그대로라면 가장 효율적인 관료제가 인간을 수동적으로 만들면서 인간을 소외시키는 결과를 초래하는 것에 대해서, 고전사회학자인 베버는 이미 100년 전에 그 위험을 예고했다.

'위에서 시키니까 나도 하는 것'이라는 말을 자연스럽게 하게 되는 관료제에서 주체성은 상실된다. 4차 산업혁명 시기에 로봇과 함께 일하게 되는 인간들은 '로봇도 하니까 나도 하는 것'이라는 말을 자연스럽게 하면서 주체성의 상실에 노출될 수 있다.

이미 서구에서는 안내 서비스를 제공하는 인공지능로봇이 사용되기 시작했다. 이 인공지능로봇의 큰 특징은 고객이 아무리 화를 내도 이 화를 받아들이기만 할 뿐, 자신은 절대로 화를 내지 않는다는 점이다. 이미 감정노동으로 인한 인간성 소외가 심해지고 있는 현실 속에서 로봇의 감정노동 서비스 영역으로의 투입은 인간에게 로봇과 계속해서 비교당하는 피로감을 초래한다. 이 역시 관료제에 대해 베버가 지적하는 사적 감정을 공적 영역으로 절대로 가지고 오지 않으면서 발생하는 인간 소외의 위험에 해당한다.[14]

베버는 관료제가 관료조직을 넘어서 전체 사회로 확산되는 것을 경계했다. 관료제의 비인간적인 특성이 전체 사회로 확산되면 인류의 미래가 어두울 것이라고 보았다. 베버에 의하면 "생각만 해도 끔찍스러운 일은 언제인가 멀지 않은 장래에 우리가 사는 세상이 온통 자그마한 톱니바퀴로 가득 차고 왜소해진 인간들이 보잘것없는 일에 매달려 좀 더 큰 일을 찾아 안간힘 쓰는 모습밖에 없을 날이 올 것이라는 생각이다".[15] 베버의 『경제와 사회』에 나오는 이 미래 전망을 빌려 4차 산업혁명에 대해 이렇게 다시 써 볼 수도 있을 것이다. "생각만 해도 끔찍스러운 일은 4차 산업혁명이 시작된 후 멀지 않은 장래에 우리가 사는 세상이 온통 합리화로 무장한 인공지능기계로 가득 차고 자신의 능력을 발휘할 기회를 박탈당해 왜소해진 인간들이 이제는 인공지능기계가 하지 않는 보잘것없는 일에 매달려 좀 더 큰 일을 찾아 안간힘 쓰는 모습밖에 없을 날이 올 것이라는 생각이다."

베버는 이런 우울한 미래에 맞서기 위해서 다음과 같이 제안했다. 이를 괄호 안의 말로 바꾸어서 한번 볼 필요가 있다고 생각한다.

> 따라서 이제부터 물어야 할 근본적인 질문은 이 조류(4차 산업혁명)를 어떻게 촉진하고 가속화하느냐가 아니다. 인류의 다만 한 부분이라도 영혼을 갈기갈기 찢어 가는 이 무서운 과정, 다시 말해서 관료적 생활양식(인공지능기계의 합리성이 절대적 가치가 되어버리는 생활양식)이 지상의 우위를 차지하는 이 지배관계에서부터 자유롭게 하기 위해서 그 기제와 맞서는 길이 무엇인가를 찾는 것이 우리의 과제다.[16]

사회학은 4차 산업혁명을 어떻게 연구해야 할 것인가?

4차 산업혁명 시기에 사회학자들은 그 어느 때보다 인간을 닮은 기계들의 등장으로 기존의 이론틀과 방법론들을 재정립해야 할 필요성에 직면하게 될 것이다. 무엇보다 기계들이 인간처럼 행동하고 판단하며, 그 기계들과 상호작용하는 인간들의 모습을 연구해야 하는 상황에 적응해야 할 것이다. 하지만 사회학자들 중에 기계에 대해 익숙한 이들은 많지 않다. 오히려 전통적 사회학의 연구 대상인 인구, 계층, 가족 등에 비해 관심도가 떨어진다고도 볼 수 있다. 4차 산업혁명 시기에 사회학자들은 인간의 삶에 커다란 변화를 야기한 인간을 닮은 기계들을 행동과 판단, 그리고 그 기계들을 대하는 인간들의 모습을

'이해'하려고 노력해야 할 것이다.

이를 위해서는 베버가 사회과학방 법론으로 제시했던 '해석적 이해(interpretive understanding)'가 무엇보다 중요해진다. 베버는 사회과학 방법론에 있어 주관적 개입의 중요성을 자신의 후기 사회학에서 강조하는데, 그 의미를 이해해야 할 필요가 있으며, 이를 위해서는 가치중립적인 연구로는 한계가 있다고 보았다.[17]

즉, 사회적 행위들의 원인을 찾아낼 수 있는 방법은 그 행위의 주체들을 멀리서 객관적으로만 보는 방법을 넘어서 왜 그런 행위를 했는지, 왜 그런 판단을 했는지를 감정이입과 실제 경험을 통해서 해야 한다는 것이다. 인간이 왜 로봇을 로봇이 아니라 인간과 같은 존재로 여기기 시작하는지, 왜 로봇에게 감정을 의지하는지에 대해서, 일탈적인 행동이 아니라 이해해야 하는 행동으로 보면서 이에 접근해야 한다는 것이다. 그러기 위해서, 사회학자 가운데 4차 산업혁명과 사회를 연구하는 이들은 이 시기에 등장하는 기계들을 직접 경험하려고 노력할 필요가 있을 것이다. 한편 과연 인공지능로봇의 행동과 판단을 이해하는 것도 사회학의 연구 대상이 될 것인가? 이미 프로그램화되어 있는, 최적화되어 있는 그 행동과 판단을 연구 대상으로 삼을 수 있을 것인가? 만약 인공지능로봇이 딥러닝을 통해 자의식을 갖게 된다면 어떠한 상황이 벌어질 것이며, 사회학은 이에 어떻게 대응해야 하는가? 이 문제는 앞으로 4차 산업혁명 시기 로봇의 진화에 따라 사회학자들에게 던져질 또 하나의 질문이다.

주

1 Georg Simmel, *Philosphie de la mode*(P.U.F, 1987), p.45.

2 같은 글, p.47~48.

3 Georg Simmel, *Sociologie, étude sur les formes de la socialisation*(P.U.F, 1908), pp.12~13.

4 같은 글, p.22.

5 Georg Simmel, *Secret and sociétés secrè tes*(Circé, 1991), pp.33~35.

6 Alfred Schutz, *Elements de la sociologie phénoménologique*(L'Harmattan, 2000), p.133.

7 Erving Goffman, *La mise en scène de la vie quotidienne*(Edition de Minuit, 1956), pp.10~13.

8 Georg Simmel, *Secret and sociétés secrè tes*, p.50.

9 Georg Simmel, *Philosphie de la mode*, p.101.

10 Karl Marx, *Manifeste du Parti Communiste*(1949), p.20.

11 Herbert Marcuse, *L'homme unidimensionnel*(Edition de Minuit, 1968), pp.67~69.

12 A. Giddens, *Modernity and self-identity: Self and society in the late modern age* (Stanford university press, 1991).

13 Anthongy Giddens, *La constitution de la société*(P.U.F, 1987), pp.33~35.

14 Max Webber, *L'Ethique protestante et l'esprit du capitalismé*(Gallimard, 1904), p.27.

15 Max Webber, *L'Economie et Société*(Edition de poche, 1921), p.123.

16 같은 글, pp.233~234.

17 Max Webber, *L'Ethique protestante et l'esprit du capitalisme*, pp.200~201.

4장

노동의 미래

박영득

* 이 글은 2016년도 정부재원(교육부 인문사회연구역량강화사업비)으로 한국연구재단의 지원을 받아 연구되었음(NRF-2016S1A3A2925033).

직업은 소멸하는가?

자동화(automation)에 의해 발생할 일자리 문제는 4차 산업혁명에 대한 사회적 관심이 본격화되면서 가장 큰 우려가 제기되고 있는 부분이다. 4차 산업혁명 시대 노동의 미래는 인류가 경험해왔던 기술에 의한 사회 변화 중 가장 포괄적이고 심대한 변화일 가능성이 제기된다. 일자리 문제가 우리에게 의미심장하게 다가오는 이유는 인간이 노동을 통해 삶의 물질적 조건을 마련할 수 있기 때문이다. 일자리를 잃는 것은 소득이 상실됨을 의미하며 그러한 상황은 매우 큰 고통을 야기할 것임이 자명하기 때문에 미래 사회에 대한 두려움은 결코 가벼울 수 없을 것이다.

자동화는 인간노동이 기계노동으로 대체되는 과정을 일컫는다. 대개 현재까지의 자동화는 최소한 장기적으로는 고용을 감소시키기보다는 새로운 직업이 탄생하게 하고, 사람들을 불안정하고, 소득이 낮으며, 육체적으로 고된 일로부터 해방시키면서도 비교적 양질의 일자리를 창출하는 데 기여해왔다. 한때 '기계 말'이라고 불리던 자동차가 생겨난 뒤 마부와 말들은 대부분 일자리를 잃었지만, 장기적으로는 훨씬 많은 사람들을 자동차와 자동차에 관계된 산업에 종사하게 했던 것이 좋은 예다.

인간이 하던 일을 기계에게 넘겨주는 자동화가 오히려 고용을 증가시키는 데 기여할 수 있었던 이유는 첫째, 기계가 인간의 생산물이기 때문이었다. 인간이 하던 일을 대신 할 기계를 만들면, 그 일을 하던 사람들은 기계로 대체되나 그 기계를 만드는 일 자체가 새로운 직업이 되는 것이다.[1] 방적기가 만들어지면 물레를 돌려 실을 뽑아내는 직공이 당장 일자리를 잃겠지만, 방적기를 만드는 일이 사람들에게 '해야 할 일'로 주어지고 거기에서 새로운 직업이 생겨났다.

둘째, 자동화는 필연적으로 단위 생산량당 비용을 감소시키는데(만일 어떤 자동화 방식이 생산 비용을 감소시키지 못한다면 그 방식은 기업가로부터 채택되지 못할 것이다), 그 결과 상품의 가격이 하락하고 이는 다시 소비자의 신규 수요를 자극하면서 고용이 증가하기 때문이다. 예를 들면 손으로 만든 옷이 너무 비싸서 다른 소비를 하기 어렵던 소비자들이, 방적기를 통해 값싸게 대량생산된 옷을 구매하게 되면, 남는 구매력을 활용해 다른 재화나 서비스를 구매하려 하고, 이 소비 수요가 생산에 유인을 제공하여 결과적으로 고용 수요가 증대한다는 것이다.[2] 또한 자동화는 생산 비용 감소를 통해 추가적 이윤을 제공하고 기업가가 추가적 이윤을 활용하여 신규 사업에 투자하면서 고용이 창출되기도 한다.[3]

최소한 1차 산업혁명, 2차 산업혁명의 경우는 위와 같은 메커니즘이 작동했다. 수많은 기계들이 인간노동을 대체하기 위해 만들어졌고 실제로 인간의 노동을 대체했지만, 인간이 노동을 하지 않는 세상은 오지 않았다. 어떤 직업은 없어졌지만 새로운 직업이 생겨났을 뿐이다. 물론 자신이 잘못하지 않은 일로 실직의 아픔을 겪어야만 했던 사람들의 고통을 무시할 수는 없다. 비록 단기라고 하더라도 당사자들에게 그 고통은 심대한 것이고 역사적 관점이 아닌 개인의 관점에서 그 고통은 결코 짧은 것이 아니었기 때문이다. 그러나 거시적으로 보았을 때 기술의 혁신은 장기적으로는 일자리를 감소시키기보다는 오히려 늘렸다. 하지만 문제는 지금 우리 앞에 놓인 4차 산업혁명 시대의 자동화는 과거의 산업혁명의 사례와 같지 않을 수 있다는 것이다.

4차 산업혁명의 자동화는 이전의 산업혁명과는 질적으로 다르다. 기계노동이 인간의 육체노동 중 일부만을 대체했던 1차 산업혁명 시기에 비하면 현재 인류가 머지않아 직면하게 될 기술혁신은 더 많은 인간의 노동을 잠식할 가능성이 크다. 현재 활발히 개발되고 있는 로봇이나 인공지능 등의 기술과 그 기술들의 융합된 활용은 단순화되고 정형화된 육체노동뿐만 아니라 서비스직과 지식노동까지 대체할 가능성이 제기되고 있다. 혁신기술은 정신노동 중에서도 흔히 고도의 전문성이 요구되는 법률, 의료, 통·번역 등의 영역에도 침투하고 있기 때문에 이러한 변화는 생각보다 빠르게 찾아올지도 모를 일이다.[4] 게다가 지능정보기술은 로봇에게 사물을 인식하는 능력을 보강해줌으로써 생산과정에서 발생하는 여러 문제를 진단하고 해결할 수 있는 능력을 부여하는데, 이러한 기술이 더욱 발전하게 되면 기존에 기계

월마트에서 가동 중인 자율주행 청소로봇

와 함께 일하거나 기계를 통제하는 인간노동의 수요를 감축시킬 수 있다.

이 문제에 관련해 최근 가장 많이 인용되는 한 연구에 따르면 미국 내 노동인구의 47%가 종사하는 직업이 향후 컴퓨터에 의해 대체될 수 있다고 한다.[5] 한국에서도 유사한 연구가 진행된 바 있는데 한국의 경우 약 55%의 일자리가 컴퓨터에 의해 자동화될 가능성이 70% 이상인 고위험군에 속한다고 진단하고 있다.[6] 스포츠의류 기업인 아디다스는 최근 로봇과 3D프린터를 통해 제품을 생산하는 '스피드 팩토리'를 독일에 건설했는데, 주문자의 선호에 따라 맞춤형 생산을 하면서도 생산 효율은 매우 높다. 사람이 일하는 공장에서는 연간 50만 켤레의 신발을 생산하기 위해서 600명의 노동자가 필요하지만 스피드 팩토리에서는 동일 기간에 같은 양의 제품을 생산하면서도 불과 열 명의 노동자만이 일하고 있다.

그러나 4차 산업혁명이 노동 수요에 미치는 영향에 대한 우려 가득한 목소리는 다소 과장되어 있는 것도 사실이다. 4차 산업혁명 시대의 일자리 문제가 생각보다 심각하지 않다고 주장하는 사람들은 새로운 기술이 단지 다른 부류의 직무에 대한 수요에 변동을 야기할 뿐이지 전체적으로 고용을 감소시키는 것은 아니라고 말한다.[7] 이들에 의하면 신기술의 일자리에 대한 충격 위험성을 높게 평가하는 사람들이 '직업(job)' 내부에도 다양한 '직무(task)'가 존재한다는 사실을 간과하고 있으며, 신기술 도입으로 인해 특정 직무가 기술에 의해 대체될 뿐이고 그렇게 사라지는 직무는 새로운 기술의 도입으로 발생할 수 있는 다른 직무가 대신하기 때문에 전반적인 고용 감소 효과가 그리 크지는 않다는 것이다.

요컨대 고용이 '소멸'에 가까울 정도로 줄어들지, 아니면 완만한 변화에 그칠지는 여전히 논쟁적이고 확실하게 답을 내기는 어렵다. 그렇더라도 직업 중심의 접근이 노동의 현실을 다소 지나치게 압축적으로 보고 접근했고 직무 중심의 접근이 비교적 현실적이라고 보면, 직업 소멸을 우려할 정도는 아닐지도 모른다. 게다가, 전화 고객상담과 같이 기술적으로 대체 가능하지만 여전히 인간이 담당하는 것이 더욱 선호되는 직무도 존재한다는 점에서 인간노동을 대체할 수 있는 기술의 개발이 곧바로 고용 대체로 이어진다고 보는 것도 지나치게 기술중심적인 사고방식이다. 즉, 기술적으로 가능하다고 해서 사회가 그것을 모두 '채택'하지는 않는다는 것이다. 다만 노동시장에 대한 4차 산업혁명의 파급력 크기가 얼마나 크냐는 것 외에도, 그 파급력이 가진 잠재력이 얼마나 짧은 시간 안에 발휘되느냐 하는 문제가 있다. 전

월마트는 매장의 진열대를 스캔하는 로봇을 도입했다. 로봇은 진열대를 빠르게 스캔해서 어느 진열장에 어떤 물건이 매진되었는지, 물건이 몇 개나 있는지를 파악하는데 그 데이터는 실시간으로 온라인 쇼핑몰에 업데이트 되어 매장 관리 직원과 소비자 모두가 물품 현황을 즉시 파악할 수 있다.

문가들은 대개 10년에서 15년 내에 4차 산업혁명이 노동시장에 영향력을 본격적으로 행사하는 시점이 온다고 예측한다.

파급력이 매우 큰 변화가 100년 이상 걸리는 장기간에 걸쳐 나타난다면 사실 미래 사회의 노동시장에 대해 밤낮으로 걱정할 필요까지는 없을 것이다. 사라지는 직업이 아무리 많더라도 새로운 기술은 우리가 지금은 상상할 수 없는 일할 거리들을 만들 것이고, 충분한 시간이 주어진다면 세대를 거치면서 사람들은 변화해가는 세계에 적응할 수 있기 때문이다. 그러나 만일 이러한 변화가 10~20년 내에 닥치게 된다면, 설령 그 파급력이 조금은 작더라도 실질적 충격은 클 수밖에 없다. 사람들이 새로운 경제구조에 적응하고 학습할 절대적 시간이 부족하기 때문이다. 현재 데이터 과학자가 유망한 직업으로 떠오르고 있다고 해서 정형화된 비전문적 사무직을 10여 년 해오던 사람이 몇

달 내로 복잡한 프로그래밍 언어를 익히고 수집된 데이터에서 유의미한 함의를 이끌어내는 통찰을 가진 데이터 과학자로 재탄생하기를 바라는 것은 지나치게 큰 기대일 것이다.

그렇다면 이러한 충격을 줄이기 위해서 우리는 무엇을 할 수 있을까? 4차 산업혁명으로 야기되는 일자리 충격을 작게 평가한다 하더라도 각종 사업장에서 새로운 직무를 개발하고 조정하는 일은 필수적일 것이다. 예컨대 만일 마트에서 계산, 진열, 창고 정리 등을 기계로 할 수 있다면, 기계가 성가신 일들을 처리해주는 마트에서 사람만의 능력으로 할 수 있는 직무가 무엇인지 개발하는 것이다. 실제로 최근 월마트 매장에는 '캐시 360'이라는 기계가 매출전표를 처리하고, 그날 매출을 계산하고, 매장에 얼마만큼의 현금을 가지고 있어야 고객들에게 거스름돈을 주는 데 불편함이 없을지도 예측한다. 그리고 진열대에 놓인 물품을 빠른 속도로 스캔하면서 마트 직원들과 고객들에게 어떤 물건이 얼마만큼 진열되어 있는지 실시간으로 알려준다. 월마트의 계산원과 매장 관리 직원들은 일부 직무를 잃었지만 아직 매장에서 고객을 응대하면서 일자리를 유지하고 있다. 어지러운 진열대를 들여다보는 데 쓰던 시간을 아끼고 더 빠르게 빈 진열대를 채우고, 고객에게 상품을 소개하는 데 주의를 기울일 수 있게 된 것이다. 많은 사람에게 회자되는 스마트 팩토리는 마치 '무인공장'처럼 오해되는 경향이 있지만 작업 장소와 작업 시간 측면에서 유연성이 극대화되는 '유연생산공장'으로 이해하는 것이 더 정확하다. 물론 스마트 팩토리에서 더 적은 양의 인간노동이 투입되는 것은 사실이지만, 질적 측면에서도 노동과정을 재조직화하고 있는 것이다. 따라서 경제구조 변화

시점에서 필연적으로 생겨날 수밖에 없는 재교육에 대한 수요를 충족시키고, 조직적 측면에서는 재조직화되는 생산과정에 대한 면밀한 관찰을 통해 생산과정에서 인간의 역할을 찾아내려는 노력이 필요하다. 장기적으로는 보통교육과정을 개선하여 미래사회에 요구되는 기술교육과 기술을 사회에 이롭게 활용하는 소양을 배양하는 시민교육이 조화를 이루어야 할 것이다.

미래의 직업은 누가, 어떻게 만드나?

역사상 최고의 농구선수로 꼽히는 마이클 조던이 농구라는 종목이 없던 18세기에 살았다면 그는 일생 동안 어떤 일을 했을까? 조던의 민첩성, 유연성, 점프력, 그리고 공을 다루는 천부적 기술과 투지라는 재능은 18세기에 어떠한 방식으로 발현될 수 있었을까? 인간의 운명을 예단하기는 어렵지만, 최소한 우리가 알고 있는 마이클 조던처럼 18세기의 조던이 프로농구선수가 될 수는 없다는 점과 프로농구선수로서의 성공을 바탕으로 나이키의 모델이 될 수는 없다는 점은 아마도 명백할 것이다. '조던이 18세기에 태어났다면 어떠한 직업을 가졌을까?'라는 질문에 대한 적절한 답을 생각해내기 위해서 우리는 18세기의 마이클 조던의 선택보다 18세기의 사회구조를 먼저 생각해야 한다. 개인이 직업의 목록 속에서 하나의 직업을 선택할 수 있을지라도, 어떠한 일이 직업이 될 것인지를 결정하는 것은 개인이 아니라 사회이기 때문이다.

인간은 각자 다른 재능을 가지고 있다. 그리고 그 재능의 종류는 일일이 열거할 수 없을 정도로 다양하다. 그러나 여러 재능이 모두 실질적으로 직업과 연결되는 것은 아니다. 조던이 빠르게 뛰고, 민첩하고, 공중에서 공을 세 번 돌리고도 작은 바구니에 공을 집어넣을 정도로 엄청난 운동능력을 갖고 있다고 한들 농구라는 종목이 없다면, 그리고 농구가 돈을 받고 할 수 있는 일이 아니라면 조던이 그의 재능을 통해 엄청난 돈을 벌어들이는 것은 불가능했을 것이다. 다행히 조던은 자신이 가진 재능에 박수를 쳐주고 그 재능으로 돈을 벌 수 있는 세상에 태어났던 것이다. 더 본질적으로는 축구, 농구, 야구 등을 비롯한 여러 운동이 거대한 산업이 될 수 있었던 것은 사회 발전 속에서 보통 사람들이 여가 시간을 갖게 되고, 경기를 중계하고 경기 일정과 결과를 알릴 수 있는 매스미디어가 발달했기 때문이었다. 관객들이 경기 관람에 돈을 지불하게 되면서 선수들은 '돈을 내고 볼 만한' 경기를 위해 더 노력하고 흥미로운 경기를 만들기 위해 규칙도 수차례 수정해가면서 현재의 프로스포츠에 이르고 있는 것이다.

각종 첨단 지능정보기술과 공학의 융합적 활용이 만들어가는 4차 산업혁명의 세계에 진입하는 것은 마치 평생 럭비만을 해온 선수가 럭비 리그가 없는 나라로 가는 것과 같을 것인가? 아니면 럭비는 없지만 그 파생 종목인 미식축구 리그가 있는 나라로 가는 것과 같을 것인가? 이러한 문제를 두고 많은 예측이 난무하고 있다. 아마 많은 이들이 얘기하듯 4차 산업혁명의 시대에는 많은 사람이 지금까지 해왔던 일과는 다른 종류의 일을 직업으로 삼게 될지도 모른다. 어쩌면 지금과 별반 다르지 않은 일을 하면서 살게 될지도 모르겠다. 하지만 미래학자들이 얘기하는 것처럼 어떠한 직업이 생겨날 것이고 어떤 직업은 더 이상 직업이 아닐 것이라고 힘주어 이야기하는 것은 다소 무모하다. 인간의 재능 중 무엇이 직업이 될지, 기술이 가진 가능성 중에서 무엇이 새로운 산업을 형성할지는 단 한두 명의 상상력에 달린 문제가 아니기 때문이다. 그것은 오히려 그러한 기술을 가지고 살아가는 사람들의 도전과 일반인들의 경험이 상호작용하면서 발생하는 것이다.

지금은 조금은 익숙해진 프로게이머라는 직업과 e-스포츠라는 산업의 출현은 비디오 게임이 본격적으로 대중화된 1970년대부터 예견된 것이 아니었다. 사실 프로바둑기사도 바둑이라는 보드게임 실력을 대중 앞에서 대국으로 보여주는 직업이라고 보면 본질적으로는 프로게이머와 같은 직업이다. 그러나 프로바둑기사는 이미 익숙하게 봐왔음에도, 컴퓨터 게임 실력을 대중에게 보여주는 것이 직업이 될 것이라고 예측한 사람은 없었다. e-스포츠라는 새로운 산업과, 프로게이머, 게임 해설자, 게임 중계 기술자 등 관련 직업이 생길 수 있었던 이유는 컴퓨터 게임을 만드는 기술이 일정 수준 이상 발달해서가 아니다. 최초로 e-스포츠화 된 스타크래프트의 경우 경기 관전과 중계를 위한 인게임 유저인터페이스(in-game UI)는 애초에 존재하지도 않았다. 스타크래프트라는 게임은 e-스포츠를 위해 만들어지지 않았고, 더 정확히 말하면 게임을 만들 당시에는 e-스포츠라는 산업이 생겨날 것이라고 상상조차 하지 못했기 때문이다. e-스포츠의 본질적인 발생 원인은 게임을 플레이하는 사람들, PC방에 모여서 다른 사람의 게임을 흥미롭게 구경하는 사람들 사이에서 형성되는 긴장과 흥분에서 가

온라인게임 〈리그 오브 레전드〉의 월드챔피언십 현장. 컴퓨터 게임의 역사는 1970년대로 거슬러 올라가지만, 게임을 하는 것과 게임을 중계하는 것이 직업이 될 것이라고 예측한 사람은 거의 없었다. 아이들의 놀이로만 여겨졌던 컴퓨터 게임은 현재 e-스포츠, 개인방송 등 많은 산업을 파생시켰다.

능성을 발견한 사람들의 무모한 시도 때문이었다.

큰 사회 변화가 전망될 때마다 사회적으로 미래의 유망 직업 또는 유망 산업이 무엇인지에 대한 관심이 증폭된다. 사실 기술이 산업을 규정하고, 산업에서 직업이 나온다는 점을 생각해보면 현 시점에서도 미래의 직업과 산업에 대한 관심이 큰 것은 당연하다. 그런데 문제는 무엇이 유망한 산업인지, 무엇이 유망한 직업인지는 전문가나 정부 관료들의 제한적인 상상력을 통해서 파악될 수 없다는 점이다. 산업과 직업은 기술 환경, 문화, 제도 등 여러 요소들 속에서 유기적으로 변화하는 생태계적 관점에서 이해해야 한다. 특히 정부가 나서서 특정 산업을 유망한 산업으로 선정하고 그 산업에 차별적 지원을 하는 방식으로는 산업 생태계를 발전시키기 어렵다. 새로운 산업과 기업, 재화와 서비스의 가치가 평가되고 그 가치에 대한 실질적인 보상이 주어지는 곳은 시장이기 때문이다. 정부가 "한국형 알파고(AlphaGo)를 만들자"라는 식으로 특정한 산업이나 재화, 서비스를 목표로 설정하고 혁신을 지휘하게 되면 혁신가들의 정부 의존성은 강해질 수밖에 없다. 게다가 혁신가들로 하여금 실질적으로 가치를 평가하고 보상해주는 시장의 소비자들에게 인상을 남기려는 노력보다 각종 지원사업을 심사하는 정부 관료를 설득하는데 열정을 허비하게 만든다. 최소한 산업적 격변기에는 산업 육성의 측면에서 정부에 의해 왜곡된 자원 배분은 왜곡된 산업 생태계을 만들어내고 그 속에서 좋은 직업이 자생적으로 생겨나기는 매우 어려운 것이다.

물론 정부가 기술 변화와 그로 인한 사회적 파급에 대해 무관심해야 한다는 말은 아니다. 다만 지나치게 세부적인 부분까지 정부가 나서서 목표와 과제를 설정하고 해당 산업에 종사하거나 관심이 있는 시장 행위자들을 '지휘'하는 형태는 생태계적 메커니즘으로 형성되고 발전되는 산업 환경에는 부합하지 않는다. 어떤 것이 생태계에서 생존하고 승자가 될지는 아무도 쉽게 예측할 수 없기 때문이다. 오히려 정부의 역할이 필요한 부분은 기반시설 등의 인프라에 대한 접근성을 향상시키고, 이름 모를 수많은 혁신가들이 자유롭게 상상하고 도전하며 실패할지도 모를 과감한 도전을 두려움 없이 할 수 있도록 안전장치를 마련해주는 일이다.

사실 우리가 지금 보고 있는 4차 산업혁명 기술의 산물은 완제품이 아니라 단지 프로토타입일지도 모른다. 현재 이목을 집중하는 기술들이 결국 무엇까지 만들어낼 수 있는지에 대해서 아직 우리는 충분히 알지 못하기 때문이다. 3D 프린터로 집을 짓거나 자동차를 만드는 등 실제 사례도 이미 보고 있고, 자율주행차가 머지않아 운송업 등에 투입될 예정이라는 것은 알지만, 그 기술들을 인간의 창의성과 함께 활용하면서 나올 수 있는 수많은 변용 가능성에 대해서 알기 위해서는 아직 더 많은 시간과 경험이 필요하다. 4차 산업혁명 기술이 가진 최대한의 잠재력이 무엇인지 정확히는 알 수 없어도, 그것들이 지금까지 존재하지 않았던 것이라면 기술은 지금까지 우리가 상상할 수 없었던 새로운 일을 상상하고 도전할 수 있게 할 것이다. 여기서 필요한 것은 새로운 기술 환경 속에서 나타나는 과감한 도전에 실패할 자유를 부여하고, 이전에 경험하지 못하고 상상하지도 못했던 새로운 인간 상호작용이 발생했을 때, 그 안에서 가능성을 발견할 수 있는 여유 공간을 허용하는 것이다.

기술혁신은 불평등을 초래하나?

4차 산업혁명 시대에 대한 우려의 상당 부분은 노동의 미래에 대한 전망이 어둡기 때문이다. 갑자기 내 일자리가 인공지능으로 대체되어 소득이 사라지지는 않을까 하는 우려가 나오는 것은 아주 자연스러운 일이다. 일반적으로 실직은 개인이 겪을 수 있는 가장 나쁜 일 중 하나이며 개인과 그 가족의 행복을 저해하는 악재다. 그런데 만일 일하던 직장에서 해고되고 다른 직장을 찾을 수 있는 정도의 순환실업이 아니라, 향후 그 어디에서도 내가 가진 능력에 대해 돈을 지불하겠다는 곳을 찾을 수 없는 구조적 실업이라면 그 절망의 정도는 가늠하기 어려울 것이다.

더 큰 문제는 이것이 비단 개인의 고통만을 야기하는 것이 아니라는 점이다. 상당히 많은 사람이 직업을 잃어버리면서 소득이 사라지는 반면, 어떤 사람들은 4차 산업혁명의 경제구조 속에서 살아남아 고부가가치를 창출하며 고소득을 올린다면 이는 곧 사회 수준에서의 불평등이 현저히 심화됨을 의미하기 때문이다. 불평등은 사회적 연대(solidarity), 행복감, 생산성, 민주 정치 등 광범위한 영역에 악영향을 미치기 때문에 4차 산업혁명 시대의 경제구조에서 발생할 수 있는 불평등 문제는 사회과학자와 정책 결정자가 중요하게 고민해야 할 문제다.

높은 수준의 지식과 전문기술을 가진 사람과 그렇지 못한 사람들 간의 격차는 점차 커져왔다. 물론 지식과 전문기술이 소득 불평등을 야기하는 유일한 요인도, 가장 강력한 요인도 아니지만 현대의 기술적 진보는 결국 높은 수준의 전문성을 달성한 사람들에게 차별적으로 보상하는 숙련 편향적 기술 변화(skill-biased technological change)였다는 점은 분명하다. 실제로 1970년대 이후 미국에서 대졸자와 고졸자의 연간 중위소득 격차는 지속적으로 확대되어왔다. 대졸자 비중도 꾸준히 증가해 대졸자의 공급이 상승해오는 동안 대졸자와 고졸자의 임금 격차는 꾸준히 확대되어온 것은 기술 변화 과정에서 대졸자에 대한 수요와 고졸자에 대한 수요가 차별적으로 증가했기 때문이다.[8]

기술은 사회경제구조의 기반을 형성하는데, 그렇게 형성된 기반이 개인에게 미치는 영향력은 매우 차별적이다. 어떤 능력을 지닌 사람에게는 큰 보상을 주지만, 다른 사람에게는 위협이 될 수도 있다. 예를 들면 빠르고 정확하게 타자를 입력하는 기술은 속기사라는 직업을 가질 수 있게 하지만, 음성 인식 기술이 완벽하게 인간의 음성을 완벽히 인식해내는 수준으로 발달하면 사람들의 말을 정확히 듣고 빠르게 타자를 치는 기술은 더 이상 직업이 될 수 없다. 음성 인식 기술의 발전은 관련 기술에 종사하는 엔지니어들에게는 더 큰 기회를 제공하겠지만, 속기사들에게는 일자리를 빼앗아갈 뿐이다.

특히 정형화된 직무가 주를 이루는 직업(routine job)은 향후 4차 산업혁명 시대에 컴퓨터와 로봇에 의해 대체될 가능성이 매우 높을 수밖에 없다. 시간제 노동자도 여러 고용 보장 프로그램에서 배제되어 있기 때문에 기술실업으로부터 보호받기는 굉장히 어렵다.[9] 그렇다고 해서 고학력자들이 주로 종사하는 직업이나 전문직종이 모두 안전하다는 것은 아니지만, 저숙련 노동자가 특히 큰 피해를 입을 것이라고 보는 데는 큰 무리가 없을 것이다. 게다가 4차 산업혁명 시대가 무엇보다 지능과 정보가 가치의 원천이 되는 사회라면, 그러한 능력이 비교적 뛰어난 고학력자나 전문직종은 저숙련 노동자에 비해 새로운 사회에 적응하는 것이 조금은 수월할 수 있다. 실업의 위협은 단기간에 찾아오지만, 새로운 산업 구조 속에서 괜찮은 수준의 임금을 제공하는 고숙련 직종으로 전환하기 위한 재교육·재훈련 과정은 매우 오랜 시간이 소요되는 데다, 재교육의 성공 여부도 보장할 수 없기 때문이다. 이는 결국 교육 수준에 따른 고용 기회의 격차, 임금의 격차로 나타나면서 경제적 불평등을 심화시킬 것이다. 4차 산업혁명 시대에서 저숙련 노동자보다도 더 큰 위협에 노출되는 것은 중숙련 노동자들이다. 기존의 산업혁명은 대부분 인간의 단순한 육체노동만을 대체했지만, 지능정보기술이 혁신의 중심이 되는 4차 산업혁명에서는 중간 숙련의 지적 노동이 특히 타격을 받을 가능성이 매우 높다. 실제로 정보화 시대에 선진국의 노동시장에서 발견되는 가장 큰 변화는 일자리의 양극화다. 지식과 고등 기술을 중심으로 한 고숙련 직종에서의 고용과 단순 서비스직과 같은 저숙련 직종에서의 고용은 증가했지만, 판매직이나 일반 사무직과 같은 중간 숙련의 일자리는 오히려 감소세를 보였다.[10]

그뿐 아니라 지식정보 기반 산업이 고부가가치 산업임에도 불구하고 해당 부문에서 나올 수 있는 고용의 총량은 비교적 적은 것도 문제의 원인 중 하나다. 제조업의 경우 대규모의 노동자를 고용하여 소득 수준을 향상시킴으로써 중산층을 형성하는 데 기여했지만,[11] 지식정보 기반 사업은 특성상 상대적으로 적게 고용하면서도 큰 수익을 얻을 수 있다. 2015년 구글은 163억 5000만 달러의 순이익을 내는 데 6만 1000명의 직원이 필요했고, 페이스북은 2016년에 1만 3000명의 직원만으로 36억 8000만 달러의 순이익을 냈다. 반면 자동차 제조 기업인 제너럴모터스는 2016년에 22만 5000명의 직원을 고용하면서 94억 2000만 달러의 순이익을 남겼다. 지식정보 기반 산업 중심으로 경제구조가 형성될 경우 생산되는 가치의 총량이 매우 크고 효율성도 높을 것으로 기대할 수는 있겠으나, 얼마나 많은 사람을 고용할 수 있을지, 그들에게 소득을 제공할 수 있을지에 대해서는 전망이 부정적이다. 실제로 2000년대 이후 새로 생겨난 직종에 고용된 인구는 그리 많지 않다. 2000년에 미국 노동자 중 당시의 새로운 직종에 고용된 노동인구는 전체 노동자의 4.4%에 불과했고,[12] 기술 관련 산업에 종사하는 노동자는 2015년 기준으로 전체 노동자의 0.4%밖에 되지 않는다.[13] 사회 전체 관점에서 보았을 때, 첨단산업이 창출하는 가치는 매우 크지만, 그 막대한 가치 생산에 기여하는 사람도, 그 가치를 분배받을 수 있는 사람도 소수에 불과한 것이다.

무엇보다 노동은 덜 필요로 하면서 자본재에 대한 의존이 강화된 생산이 보편화할수록, 이미 현저한 차이를 보이는 노동과 자본의 수익률은 더욱 큰 격차를 보이게 될 것이다. 상당수 생산 현장에서 인간노동 없이도 품질과 생산 효율을 극대화할 수 있다면, 기업가는 수익을 임금 형태로 분배해야 하는 인간노동보다 자신이 소유할 수 있는 자본재 위주로 생산 체계를 재편성할 것이다. 사회 전체로 보면 기술혁신을 통해서 훨씬 많은 생산을 더 효율적인 방식으로 할 수 있겠지만 문제는 그러한 생산이 다수의 시민들에게 분배되기 어렵다는 것이다. 노동이 생산에 기여하는 몫이 현저히 줄어들기 때문이다.

그뿐 아니라 기계의 생산 능력이 인간을 뛰어넘을수록, 노동자의 협상력이 발휘될 여지는 더욱 줄어든다. 자동차 회사에서 노동자들의 파업이 기업에 대해 행할 수 있는 효과적인 권력행위인 이유는 노동자가 일하지 않으면 생산이 원활하지 않고, 이것이 결국 기업에 큰 손해로 이어지기 때문이다. 반면 생산이 기계와 소수 고위 기술자에 의해서만 가능하다면 보통의 노동자들이 해고 위협이나 근로 조건의 악화에 대해 할 수 있는 효과성 있는 행동은 거의 없어진다. 많은 사람의 노동을 필요로 하지 않는 세상에서는 노동자 없이도 공장이 가동되고 제품이 생산되고 판매되는 데 큰 문제가 발생하지 않을 것이기 때문이다. 즉, 대체하기 어려운 직무를 수행하는 사람은 여전히 좋은 임금 조건과 고용의 보장 등을 얻어낼 수도 있겠지만, 전면적으로 기계노동으로 대체될 수 있는 직무를 수행하는 사람의 경제적 여건은 극도로 나빠질 것이다. 결과적으로 보면, 4차 산업혁명이 생산성의 증대와 재화와 서비스의 품질 향상 등 전체로서의 사회에 기여할 수 있는 부분이 많음은 부정할 수 없지만, 그 충격이 현재 글로벌 노동시장의 상당 부분을 차지하는 저숙련·저임금 노동에 집중될 수 있고, 이러한 영향으로부터 스스로를 보호할 기제를 갖지 못한 노동자들에게는 그 충격이 더욱 크게 느껴질 수 있다.

2017년 다보스포럼에서 발간한 보고서는 경제구조가 지금보다 정보산업 중심으로 형성될 것이기 때문에 발생할 불평등 문제를 해결하기 위해 높은 수준의 교육에 대한 접근성을 확대해야 한다고 지적했다.[14] 최근 국내 민간에서 시행되는 많은 데이터 사이언티스트 교육과정이 불과 몇 주의 교육에 100만 원이 넘는 고가의 수강료를 받고 있는 현실을 생각해보면, 지능정보기술 교육에 대한 접근성을 확대해야 할 필요성이 있다는 데는 충분히 수긍이 간다. 그렇다면 4차 산업혁명 시대의 불평등 문제는 고숙련 교육에 대한 접근성을 확대하고 고숙련 인력을 늘림으로써 충분히 해결할 수 있을까? 빅데이터 전문가가 부족하다고는 하지만, 그 부족분이 향후 발생할 다수의 실업을 상쇄할 정도로 큰가? 설령 그렇다고 하더라도, 모든 사람이 고급 기술을 가지고 일할 수 있는 능력을 가지고 있는가? 현재 간과되고 있는 것은 지금과는 다른 모습일지라도 미래에도 존재할, 그리고 어쩌면 지금보다 더 열악하고 불안정한 모습으로 존재할지도 모를 저숙련 노동과 임시직을 보호하는 일이다. 기술혁신은 여러 부작용에도 불구하고 사회 전체적인 부를 증진시키는 데 기여할 것이다. 중요한 것은 그렇게 축적된 부를 어떻게 활용할 것이냐다. 어쩌면 우리는 지금까지 기계가 대신 해줄 수 있는 일을 하느라 너무 바빠서 우리 인간이 서로에게 어떤 존재이고 무엇을 해주어야 하는지 충분히 고민할 시간을 갖지 못한 것인지도 모른다.

네트워크 효과와 독과점, 언더독의 도전은 가능할까?

네트워크 효과란 어떤 한 재화의 수요자가 늘어나면 그 재화의 가치가 그에 상응하여 증가하는 현상을 말한다. 네트워크 효과가 만들어내는 독과점 문제는 미래로 시야를 넓힐 필요도 없이 이미 지금 경험하고 있다. 가장 친숙한 예로 모바일메신저 카카오톡을 들 수 있다. 2014년 경찰이 집회시위에 관한 법률 위반으로 체포된 노동당 부대표를 수사하는 과정에서 검찰을 통해 '전기통신법'에 의한 압수수색 영장을 발부받았고, 다음카카오 측은 경찰에 2014년 6월 10일의 카카오톡 대화 내용을 제공했던 사건이 있다. 이 사건이 논란이 되면서 일부 시민들을 중심으로 모바일메신저를 텔레그램 등으로 변경하는 이른바 '사이버 망명'이 벌어졌지만 장기적으로 카카오톡은 건재하게 시장 내 지위를 유지하고 있다. 잠시 텔레그램을 사용했다고 하더라도 카카오톡을 지워버리기에는 이미 카카오톡에 너무 많은 친구들이 등록되어 있고, 모든 카카오톡 친구들이 텔레그램으로 이동한 것은 아니기 때문이다. 사람들은 텔레그램을 카카오톡과 병용할 수는 있어도,

카카오톡을 지우기는 어려워진 것이다.

만일 어떤 사람이 구글보다 기능적으로 훨씬 혁신적이고 편리한 서비스를 고안해냈다고 하더라도 새로운 서비스가 구글을 밀어내는 것은 불가능에 가깝다. 구글, 아마존, 페이스북과 같은 글로벌 IT 기업들이 제공하고 있는 서비스의 공통적인 특징은 네트워크 효과가 매우 강력하다는 것이다. 즉, 이미 많은 사람이 이용하고 있다는 것 자체가 그 서비스의 가치를 높이는데 매우 크게 작용하기 때문에 구글이나 아마존, 페이스북 등 시장을 선점하고 있는 서비스보다 기능적으로 낫다고 하더라도 사람들이 새로운 서비스로 옮겨가기는 매우 어렵다. 당장 구글에 도전하는 새로운 서비스가 생겨났고 그것이 검색 편의, 이메일 서비스의 활용성, 클라우드의 용량과 안정성 면에서 월등하다고 하더라도 이미 곳곳에 구글의 지메일로 등록한 인터넷 계정과 지메일상에 형성되어 있는 네트워크, 나의 지메일 주소가 찍혀 나간 수많은 명함들을 생각하면 구글을 버리고 새로운 서비스로 옮겨가는 것 자체가 엄청난 비용을 수반하는 것이다.

또 다른 예로, 유튜브보다 고화질을 제공하고, 속도도 빠르며, 추천 영상 선정 알고리즘도 훨씬 뛰어난 신규 스트리밍 서비스가 출시되었다고 생각해보자. 이러한 동영상 스트리밍 서비스는 상당 부분의 수익을 광고로부터 얻는다. 유튜브 영상을 시청하기 전에 5~15초 정도 노출되는 광고들은 유튜브와 유튜버의 주 수입원이다. 그런데 신규 스트리밍 서비스는 유튜브처럼 광고주에게 5초, 길어도 15초 정도로 건너뛰기(skip) 제한을 두겠다고 말할 수 없다. 신규 서비스는 유튜브만큼 이용자가 많지 않기에 광고 단가도 크게 차이가 나는 데다가,

5~15초의 짧은 노출만을 허용해서는 충분한 수익을 얻지 못해 고품질의 서비스를 유지하기 어렵다. 고화질과 빠른 속도는 도전 정신과 노력만으로 달성하고 지속할 수 있는 것이 아니기 때문이다. 결국 신규 스트리밍 서비스는 서비스 유지를 위해 30초의 광고 건너뛰기 제한을 두게 되고, 이는 이용자들에게는 불편함으로 느껴진다. 게다가 이용자들이 신규 서비스를 이용하지 않을 이유는 고작 광고 15초만이 아니다. 어떤 스트리밍 서비스가 생겨도 이미 유튜브에 축적된 수많은 영상보다 많은 영상을 확보할 수는 없다. 그뿐 아니라 유튜브는 막대한 양의 빅데이터를 통해 이미 내가 어떤 영상을 좋아하는지 많이 알고 있는데 신규 서비스는 내가 무엇을 좋아하는지 전혀 모른다는 것도 큰 약점이 된다. 따라서 개인화된 서비스를 제공하는 데 큰 제약을 받을 수밖에 없기 때문에 경쟁력을 확보하기 어려운 것이다.

네트워크 효과는 여러 매머드 기업들을 만들어내는 데 성공했을 뿐만 아니라, 하나의 생태계를 형성하는 데도 성공했다. 구글, 페이스북, 아마존 등 네트워크 효과의 대표적 사례로 꼽히는 기업들은 혁신의 대표사례이기도 하다. 그런데 역설적으로 그들이 각 분야에서 대부분의 몫을 차지하고 있는 현재 상황은 그들이 향후에도 계속해서 혁신적일 수 있는가에 대한 의문을 제기하게 한다. 네트워크 효과에 의해 수많은 신규 도전자들이 패배의 쓴잔만을 마신다면 그들이 언제까지 계란으로 바위를 치는 도전을 할 수 있을까? 신규 진입자의 도전이 극도로 어려워진 상황에서 시장에서 얼마나 유의미한 경쟁이 발생할 수 있을까? 앞에서 열거한 기업들이 제공하는 서비스는 일반적으로 사용하는 데 부족함이 없다고 느낀다. 그러나 경쟁이 전무한 독과

점 시장에서 혁신과 진보가 지속되기는 어렵다.

흔히 기업에게 현상유지란 퇴보와 같다고 여겨지는 것은 언제나 경쟁자가 있고 모두가 경쟁에서 승리하기 위해 노력하기 때문이다. 그러나 네트워크 효과는 관련된 사업에서 새로운 도전자가 나타나기 어려운 환경을 만들어낸다. 이러한 상황이 글로벌 기업들의 불법적이거나 부도덕한 일에 의해 빚어진 것은 아니지만 의도치 않게 결과적으로는 소셜미디어, 온라인 쇼핑, 동영상 스트리밍, 이메일, 검색 등 현대인의 삶에 중요한 부분을 차지하는 영역에서 혁신과 진보의 엔진을 멈추게 할지도 모른다. 네트워크 효과가 강력한 시장에서도 신규 벤처기업들이 혁신적으로 도전할 수 있는 환경과 실패가 가져올 수 있는 잠재적 위험을 감소시켜주는 등 혁신의 동력을 유지할 방안이 필요하다.

기본소득은 불평등 문제의 해답이 될 수 있을까?

4차 산업혁명에서 가장 중심이 되는 내용은 생산이다. 즉, 4차 산업혁명은 결국 차세대 생산혁명으로 귀결될 수 있다. 차세대 생산혁명에서 생산 비용과 시간은 현저히 절약하면서도 생산의 품질과 생산량은 비약적으로 증가한다. 4차 산업혁명이 만들어내는 세상에 대한 긍정적인 상상은 대개 첨단기술이 제공해줄 편리한 각종 서비스와 막대한 생산량에 기초한 풍요로운 사회가 도래할 것이라는 기대에 기반한다. 그러나 이러한 '혁명적' 변화와 그 변화에 따른 혜택이 자동적으로 모든 사회 구성원에게 분배되지는 않으며, 오히려 사회적 풍요 속에서 소외되는 계층은 지속적으로 존재해왔다는 사실은 역사적으로 반복하여 경험해왔다. 4차 산업혁명에 의해 경제가 양적·질적으로 성장한다 하더라도 분배 상태가 극도로 나빠질 경우 사회 통합과 상호 간 신뢰가 무너질 수 있다. 또한 분배 상태의 악화는 구매력의 약화로 이어져 성장을 지속하기 어렵게 만든다. 따라서 4차 산업혁명이 결과적으로 더 나은 사회를 만드는 방향으로 진행되기 위해서는 불평등의 문제가 핵심적으로 다루어져야 한다.

주지하듯이 4차 산업혁명이 불러올 사회문제로 가장 많이 지목되는 것은 불평등의 문제다. 이를 위해 많은 전문가들은 기본소득의 도입이 필요하다고 주장한다. 기본소득의 재원을 확보하기 위해 자동화된 노동에 세금을 부과하는 로봇세(robot tax) 혹은 자동화세(automation tax)와 같은 구상이 제기되기도 한다. 기본소득과 로봇세에 대한 논쟁은 대개 실현 가능성의 차원에서 벌어지기도 하고 그것이 사회 전체적으로 바람직한 결과를 낳을 것인가에 대한 논쟁의 형태로 나타나기도 한다. 만일 보편적 기본소득(universal basic income)이 실제로 가능하고, 최소한 경제적으로는 바람직한 결과물을 낳는다고 가정한다면, 더 이상의 문제는 없을까? 만일 4차 산업혁명 시대에 높은 수준의 전문성을 바탕으로 고부가가치 노동을 하면서 막대한 가치를 생산하는 소수로부터 기본소득의 재원을 확보하고, 그 소수들도 보편적 기본소득의 필요성에 찬성하여 기꺼이 재원을 제공한다면, 더 이상의 문제는 없을까?

여기서는 기본소득 자체가 쓸모없거나, 부정적인 효과만 가지고 있다고 주장하려는 것은 아니다. 그보다는 기본소득제도가 의도하는 정책적 결과물을 얻고, 기본소득 지급만으로는 해결되기 어려운 문제들에 대해 생각해봄으로써 기본소득 관련 논의를 더욱 풍부하게 하려 한다. 중요하게 생각해봐야 할 부분은 기본소득 재원에 기여하는 사람의 비율과 기여 없이 수익만을 얻는 사람의 비율이다. 실제로 시도되었던 기본소득 실험과 4차 산업혁명이라는 새로운 맥락적 조건 아래서의 기본소득제도가 가장 큰 차이를 보일 수 있는 부분은 기본소득을 지탱하는 재원 마련에 기여하는 사람의 수다. 지금까지 시도된 기본소득제도는 비교적 광범위한 기여자, 즉 납세자들의 기여를 통해 시행되었다. 그러나 만일 4차 산업혁명의 노동시장에 대한 효과가 매우 파괴적이어서 상당히 많은 사람이 실업 상태에 빠지고, 고용된 사람은 막대한 소득을 올리는 일부 고숙련 지식엘리트 계층과 고용 상태가 극도로 불안정하고 저임금을 받는 임시직 경제(gig economy) 종사자들로 양극화된다면, 기본소득의 막대한 재원에 대한 기여는 고등기술을 가진 소수가 담당하게 된다.

이 경우 사회는 많은 사람들의 삶의 물질적 조건을 책임지는 소수와, 생존을 위해서는 그들의 기여에 의존해야 하는 사람들로 구분되어 장기적으로 기본소득이 지속되기 어렵거나, 지속된다고 하더라도 매우 불평등한 사회적 관계가 형성될 가능성이 있다. 사회관계에서 한쪽의 다른 한쪽에 대한 의존성이 극도로 커질 경우, 그 사이에서 발생하는 문제의 해결은 전적으로 부유한 소수의 이익에 부합하는 방식으로 이루어질 수 있다. 게다가 정부조직과 공공재의 유지가 사회 내의 극소수 구성원만에 의해서 가능해진다면 결국 정부와 공공재의 공급이 부유한 소수에게 전적으로 통제될지도 모른다. 다시 말해, 아주 소수의 사람들만이 기본소득 재원 형성에 기여하는 가운데 기본소득제가 지속된다면 사회는 기본소득에 기여하는 소수의 사람과, 그 소수의 막대한 기여에 삶의 기반을 의존하는 관계로 형성될 것이고, 이는 장기적으로 평등한 사회관계의 기초를 흔들 수 있다.

따라서 기본소득을 실현시키는 일 자체도 중요하지만, 기본소득이 사회관계를 어떻게 변화시킬 것인가를 이론적으로 탐색함으로써 새로운 환경에서 발생할 문제점을 미리 진단하는 일 또한 매우 중요하다. 현대 복지국가는 다수 사람들이 정도의 차이는 있지만 기본적으로는 복지제도의 재원에 크든 작든 기여한다. 그렇게 형성된 재원을 통해 사회 구성원들이 기초적인 사회적 서비스를 함께 사용하는 것은 삶의 물적 조건을 지지해주는 역할을 할 뿐 아니라 파편화된 개인과 개인을 공동체의 구성원으로 변화시키고 시민들 간 연대의식의 기초를 형성한다. 그런데 복지가 기본소득으로 대체되어 의료보건, 교육, 보험 등 사회 서비스가 모두 상품화될 경우, 생활을 전적으로 기본소득에 의존하는 저소득층의 삶의 질은 기존보다 더욱 낮아질 수 있으며, 복지 혜택이 상품화됨으로써 복지국가가 사회 구성원을 한데 묶어주는 연대의 기능을 상실하게 될 수 있다는 점도 주목할 필요가 있다. 그러므로 최소한의 생계를 보장하기 위한 방안으로서 기본소득제를 실현하되, 기본소득에 대한 기여를 최대한 많은 사람이 할 수 있도록 가능한 한 많은 사람이 공동체 내에서 생산적인 역할을 담당하고, 그렇게 벌어들인 돈으로 조금이나마 공공재 공급에 기여할 수 있도록 해야 할 것이다. 기본소득이 단지 4차 산업혁명이 창출해낸 막대한 풍요에서 나오는 시혜로 자리 잡아서는 안 된다.

또한 4차 산업혁명 시대에 불평등 문제를 제대로 다루지 못한다면, 정치적으로 모든 사람이 동일한 정치권력을 가지는 민주주의의 이상으로부터 상당한 괴리를 경험할 가능성을 무시하기 어렵다. 민주주의는 일인일표(one man, one vote)의 이념이 매우 핵심적이지만, 현실적으로 돈이 정치권력에 대한 접근성, 정치권력 획득에 큰 영향력을 미치고 있기 때문에 현실의 민주주의는 일원일표(one dollar, one vote)로 왜곡되는 부분이 존재한다.[15] 정치사회적 의제 설정부터 논의, 해결 과정까지 소수가 통제하는 사회로 변질될 경우 인류의 공존공영은 공허한 구호로 전락할 수 있다.

기본소득에 대한 논의가 4차 산업혁명 시대로 가는 길목에서 매우 중요함은 틀림없다. 또한 기본소득의 필요성, 가능성, 유용성 또한 크다. 그러나 기본소득의 도입이 4차 산업혁명 시대에 나타나는 불평등 문제를 일소하리라는 것은 지나치게 안일한 생각이다. 앞에서 언급한 것처럼, 기본소득 재원에 기여할 수 있는 사람의 비중에 따라 계층 간 사회적 관계는 크게 변화를 맞이할 수 있으며 민주적 가치와 제도, 민주정치 실행의 측면에서도 커다란 왜곡이 나타날 수 있기 때문이다. 또한 기본소득이 국가 내의 불평등 문제를 해결할 수단일 수는 있지만, 지구적 차원에서 나타나는 국가 간 불평등의 문제를 해결할 수 있을 것으로 보이지는 않는다. 최소한 선진국 내에서는 지능정보산업을 통해 생산되는 가치를 분배할 수 있을지 모르나, 선진국에서 생산된 가치들이 저발전국에도 분배될 것이라고 기대하기 어렵기 때문이다.

4차 산업혁명 시대의 불평등 문제는 사회과학자들로 하여금 다각도적인 접근을 요구하고 있다. 기술 변화로 촉발되는 사회적 변화에 대한 다층적·다각도적 접근은 인류가 공존공영할 수 있는 사회제도와 규범을 형성하는 데 기여할 것이다. 4차 산업혁명에 관한 논의의 상당 부분은 4차 산업혁명을 이끌어가는 첨단기술의 활용과, 그러한 기술의 활용을 통해서 우리가 누릴 수 있는 것이 무엇인지에 대해 초점이 맞추어지는 경향이 있지만, 어디까지나 중요한 점은 이른바 '혁명'이라고까지 부르는 그 변화가 인류의 행복에 얼마나 기여할 수 있느냐는 것이다. 일찍이 호치민이 "혁명을 하고서도 민중이 여전히 가난하고 불행하다면 그것은 혁명이 아니다"라고 말한 것처럼 4차 산업혁명에 대한 사회과학자들의 탐구는 지구촌 시민들이 함께 잘 살 수 있는 사회를 구현하기 위한 노력으로서 경주되어야 할 것이다.

주

1 J. B. Say, *A Treatise on Political Economy or the Production, Distribution and Consumption of Wealth* (New York: M. Kelly, 1964).

2 M. Vivarelli, *The Economics of Technology and Employment: Theory and Empirical Evidence* (Aldershot: Edward Elgar, 1995).

3 J. R. Hicks, *Capital and Time* (Oxford: Oxford University Press, 1973).

4 D. Autor, F. Levy, R. J. Murnane, "The Skill Content of Recent Technological Change: An Empirical Exploration," *Quarterly Journal of Economics*, Vol.118, No.4(2003), pp.1279~1333; M. Goos and A. Manning, "Lousy and Lovely Jobs: The Rising Polarization of Work in Britain," *Review of Economics and Statistics*, Vol.89, No.1(2007), pp.118~133.

5 C. B. Frey and M. A. Osborne, "The Future of Employment: How Susceptible are Jobs to Computerisation?" *Technological Forecasting & Social Change*, 114(2016), pp.254~280.

6 김세움, 「기술진보에 따른 노동시장 변화와 대응」, 한국노동연구원 정책연구(2015).

7 M. Arntz, T. Gregory and U. Zierahn, "The Risk of Automation for Jobs in OECD Countries," OECD Social, Employment and Migration Working Papers(2016); E. Brynjolfsson, A. McAfee, *The Second Machine Age: Work, Progress, and Prosperity in a Time of Brilliant Technologies* (W. W. Norton & Company, 2014).

8 D. Autor, "Skills, Education, and the Rise of Earnings Inequality among the other 99 percent," *Science*, Vol.344, No.6186(2014), pp.843~851.

9 WEF(World Economic Forum), *The Global Risks Report 2017* (12th edition, 2017).

10 M. Goos, J. Konings and E. Rademakers, *Future of Work in the Digital Age: Evidence from OECD Countries* (Randstad, 2016).

11 D. Rodrik, "Premature Deindustrialization," *Journal of Economic Growth*, Vol.21, No.1(2016), pp.1-33.

12 J. Lin, "Technological Adaptation, Cities, and New Work," *Review of Economics and Statistics*, Vol.93, No.2(2011), pp.554~574.

13 T. Berger, C. B. Frey, *Industrial Renewal in the 21st Century: Evidence from US Cities* (Oxford Martin School, University of Oxford, 2015).

14 WEF(World Economic Forum), *The Global Risks Report 2017* (12th edition, 2017).

15 R. Dahl, *On Political Equality* (New Haven: Yale University Press, 2007).

5장

법의 미래

심우민

기술과 법규범의 상호작용

최근 한국 사회에서는 인공지능 기술 등을 주축으로 하는 4차 산업혁명이라는 정책적 어젠다에 상당한 주의를 기울이고 있다. 사실 4차 산업혁명이라는 용어는 학술적 차원의 엄밀성을 가지는 용어라기보다는 종래 산업혁명에 빗댄 일종의 은유라고 이해할 수 있을 것으로 보인다. 그것은 이 용어의 의미에 관한 다양한 논란을 차치하고라도, 역사적으로 볼 때 이제까지의 산업혁명은 그러한 격변의 시기가 지난 후에서야 그것을 혁명으로 정확하게 인지할 수 있었다고 평가할 수 있기 때문이다.

그러나 현 정부는 출범 직후 '4차산업혁명위원회'를 공식화하면서,[1] 4차 산업혁명과 연계된 다양한 기술 및 산업을 진흥하기 위한 노력을 경주하고 있다. 이러한 견지에서 이제는 4차 산업혁명이라는 용어가 가지는 학술적 차원의 논쟁보다는, 그러한 용어 사용의 지향점이 무엇인지를 명확히 하는 가운데 향후 바람직할 발전을 위한 공감대를 형성해나가는 작업이 필요한 시점이라고 판단된다.

4차 산업혁명이라는 용어는 기본적으로 종래 증기기관, 전기전력, 컴퓨터 및 자동화에 뒤를 이은 산업 분야의 혁신적인 기술 발전을 의미하는 것으로 이해할 수 있다. 여기서 혁신과 혁명이 의미하는 바는 그러한 기술 발전이 단순히 산업 분야에만 영향력을 미치는 것이 아니라, 사회구조 전반에 변화를 불러일으킨다는 점을 의미한다. 따라서 산업혁명이 지칭하는 바를 단지 경제적·산업적 측면에만 국한하여 국가 공동체 정책 및 입법을 고민하는 것은 타당하지 못하다.

국가·사회 이원론이 전제된 근대 자유주의 사회 정립 이후, 법규범은 거의 모든 사회 영역에서 개인 간의 예측 가능성을 확보해줌으로써 가치 및 행위 판단의 준거로서 기능해왔다.[2] 따라서 4차 산업혁명으로 인한 사회구조적인 변화는 궁극적으로 근대적 법규범의 기본 전제들에 상당한 영향을 미칠 것으로 예견된다. 바로 이것이 법 또는 법규범에 관하여 지금 논할 수밖에 없는 이유이다.

이 글에서는 먼저 4차 산업혁명을 법적인 관점에서 어떻게 이해해야 하는지 고찰하고, 4차 산업혁명으로 인한 법규범적 변화에 대응하는 각국의 동향을 살펴본다. 그리고 결론을 대신하여 법의 미래 변화에 대응하는 접근 방식들을 제언하는 순서로 논의를 전개하고자 한다. 다만 여기에서는 산업 및 기술 진흥에 관한 입법 정책은 그다지 비중 있게 다루지 않기로 한다. 기술과 산업 발전은 당연히 전제되어야 하는 것이지만, 이 글에서는 법규범적 대응의 문제에 초점을 두고 있기 때문이다.

4차 산업혁명과 법규범의 상호 함의

4차 산업혁명의 이상향 설정

4차 산업혁명에 사회의 각 주체들이 관심을 기울이는 데에는 다양한 원인이 있다. 누군가는 다소 적극적으로 새로운 산업 구조 재편으로 인한 경제적 이익에 초점을 맞추는가 하면, 또 누군가는 다소 소극적으로 일자리 감소로 인한 생계 위협 등을 우려하는 시각에서 접근하기도 한다. 이와 더불어, 다소 사회 혁신적인 관점에서 종래 자본주의 및 산업사회의 한계를 극복하여 새로운 공동체적 이상향을 실현시키는 데 초점을 맞추는 견해들도 등장하고 있다. 이러한 다차원적인 입장과 견해들은 모두 신기술 출현의 영향을 받은 과거 산업혁명기에 관한 역사적 경험에 입각해 있다. 즉, 새롭게 현실화되고 있는 신기술(emerging technology)은 과거 산업혁명에서와 같은 대대적인 변화를 불러일으킬 것으로 평가받고 있다.

그렇다면 4차 산업혁명의 기반이 되는 신기술은 어떠한 속성을 가지는지를 살펴볼 필요가 있다. 4차 산업혁명이라는 관념은 사이버 물리 시스템(cyber-physical system: CPS)을 전제로 한다. 이는 현실공간과 가상공간이 초연결성을 기반으로 통합된 시스템을 의미하는 용어다. 이러한 초연결성 관념은 이미 유비쿼터스(ubiquitous) 등의 용어를 통해 IT 분야에서 일반화되어 있었다. 그러나 현재 논해지는 새로운 기술적 발전은 인간의 삶에 더 직접적인 영향을 미치는 기술의 진보까지도 염두에 두고 있는 것이다. 이러한 사이버 물리 시스템을 가능하게 하는 기술적 기반으로는 기본적으로 사물인터넷, 빅데이터, 블록체인 등과 같은 인프라 기술은 물론이고, 데이터 활용과 연계되어 있는 인공지능(Artificial Intelligence) 기술은 그 핵심 근간인 것으로 평가받는다. 생명·의료 및 신소재 기술 등도 빠질 수 없는 기술적 근간이다. 이러한 다양한 기술적 요인들이 사이버 물리 시스템을 기반으로 결합 및 확장되어 일종의 범용 기술로서 사회 혁신에 기여하게 될 것이라는 예측이 바로 4차 산업혁명을 설명하는 논리라고 할 수 있겠다.

앞서 잠시 언급했던 바와 같이, 학술적 차원에서 4차 산업혁명이라는 개념은 논란의 대상이 되고 있다. 특히 이것이 결국에는 컴퓨터와 자동화를 전제로 한 3차 산업혁명의 연장에 불과한 것이라고 보거나, 또는 더 나아가서 다소 거시적으로 근대 산업혁명의 연장에 지나지 않는다는 견해까지 다양하게 개진되고 있다. 이러한 논의의 전제는 과거 정보사회를 산업사회의 연장으로 볼 것인지 여부에 관한 논쟁과 유사한 양상을 보인다. 그러나 이에 대해 현 시점에서 정답을 구하는 것이 쉽지 않은 상황이다. 특정 시기가 '혁명'적 전환이었는지 여부는 일반적으로 오랜 시간이 흐른 뒤에 역사적인 평가를 통해 논할 수 있는 것이기 때문이다.

그렇다면 현재 논의되고 있는 4차 산업혁명이라는 용어는 어떻게 평가할 수 있을지 생각해보아야 한다. 이는 결국 향후 우리 사회가 어떻게 변화해야 하는지에 관한 개별 주체 또는 집단들이 가지는 이상향 또는 가치가 투영되고 있는 용어로 볼 필요가 있다. 그러나 이러한 이상향과 가치는 현재 급속한 속도로 발전하고 있는 기술의 속성을 면밀하게 분석한 기반 위에서 구성되어야 할 것이다.

전통적 법규범의 변화 요청

앞에서 언급한 4차 산업혁명을 논할 수 있게 하는 기술적 요인 중 가장 중요한 기반기술은 정보통신 기술이다. 현재의 정보통신 기술은 1990년대 후반 비약적으로 성장하기 시작한 인터넷 등 네트워크 기술의 발전과 깊은 연관성이 있다. 특히 인터넷은 개별 주체 간의 연결성을 확보해줌으로써 과거와는 다른 사회적 혁신을 상상할 수 있도록 해주었다. 이러한 네트워크 기술은 '연결성'과 '개방성'을 특징으로 한다고 평가할 수 있다. 그 결과 과거와는 다른 새로운 혁신적 아이디어가 탄생하고 또한 소통될 수 있는 기초가 구축된 것이다. 이를 바탕으로 대량의 데이터가 송수신 및 저장되어 활용되기 시작했으며, 그러한 데이터들 자체가 또 다른 사회적 가치를 창출하게 되었다. 이는 2010년대부터 논의되기 시작한 빅데이터(big data) 분석 및 클라우드 컴퓨팅(cloud computing) 기술로 현실화되었다.[3]

이상과 같은 기술적 토대, 즉 연결성과 개방성을 가지는 네트워크, 그리고 데이터 활용 및 분석 기술로 인한 데이터 자체의 가치 창출 기반은 최근 국내외에서 관심의 대상이 되고 있는 인공지능 기술의 비약적 발전의 토대가 되었다고 볼 수 있다. 이제까지 정보통신 기술의 발전은 인간의 외부적 연결에 초점을 맞추어왔으나, 이제는 데이터를 근간으로 인간의 내면적인 사고방식까지 기술적 정복이 가능한 영역으로 받아들여지게 하고 있다. 그리고 이러한 인간 내면에 대한 기술적 침투는 생명·의료 및 신소재 기술의 발달에 힘입어 더욱 그 영향력을 확장해가고 있다고 평가할 수 있을 것이다.

기술이 인간 내면을 향해 침투하면서, 과거와는 달리 특정 사안을 판단할 때 외부적·객관적 요인들을 고려하는 수준을 넘어서서, 인간의 사고 과정과 판단 근거에 관한 정확한 판단이 중요해졌다. 그러나 문제는 다양한 기술적 요인이 인간 사고 과정에 직접적으로 개입해 들어가면서 모종의 인과관계를 파악하기가 매우 어려워졌다는 점이다. 예를 들어, 머신러닝(machine learning)과 딥러닝(deep learning) 기술을 활용하는 인공지능 알고리즘은 학습을 통해 알고리즘을 새롭게 구축하거나 수정하는데, 어떠한 요인이 개입하여 그러한 알고리즘이 구성되었는지, 그리고 실제 전반적으로 그러한 알고리즘의 내용이 무엇인지를 명확히 하기 힘든 측면이 있기 때문이다. 물론 현재 '설명 가능한 인공지능(explainable AI)'을 개발하기 위한 기술적 시도가 이루어지고 있다. 그러나 아직 완성된 기술이 아닐 뿐만 아니라, 설령 그러한 기술이 온전한 형태로 개발된다고 하더라도 인공지능 학습 알고리즘의 근원적인 속성은 변하지 않을 것으로 보인다.

과거에는 법규범적 사안에서 외부적 사실(증거)을 확인함으로써 인간의 고의 또는 과실 여부를 확인할 수 있었다. 법적 판단에 중요성을 가지는 인과관계를 파악함으로써 그 책임을 귀속시킬 수 있었다는 의미다. 그러나 지금까지 살펴본 인공지능 및 데이터 기술의 속성은 그러한 판단 가능성을 현저히 떨어뜨리는 결과를 불러왔다. 그 결과 객관적 사실 또는 인과관계를 지배적 논리구조로 채용한 현재의 법률체계에 변화를 추동하고 있다. 따라서 4차 산업혁명에 관해 논하면서, 법규범 변화에 주목해야 할 필요성이 있다.

4차 산업혁명 논의의 기폭제 역할을 하고 있는 인공지능 기술과 관련하여, 최근에는 탈인간중심적 법 패러다임에 관한 논의가 이루어지고 있다. 이는 인공지능 개체를 새로운 법적 권리·의무의 주체로서 상정할 필요가 있으며, 법이론적 측면에서도 그 정당성이 인정된다는 주장이다. 즉, 인공지능에 대하여 인간과 마찬가지로 법적 권리를 부여하거나 의무(책임)를 부과할 수 있다는 취지로 이해해볼 수 있다. 물론 인공지능 기술의 발전을 장기적인 측면에서 고려할 때, 이러한 논의가 필요한 시점이 분명히 도래할 수도 있다. 그러나 탈인간중심적 법 패러다임에 초점을 맞춘 법규범적 논의는 자칫 현 시점에서의 인공지능 기술 활용으로 일어나는 다양한 법규범적 문제점를 진지하게 숙고하지 못하게 할 수 있다는 우려가 존재한다. 따라서 이러한 장기적·학술적 관점에서의 논의와는 별개로 현재의 법현실이 어떻게 변화할 것인지에 대해 상대적으로 비중 있는 고민과 분석을 경주해야 할 것이다.

알고리즘 기반 규제와 알고크러시

4차 산업혁명은 사이버 물리 시스템을 전제로 한다. 이는 과거와 같이 현실공간과 가상공간이 분리되어 사고될 수 있는 것이 아니라, 양자가 상호 긴밀하게 연계되어 있음을 의미한다. 이제까지 가상공간은 물리적 현실공간의 규범과 논리에 의해 상당 부분 규율되어왔다. 그러나 사이버 물리 시스템은 가상공간의 규범과 논리가 현실공간에 직접적으로 개입해 들어와 새로운 규율 구조를 만들어낼 수 있는 상황을 내포하고 있다. 즉, 가상공간의 판단 구조라고 할 수 있는 아키텍처(architecture) 또는 알고리즘이 현실공간의 행위 규제 요인으로 등장할 수밖에 없음을 의미한다. 바로 이 지점에 향후 4차 산업혁명 또는 인공지능과 연계된 법규범적 쟁점이 존재한다. 이제 현실공간에서 전통적인 인간의 법규범보다는 기계적 알고리즘이 인간의 가치판단 또는 행위의 규범으로서 기능하게 될 가능성이 농후하다. 이러한 가능성은 알고리즘 기반 규제(algorithmic regulation)[4] 또는 알고크러시(algocracy)[5]라는 새로운 용어를 탄생시키고 있다.[6]

다소 급진적으로 생각해보자면, 기계적 알고리즘이 종래 인간의 판단 및 그 결과들을 학습하고 인간과 유사한 판단을 한다는 견지에서는 기계적 알고리즘이 인간의 행위규범으로 기능한다고 하더라도 별반 문제가 될 이유가 없다고 할 수도 있다. 그러나 앞서 언급한 바와 같이 인간의 명령어 입력이 아니라 스스로의 데이터 학습을 통해 구성되는 알고리즘은 기존 인간의 가치판단과는 다른 결과를 산출해낼 수 있으며, 이렇게 되면 인간이 스스로 의도치 않았고 또한 인식하지도 못했던 모종의 행위규범에 의해 규율받는 상황이 된다. 즉, 인간이 사고를 피하기 위해 자율주행 자동차의 주행 패턴을 역으로 학습해야 하고, 높은 신용등급을 받기 위해 기계가 제시하는 기준을 충족하는 경제활동을 영위해야 할 수도 있다.

지금까지 살펴본 바로 미루어, 4차 산업혁명 유관 기술의 발전은 결국 법규범적 판단에 불확정성(indeterminacy)을 가중시킬 것이라는 점을 쉽게 예측할 수 있다. 법규범 영역에서의 불확정성은 사실판단과 규범판단 모두에 있어 객관적인 확정 가능성이 떨어진다는 것을 의미한다. 이러한 불확정성의 문제는 4차 산업혁명에 대한 논의가 나오기 이전에도 미국의 법현실주의(legal realism)나 비판법학(critical legal studies) 연구자들의 핵심 논제로서 지위를 점해왔다. 그러나 4차 산업혁명의 신기술들은 그 유용성과 비례하여 법규범적인 불확정성을 증대시키고 있다. 이는 달리 말하여, 4차 산업혁명 환경에서는 과거와 같은 수준의 법규범적 예측 가능성을 확보하는 데 어려움이 따를 것이라는 점을 시사한다.

결론적으로 4차 산업혁명은 법규범적 측면에서 상당한 변화를 불러일으킬 것으로 예상된다. 법규범적 변화는 근대 이후 지속되어왔던 규범적 기대의 수준과 지형이 변화할 것임을 예고한다. 그렇다면 이러한 기술 환경의 전면적인 변화를 예고하는 미래에 대해 법규범적 측면에서는 어떻게 대응해나가야 하는지 살펴보자.

4차 산업혁명과 법의 미래

각국의 대응 동향: 법의 미래를 위한 분석 단계

4차 산업혁명을 추동하는 다양한 신기술 중에서도 인공지능 및 로보틱스(robotics) 기술의 규범적 영향과 그에 대한 대응에 관해 주요 국가들은 상당한 관심을 기울이고 있다. 물론 이러한 규범적 대응은 관련 기술의 개발 및 발전이 전제되지 않는다면 사실상 무용지물이라고 할 수 있다. 따라서 대부분의 주요 국가들은 사회적 편익과 혁신을 증대시키는 데 기여하는 신기술의 개발 및 서비스화에 주력하면서, 이러한 기술들이 유발할 수 있는 역기능을 최소화하기 위한 (법)규범적 대응 방안을 모색하고 있다.

대표적으로 EU는 다른 지역 및 국가들에 비해 비교적 선도적인 논의를 이어나가고 있다. EU는 이미 상당 기간 인공지능 및 로보틱스 기술의 윤리적·규범적 영향에 관해 고민해왔다. EU 집행위원회는 정보화 연구개발 프로그램인 'FP7(7th Framework Programme)'의 재정 지원 계획을 근거로 로봇 규제 문제에 대한 새로운 접근 방식으로 이른바 '로보법 프로젝트(RoboLaw Project)'를 추진했다. 이 연구는 로보틱스 관련 법규 및 규제 대응을 위한 일련의 정책연구(2012.3~2014.3)로서, '로보틱스 규제 가이드라인(Guidelines on Regulating Robotics)'을 최종적으로 도출해냈다.[7]

로보틱스 규제 가이드라인의 내용은 상당 부분이 2017년 2월 EU 의회에서 결의된 '로보틱스에 관한 시민법 규칙 권고안(Civil Law Rules on Robotics)'에 반영되었다.[8] 이 권고안은 인공지능 및 로보틱스 기술로 인해 발생할 수 있는 문제 사안들과 관련하여, EU 집행위원회의 법제 개선 및 영향평가(impact assessment)를 권고하는 내용을 담은 것으로, 다른 지역 및 국가들에 비하여 상대적으로 구체적인 법규범적 조치를 개관한다는 특성이 있다. 이 권고안에는 로보틱스 및 인공지능 기술의 개념적 분류 및 그에 따른 접근 방식, 민사 책임 분배, 국가적 차원의 거버넌스, 그리고 연구 및 개발자 윤리 등에 관한 세부 쟁점들을 소개하고 있어, 향후 다른 국가들의 법규범적 대응에도 유력한 참조 자료로 활용될 수 있을 것으로 보인다.

미국에서도 지난 오바마 대통령 집권 말기에 인공지능에 관한 고민의 성과가 제시된 바 있다. 우선 주목할 만한 움직임 중 하나로는 정부 차원에서 인공지능 활용의 전제라고 할 수 있는 데이터 편향성 문제를 직접적으로 거론하기 시작했다는 점이다. 2016년 1월 미국 연방거래위원회가 발간한 「빅데이터: 포용의 도구인가 배척의 도구인가?」[9]와 2016년 5월 백악관이 내놓은 「빅데이터: 알고리즘 시스템, 기회, 그리고 시민권」[10]이 그것이다. 이 두 보고서는 빅데이터 기술이 개인정보보호에 대한 우려를 넘어, 현재의 경제적 차별을 영속화하거나 새로운 차별을 만들어낼 수 있다는 새로운 문제를 공식적으로 제기하고 있다.

또한 인공지능 기술의 발전으로 인한 다양한 사회적 영향을 직접적으로 분석한 정부 보고서들이 연이어 발간되었다. 백악관의 「인공지능의 미래준비」 보고서,[11] 「인공지능 연구 및 개발(R&D) 전략」 보고서,[12] 「인공지능, 자동화, 그리고 경제」 보고서[13] 등이다. 이 세 건의 보고서는 인공지능 기술 발전이 사회에 미치는 영향에 대해 진지하게 평가하면서, 정책적 차원의 대응 방향들을 제언하고 있는 것이 특징이다. 이 보고서들이 담고 있는 내용은 기본적으로 인공지능 기술 발전에 관한 국가 정책적 대응 필요성을 촉구하는 것이라고 볼 수 있다.

EU와 미국의 사례에서 볼 수 있는 바와 같이, 4차 산업혁명 및 인공지능 보편화 사회에 대비하는 구체적인 법규범적 해답을 제시하고 있는 것은 아니다. 오히려 그러한 대응을 위한 질문과 논제들을 단계적으로 구체화해가고 있는 상황이라고 평가할 수 있겠다. EU의 경우 그간의 연구 성과를 바탕으로 구체적인 입법 조치를 위한 영향평가를 시작하는 단계라고 할 수 있고, 미국의 경우에도 구체적으로 영향평가라는 용어를 사용하지는 않았지만 인공지능 기술의 다차원적 영향을 체계적으로 검토하고 있는 상황이라고 평가할 수 있다. 즉, 전 세계적으로 인공지능과 관련하여 윤리적·규범적 기준을 설정하기 위한 영향평가 단계가 진행 중인 것이다.

어쩌면 현재의 기술 수준과 상황을 감안할 때, 아직까지 구체적인 법규범적 대안을 확정하기에는 어려움이 있을 것으로 보인다. 일반적으로 사회적 윤리와 규범은 사안이 구체화된 이후에 정립될 수 있는 경향성을 가진다. 그러한 현재 상황은 신기술 발전으로 인한 변화가 거의 확실시되고 있기는 하지만, 아직 그 누구도 그러한 변화의 방향과 양태를 정확하게 예측하기는 힘든 상황이다. 따라서 지금 단계는 변화에 관한 예상을 전제로, 그러한 변화의 국가적·경제적·사회적·문화적 영향 등을 철저하게 분석해나가는 작업이 필요한 상황이다. 성급한 윤리적·규범적 대안 정립은 오히려 자발적이고 역동적인 기술 발전과 사회 혁신을 저해할 가능성이 있다.

한국 사회의 대응: 포괄적인 전략과 대책 제시

한국의 경우에도 최근 새 정부의 출범과 더불어, 4차 산업혁명에 관한 관심이 높아지고 있다. 실제 정부에서는 2017년 9월 26일부터 '4차산업혁명위원회'의 공식적인 활동이 시작되었다. 이는 앞서 살펴본 바와 같은 주요 국가들에서와 마찬가지로 한국도 국가 공동체 차원의 대응 및 전략 구상이 필요하다는 인식을 같이하고 있다는 점을 확인할 수 있게 해준다. 그러나 향후 현실적으로 중요한 것은 이러한 조직

구성을 넘어서서, 우리 현실에 맞는 정책 및 법규범적 대안을 어떠한 방식으로 마련해나갈 수 있을 것인지의 문제라고 할 것이다.

4차 산업혁명에 대응하기 위한 전략으로는 새롭게 출범한 4차산업혁명위원회가 제시한 "혁신성장을 위한 사람 중심의 4차 산업혁명 대응계획"이 있다.[14] 그러나 이 계획은 다소 산업 진흥 부분에 초점을 맞추고 있을 뿐만 아니라, 법적 대응에 관한 내용은 중점적으로 다루어지지 않았다. 따라서 이 글에서는 전 정부에서 관계 부처 합동으로 제시한 '지능정보사회 중장기 종합대책'(이하 종합대책)에 대해 살펴보기로 한다.[15]

지능정보기술과 관련한 과학기술정보통신부 및 정부의 정책은 비단 최근에 이르러서야 제기된 것은 아니다. 이미 정보통신산업 진흥 정책에 인공지능 등 관련 사항들이 포함되어왔다. 다만 더 명확하게 '인공지능' 및 '지능정보사회'를 대상으로 하는 국가 정책에 대한 관심이 증폭된 것은 2016년 초에 이루어진 이세돌과 구글 알파고의 바둑 대국 이후였다고 할 수 있다. 이러한 상황 속에서, 정부의 종합대책은 미래창조과학부(현 과학기술정보통신부)가 2016년 4월 28일 제17차 국무회의에서 '지능정보사회 중장기 종합대책추진계획'[16]을 밝힌 이후 8개월이라는 비교적 짧은 시간 안에 제시한 바 있다.

종합대책은 명시적으로 "더 늦기 전에 한 세대 이상의 미래를 내다보고 혁신적 변화에 대응한 중장기 관점의 대응 전략을 마련할 필요가 있다"는 점을 천명하고 있는데,[17] 단기적인 검토·수립 과정을 통해 사회 전반의 변화 가능성과 그 영향에 대한 면밀한 분석이 이루어졌는가에 대해서는 다소 아쉬움이 있다.

종합대책은 지능정보기술로 인한 변화의 전망을 산업 구조, 고용 구조, 삶의 모습 및 환경, 국내 경제 및 고용 효과 등의 영역으로 구분하여 고찰하면서 시사점들을 도출하고 있다. 이와 관련하여 종합대책은 지능정보사회의 발전으로 2030년 기준 총 경제적 효과(신규 매출 + 비용 절감 + 소비자 후생 증대)가 최대 460조 원에 이르리라고 예상하고 있다. 또한 상당 부분의 일자리가 자동화의 영향을 받을 것으로 판단하면서도 지능정보기술 분야에서 약 80만 명 규모의 신규 일자리가 창출될 것으로 전망했다.

나아가 종합대책은 지능정보사회의 바람직한 미래상으로 자유롭게 경쟁하는 고부가가치 경제, 누구나 기회를 갖는 복지사회, 안전하고 행복한 삶을 제시하고 있다. 이를 전제로 '인간 중심 지능정보사회 실현'이라는 국가 비전을 설정하고 이를 위한 중장기 정책 방향으로 글로벌 수준의 지능정보기술 기반 확보, 전 산업의 지능정보화 촉진, 사회 정책 개선을 통한 선제적 대응 등을 제시했다.

이와 같이 종합대책에 나타난 전망과 정책 방향은 현 시점에서 지능정보사회와 관련해 논의되고 있는 쟁점을 대부분 포함하고 있지만, 실제로는 장기적 기술 낙관론에 입각한 기술 개발 및 보급, 그리고 산업 진흥에 초점을 맞추고 있다. 물론 사회 정책의 개선 문제도 언급하고는 있지만, 여기에 교육, 노동, 복지, 양극화, 해킹, 프라이버시 등 매우 다양한 분야의 쟁점 과제들을 포괄하고 있어서 중장기적인 사회 정책의 지향점을 명확하게 파악하기 힘든 측면이 있다. 따라서 향후의 정책 방향은 좀 더 지능정보사회의 영향에 초점을 맞추도록 해야 할 뿐 아니라, 구체적인 정책 집행과 연계되도록 기술과 사회 발전의 수준에 따라 단계별로 세분화될 필요가 있겠다.

종합대책은 지능정보사회에 관한 전망과 중장기 정책 방향에 기반하여 세부적인 정책 추진 과제를 제시하고 있다. 추진 과제는 정책 일반에 관한 사항이지만, 이를 통해 정부가 추진하게 될 구체적인 입법 정책 운영의 방향성을 가늠해볼 수 있다. 종합대책은 데이터 자원의 가치 창출, 지능정보기술 기반 확보, 데이터·서비스 중심의 초연결 네트워크 환경 구축, 지능정보기술의 국가 근간 서비스 활용, 지능정보 산업 생태계 조성 지원, 지능형 의료 서비스 기반 조성, 제조업의 디지털 혁신, 지능정보사회 미래교육 혁신, 고용 형태 다변화 대응, 사회안전망 강화, 법제 정비 및 윤리 정립, AI 오작동 등 역기능 대응 등 12개의 세부 추진 과제들을 제시하고 있다.

추진 과제는 종래 정보통신(융합)산업 진흥 정책에 관한 내용을 주로 담고 있지만, 교육, 고용, 사회안전망, 윤리, AI 역기능 등에 대한 사항들도 포함했다. 이는 과거 정책에 비하여 일정 부분 진전이 있는 것으로 평가할 수 있다. 다만 추진 과제 및 이와 연계된 다양한 입법 정책 과제들을 검토해보면, 아직 사회적 합의에 이르지 못한 구체적인 입법 사항을 다수 포함하고 있다는 측면에서 그 실현 가능성에 다소 의문이 제기된다. 예를 들어, 데이터 활용 과정에서 이용자 프라이버시를 저해할 우려가 있는 입법 사항들이 추진 과제에 명시되어 있음에도 불구하고, 이에 대한 대응을 향후 어떤 방향으로 논의해나갈지에 대해서는 별도로 언급하고 있지 않다. 결과적으로 종합대책의 세부적인 추진 과제를 설정하기 위해서는 향후 입법 방향을 정부가 선제적으로 제시하기보다는, 관련 입법 사항에 대한 사회적 의견 수렴 및 합의 절차에 주안점을 둘 필요가 있다.

새로운 법규범적 대안 구성의 난맥상

실제 국내에서의 4차 산업혁명 및 인공지능 등 신기술 발전에 관한 대응 논의의 주축은 산업 진흥의 측면에 초점을 맞추고 있다. 이 과정에서 법규범 또는 규제 혁신에 관한 논의도 자연스럽게 이어지고 있는 상황이다. 이제까지 한국은 국가 중심적 경제성장 전략을 구사해왔으며, 이에 따라 매우 엄격하고 복잡한 법적 규제가 증가해왔기 때문이다. 즉, 전통적이고 구시대적인 규제와 그 방식이 신기술 발전과 활용을 저해한다고 평가된다.

그러나 법규범적 차원에서 규제 혁신 및 완화에 관한 논의가 비단 4차 산업혁명을 논하는 현재 시점에만 회자되었던 것은 아니라는 점을 상기할 필요가 있다. 예를 들어, 2000년대 전후 정보통신산업 진흥 정책 추진 과정에서도 규제 혁신·완화라는 논제가 지금과 마찬가지로 중요한 화두였다고 할 수 있다. 이러한 견지에서 어쩌면 규제 혁신·완화 논의야말로 구시대적인 규제 패러다임에 갇혀 있다는 역설적인 비판을 받을 수도 있다. 오히려 신기술이 선사하는 혁신은 그러한 규제 패러다임마저 넘어설 수 있는 원동력을 제공하고 있으니 말이다.

결과적으로 4차 산업혁명에 대응하기 위한 법규범적 논의는 이제 한 차원 진일보한 규제 패러다임으로의 전환을 지향해야 하는 상황이다. 단지 법령 등의 일부 개선 및 폐지를 통해 편의적으로 문제 상황을 해소할 수는 없다. 이에 다음에서는 4차 산업혁명이 제기하는 법규범적 대안 구성 및 논의의 난점을 정리해보도록 한다.

첫째, 신기술 발전 방향의 불확정성이다. 기술 규제에 관한 전통 법규범은 해당 기술의 속성을 명확히 하고, 그에 따른 규제 요건들을 설정한 방식을 취해왔다. 그러나 현재 4차 산업혁명 논의의 기반이 되는 다양한 신기술은 아직 그 구체적인 발전 방향이나 양태를 예견하기 힘든 상황에 있다. 이와 더불어, 경우에 따라서는 인공지능 알고리즘과 같이 인간의 판단 범주를 벗어나는 블랙박스적 성격을 가지는 경우가 증가하고 있는 상황이다. 따라서 전통적인 법규범상 규제와 같이 요건을 중심으로 한 사후적 규제 체계로는 신기술 발전에 대응하기 힘든 측면이 있다.

둘째, 이해집단 및 산업 영역 간 이해관계의 상충이다. 신기술 도입과 그로 인한 신산업 출현은 자연스럽게 전통 산업 영역을 위협한다. 이러한 현상은 간혹 특정 산업 영역의 일자리 문제와 직결되는 경우도 상당하다. 현실적으로 기술혁신으로 인한 전통 산업 영역의 퇴조는 불가피한 상황으로 받아들여야 하는 측면이 있는 것은 사실이다. 그럼에도 기존 산업 영역에서 법적으로 보호받던 신뢰이익을 단번에 상실토록 하는 것은 문제가 있어 보인다. 특히 경우에 따라서는 모종의 신기술을 응용한 사업 및 서비스가 산업적 패러다임을 변모시킬 혁신에 이르기보다는, 단순히 진입 규제 완화를 통한 반사적 이익을 누리고자 하는 의도를 가진 경우도 빈번하게 발생하기 때문이다.

셋째, 전통적 법규범적 원리의 변화이다. 인간 사회는 필연적으로 공동체 운영을 위한 규칙을 필요로 한다. 근대사회 성립 이후 인류는 지속적으로 법의 지배라는 이념을 구현해왔다. 세부적으로는 국가와 국민 간의 관계를 규율하는 공법 체계, 대응하고 자율적인 사인 간의 관계를 규율하는 사법 체계, 불가피하게 사적 영역에 관한 국가 개입이 불가피한 사회법 체계 등 각 체계별로 고유의 법규범적 원리들을 구축해왔다. 이러한 법 원리 전반은 인공지능 등 신기술의 유입과 개입으로 인해 과거와 같은 개인과 개인, 개인과 국가 간의 관계에 관한 원리만으로는 유지되기 힘든 상황이 되었다. 예를 들어 동등한 능력적 주체를 상정하고 있는 사법 체계에서 사적 자치의 원리는 인공지능 알고리즘의 성능 여하에 따라 형해화될 가능성이 높다.

법의 미래 변화에 대응하는 접근 방식

법 패러다임 전환 관점의 견지

지금까지 살펴본 법 현실의 변화 상황은 4차 산업혁명을 원인으로 하는 새로운 법 패러다임 출현의 계기를 마련해주고 있다고 평가할 수 있다. 물론 지금 당장 혁명적인 변화가 일어나는 것은 아니지만, 새로운 변화를 향한 일종의 이행기(履行期)로서 현재의 상황을 정의할 수 있을 것으로 보인다.

그렇다면 어떠한 변화가 이루어질 것인지에 대해 생각해보아야 할 필요가 있다. 앞서 4차 산업혁명으로의 전환에 있어 발생하는 법규범적 차원의 난점에 대해 정리했다. 신기술 발전 방향의 불확정성, 이해집단 및 산업 영역 간 이해관계 상충, 그리고 전통적 법규범적 원리의 변화가 그것이다. 결국 이러한 변화상의 난점들은 현재의 지배적인 법 패러다임이라고 할 수 있는 자유주의 법질서 또는 자유주의 법체계의 변화 필요성을 나타낸다. 자유주의 법체계는 기본적으로 국가의 사회에 대한 개입을 최소화하기 위하여, 특정 수준 이상의 경직성과 형식성을 요구한다. 이를 통해 일반적이고 보편적인 규범으로 기능할 수 있도록 의도된 것이다. 그러나 4차 산업혁명으로 인한 규범적 난점들에 견주어 본다면, 전통적인 자유주의 법체계 또는 패러다임은 변화가 불가피한 상황이라고 할 수 있다.

법진화론적 측면에서, 근대 초기의 법은 형식적 정의의 실현이라는 데에 초점을 맞추었다고 한다면, 비교적 최근의 다원주의 경향하에서는 절차법적 정의의 실현이 강조되어왔다.[18] 형식적 정의 실현 요청은 근대 이전에 실질적 정의를 추구한다는 미명하에 정당화되었던 자의성 및 재량을 감소시키기 위해 등장했다고 할 수 있다. 형식적 정의에 치중한 나머지 사회의 다원적 가치를 수용하는 데에는 한계가 발생했고, 그러한 가치들을 수용하기 위해 형식과 실질이라는 가치의 중간지점에서 경쟁하는 가치들이 소통할 수 있는 절차가 강조되게 된 것이다. 근대 자유주의적 법규범은 모두에게 동일한 기준으로 적용된다는 일반성을 가지며, 이러한 속성은 형식적 정의에 입각한 기준 설정을 통해 달성될 수 있었다. 그러나 거시적인 관점에서 보자면, 절차 그 자체도 일정 부분 형식적 정의로 재차 귀결된다고 볼 수밖에 없다.[19] 즉 법의 일반성이라는 속성이 상당 부분 유지되는 상황에서 강조되는 절차는 사실상 절차에 관한 형식성 강조에 지나지 않는다. 결국 현재 법의 진화 단계는 형식주의에서 또 다른 실질주의로 진화(변화)하는 과도기적 상황을 의미하는 것으로, 그것이 바로 절차주의라고 칭해지게 된 것이라고 이해해볼 수도 있다.

물론 실질주의로의 법 진화가 근대 이전의 실질주의와 동일한 것은 아니다. 역사적 경험에 입각하여 향후 법의 진화는 과거와는 다른 차원과 방식의 실질주의로 흘러갈 가능성이 높다. 인공지능의 활용이 일상화되는 경우 규제 대상과 환경이 매우 유동적으로 변화할 것이기 때문에, 상황에 맞는 실질적 정의를 매우 빠르게 추구하면서도 과거 형식주의적인 법이 추구하던 가치들까지도 상당 부분 보존할 수 있는 새로운 법의 역할이 요청된다.[20]

이와 관련하여 언급할 수 있는 것은 노넷(Philippe Nonet)과 셀즈닉(Philip Selznick)의 응답적 법(responsive law)에 관한 관념이다.[21] 이들은 법의 진화 단계를 억압적 법(repressive law), 자율적 법(autonomous law), 응답적 법(responsive law)으로 구분한다.[22] '억압적 법'이란 억압적 권력에 봉사하는 법을 의미한다. 여기서 법은 원칙적으로 무제한적인 재량권을 가진 주권자의 명령일 뿐이다. '자율적 법'은 억압을 약화시키고 사회 통합을 보호할 수 있는 분화된 제도로서의 법을 의미하며, 일반적으로 '법의 지배'라고 칭해지는 통치 체계를 말한다. 마지막으로 '응답적 법'이란 사회적 필요와 기대(aspiration)에 부응하는 촉진제(facilitator)로서의 법을 의미하며, 이는 실용주의적·합목적적 법을 강조하는 입장이라고 할 수 있다.[23] 자율적 법은 근대사회 이후 발전해온 전통적·지배적 법 패러다임이라고 할 수 있고, 응답적 법은 향후 법적 진화의 방향이라고 할 수 있다.

이들이 응답적 법이라는 새로운 법 유형 또는 패러다임을 언급하고 있는 원인들로는 다음과 같은 것들이 있다. 첫째, 법적 추론에 있어 목적의 우위 또는 지배 현상(법형식주의 탈피), 둘째, 법적 권위의 약화(법적 의무 및 공공성 등의 관념 변화), 셋째, 법의 개방성과 융통성 요청에 따른 참여의 증가(법의 정치화), 넷째, 법의 정당성보다는 역량(실질적 목적달성 가능성)의 중시(재판보다는 행정 규제 중심)이다. 이러한 법 패러다임 원인들은 기본적으로 앞서 언급한 4차 산업혁명과 연관한 법규범적 차원에서의 난점들과 연계되어 있다고 볼 수 있다.

물론 이 글에서 응답적 법으로의 패러다임 전환을 모종의 법칙이나 진리라고 주장하는 것은 아니다. 다만 과거 전통적인 법의 속성인 형식성과 이를 근간으로 하는 법치 행정의 원리는 상당한 변화에 직면하고 있다는 문제를 제기하고 있는 것이다. 물론 근대 자유주의 정립 이후 복지국가 및 조합국가 패러다임의 도입으로 자유주의 법체계의 형식성이 일정 부분 약화된 측면이 없지 않지만, 인간의 내면으로 침투해오는 4차 산업혁명 유관 기술들은 그러한 형식성의 약과를 더욱 가속화시킬 것으로 보인다. 즉, 예측이 어려울 뿐만 아니라 복잡한 이해관계가 얽힌 상황에서, 빠른 기술 변화와 그로 인한 위험에 대응하기 위해서는 법 집행기관이 현재보다는 다소 확대된 규제 재량을 보유할 필요성이 있다. 이를 위해 법규범적 측면에서는 당해 법령의 목적을 명확히 하고, 이에 대한 구속을 전제로 법 집행기관의 대응 재량을 다소 포괄적으로 규정하는 방안이 요구된다. 실제로 다차원적이고 신속한 환경 변화가 전제된 상황에서는, 법치 행정 원리에 입각한 전통적인 법적 규제와 같이 모든 규제 요건들을 사전에 법에 명확하게 규정해두기 어려운 측면이 있다. 따라서 현대 입법에서는 일반조항과 같은 다소 포괄적인 입법 기술의 활용이 증가하고 있는 상황이다. 입법 및 행정 편의라기보다 변화하는 법현실에 대응하기 위한 불가피한 대응 방식이라고 할 수 있다. 이렇게 될 경우 입법 문구(법문)의 명확성보다는 입법 목적의 명확성이 더 중요한 의미를 가진다고 할 수 있다.

복잡화된 현행 규제 체계의 정비

4차 산업혁명 유관 기술은 매우 광범위한 기술 영역들을 포괄하는 것이지만, 아주 기본적으로는 정보통신 기술의 발전을 전제로 하고 있다. 더욱이 이러한 정보통신 기술은 새로운 기술적 응용의 결과물들을 상용화 또는 서비스화 하는 데 결정적으로 기여하고 있다고 해도 과언이 아니다. 따라서 새로운 변화에 대응하기 위해서는 정보통신 분야 법제에 대한 체계 정비가 시급히 요청되는 상황이다.

국회 및 정부의 정보통신 규제 개선에 대한 입법적·정책적 노력에도 불구하고 아직까지 다양한 규제들이 효과적으로 해소되지 못하고 있는데, 그 원인은 다음과 같다. 첫째, 정보통신 법체계 또는 규제 체계가 복잡하게 얽혀 있기 때문이다. 즉, 규율 영역, 대상, 목적, 법(령) 등이 매우 다방면에 걸쳐 엄격한 규제 요인들이 부분적으로 산재해 있는 상황에서 일부 규정을 개선한다고 하더라도 당초 의도했던 규제 개선의 효과가 발생하기 어렵다. 둘째, 입법 과정은 그 이면에 궁극적으로 법규범에 관한 가치관 갈등이 전제되어 있기 때문에, 특정 대안을 선택 및 정립하는 것이 용이하지 않다.

한국의 현행 정보통신 법제가 중첩적이고 복잡한 체계를 가지게 된 중요한 원인 중 하나는 국가·사회적 차원의 정보화 추진에 빈번하게 문제시되어온 부처 할거주의라고 할 수 있다. 이러한 현상을 극명하게 드러내는 사례로 '(구)정보통신부'와 '(구)방송위원회', '(구)미래창조과학부'와 '방송통신위원회', '(구)미래창조과학부'와 '산업통상자원부', '문화체육관광부'와 '여성가족부' 사이의 갈등이 있다. 즉, 각자 자신의 소관 영역에 규제 및 인·허가 권한을 설정하려는 경쟁 때문에 결과적으로 일관적인 입법 정책이 추진되지 못하고 있다.

현행 정보통신 법제를 효과적으로 개선하기 위해서는 정보통신 기술의 특성을 고려하여 관련 입법을 체계적으로 분류하는 일이 선행해야 한다. 그러나 정보통신 법제에 관한 표준적 분류 방식은 존재하지는 않는다. 물론 이러한 체계적 분류의 기준을 마련하기란 그리 쉬운 일이 아니다. 그 이유는 애초 정보통신 관련 법(령)들이 모종의 기준하에 제정된 것이 아니라, 제정 시점에서 요구되는 부처별 정책 목표(예를 들어, 인터넷 진흥, 위치 정보 활성화 등)을 즉자적으로 반영해왔기 때문이다. 국가적 차원에서 정보통신 분야의 발전을 진흥·촉진하기 위한 정책적 입법이 분야별로 남발되어왔다. 즉, 정책적 입법 증대 경향은 한국 정보통신 법체계의 특징이자, 문제의 원인 중 하나라고 할 수 있다.

입법학적 관점에서 보자면, 위와 같은 법률 체계의 형성은 관련 법률이나 규정을 제정하는 데서 관련 법규범간의 상호관계는 물론이고, 아래에서 언급하는 바와 같은 입법 영향에 대한 면밀한 분석이나 의견 수렴(입법 평가 또는 입법 영향평가)이 존재하지 않았다는 점에 중요한 원인이 있다. 그 결과 한국에서 이러한 임시방편적 입법은 일반적으로 두 가지 방향으로 전개되고 있다. 하나는 기존의 법령들을 현실에서의 즉각적인 필요에 따라 별다른 심사숙고 없이 제·개정하는 경향이며, 다른 하나는 외국의 선진 입법 사례를 우리의 현 상황을 고려하지 않은 채로 무작정 수입하는 경향이었다.

결과적으로 정보통신 법체계의 복잡성 증대와 법(령) 간 간섭이 증가하면서, 실제 규제 집행상의 혼선은 물론이고, 법의 적용을 받는 수범자(受範者)들의 입장에서는 규제에 대한 예측 가능성 및 규범 수용성이 저하되는 상황이 발생하고 있다. 따라서 정보통신 법제를 총체적·전반적으로 개선하는 일을 지금부터라도 체계적으로 수행할 필요성이 있다. 이러한 법체계 개선 작업은, 4차 산업혁명으로 인한 본격적인 변화의 소용돌이가 몰아치기 이전 사전 대응 작업의 일환으로, 정보통신 기술이 구가하고 있는 혁신성을 제약하는 것이기보다는 오히려 그러한 혁신의 원동력인 자율성과 예측 가능성을 제공해줄 수 있어야 한다.

상시적 영향평가와 이해관계 조율의 제도적 기반 구축[24]

4차 산업혁명이라는 용어가 최근 국가적 측면에서 주목받고 있는 가장 큰 이유는, 어쩌면 과거 IT 기술의 발전이 그러했던 것처럼 인공지능을 비롯한 신기술의 발전이 국가 경쟁력과 산업 발전에 절대적인 전환점을 제공해줄 것이라는 믿음일 수도 있다. 그러나 더욱 근원적으로 들어가 보면 현재 4차 산업혁명을 추동하는 신기술들은 국가 및 사회의 구조적 변화에 직접적인 영향력을 미칠 가능성이 높은 것들이다. 따라서 이러한 기술 환경과 사회 혁신에 대응하기 위해서는 전통적인 정책적·규범적 담론 절차를 혁신하는 데서부터 시작해야 할 필요성이 있다.

앞서 법규범적 대안 구성 및 논의에서의 난점들을 간략하게 정리하면서 살펴본 바와 같이, 인공지능 등 신기술의 국가·사회적 유입 및 보편화는 기존의 법규범 패러다임 자체는 변화시킬 가능성이 높다. 그러나 분명한 것은 그러한 변화가 언제 그리고 어떠한 방식으로 현실화될 것인지에 대해서는 그 누구도 분명하게 제시하기는 힘들다는 점이다. 상황이 이러하다면, 현재 법규범적 논의에 중요한 것은 변화하는 상황에 관한 면밀한 분석과 추적, 이를 통해 향후 상황을 예측는 지속적인 노력, 그리고 이에 기반한 사회적 타협과 협력이다. 어쩌면 이러한 주장은 매우 식상한 것일 수 있지만, 현재 한국에서의 4차 산업혁명 담론과 국가 정책적인 논의 상황을 상정해본다면, 그다지 당연하지 않다는 사실을 인식할 수 있다.

EU와 미국의 대응 동향에서 살펴본 바와 같이, 주요 국가들은 급격하게 전개된 변화에 윤리적·규범적으로 대응하기 위한 영향평가 및 분석 작업에 집중하고 있다. 이러한 영향평가 등의 작업은 현황과 규범 체계의 면밀한 분석은 물론이고, 다양한 이해관계자들로부터의 지속적이고 공개적인 의견 수렴(consultation)을 바탕으로 한다.

반면 한국은 거의 매년 아직 면밀한 평가와 분석도 거치지 않은 종합대책들을 남발하고 있는 상황이다.[25] 물론 이는 일반 국민에게 국가의 정책적 지향점을 명확하게 천명한다는 측면에서 의미가 전혀 없는 것은 아니지만, 구체적인 분석과 대안이 전제되지 않은 지속적 대책 제시는 오히려 정책 수신자인 국민의 피로감만 가중시킬 가능성이 높다.

한국의 행정부와 입법부에서 지능정보사회, 4차 산업혁명, 인공지능 등과 관련한 법률안들이 지속적으로 발의되고는 있지만, 기존 법령 및 체계와의 조화 가능성을 고려하지 못한 상태에서 추가적인 산업 진흥에 초점을 둔 법안들이 양산되고 있는 형편이다.[26] 이 또한 진지한 평가 및 분석에 기반한 입법 대안이라고 보기 힘든 측면이 있다. 미완의 법률안이 남발되는 것은 입법 논의를 활성화하는 면도 없지 않으나, 종국에서는 입법 논의 지형을 어지럽히는 결과를 발생시킬 수 있다는 점에 유의해야 한다.

한국도 다른 주요 국가들과 유사한 법안 등의 검토(영향평가) 절차와 이해관계자 의견 수렴 절차(사회적 합의 절차)가 형식적으로나마 일부 존재한다. 그러나 한국에서 이러한 절차는 도출된 정책이나 법규범적 대안을 정당화하기 위한 부수적 절차로서 의미만을 가질 뿐이다. 장밋빛 미래에 관한 전망을 제시하기에 앞서, 현실적·구체적인 전망과 이에 관한 사회적 공감대를 구축할 수 있는 절차를 마련하는 것이 현재로서는 가장 중요한 대응 방안 중 하나라고 할 수 있다.

주

1 4차산업혁명위원회 설립의 법적 근거는 법률이 아닌 「4차산업혁명위원회의 설치 및 운영에 관한 규정」(대통령령)이다.

2 이러한 관점을 명시적으로 표명하고 있는 대표적인 저술로는 로베르토 웅거(Roberto Unger), 『근대사회에서의 법』, 김정오 옮김(삼영사, 1994) 참조.

3 심우민, 「이행기 IT법학의 구조와 쟁점: 가상현실과 인공지능의 영향을 중심으로」, ≪언론과 법≫, 제15권 제1호(2016), 185쪽 이하 참조.

4 알고리즘 기반 규제에 관한 기초적인 설명은 심우민, 「인공지능의 발전과 알고리즘의 규제적 속성」, ≪법과 사회≫, 제53호(2016), 54쪽 이하 참조.

5 A. Aneesh, *Virtual Migration: The Programming of Globalization*(Duke University Press, 2006).

6 이러한 기계적 알고리즘의 문제는 현재도 빈번하게 발생하고 있다. 포털 사이트의 검색 결과 및 순위, 기사 배열 등은 일정 부분 기계적 알고리즘에 근거한다고 설명되는데, 이는 기계적 판단의 결과가 인간의 사고방식까지 규율하게 될 가능성을 보여주는 초기 사례 중 하나라고 할 수 있다.

7 Erica Palmerini et al., "D6.2 Guidelines on Regulating Robotics"(2014.9.22). EU의 로보법 프로젝트는 로보틱스의 윤리적·법률적 이슈 검토를 통해 새로운 규범 체계를 정립하고자 하는 연구 목표하에 이탈리아, 네덜란드, 영국, 독일 등 4개국 4개 연구소가 참여했고, 그 세부적인 내용으로는 자율주행 자동차, 수술 로봇, 로봇인공기관, 돌봄 로봇 등 네 가지 로봇 기술의 윤리적·법률적 분석을 통해 로봇 규제 정책의 근거를 제시했다.

8 European Parliament resolution of 16 February 2017 with recommendations to the Commission on Civil Law Rules on Robotics (2015/2103(INL)).

9 Federal Trade Commission, "Big Data: A Tool for Inclusion or Exclusion?"(2016.1).

10 Executive Office of the President, "Big Data: A Report on Algorithmic Systems, Opportunity, and Civil Rights"(2016.5).

11 National Science and Technology Council, "Preparing for the Future of Artificial Intelligence"(2016.10.12).

12 같은 글.

13 Executive Office of President, "Artificial Intelligence, Automation, and the Economy"(2016.12).

14 관계 부처 합동, 「혁신성장을 위한 사람 중심의 4차 산업혁명 대응계획」(2017.11).

15 4차 산업혁명에 대응하기 위한 산업 진흥은 물론 중요하다. 그러나 이 글의 목적상 법규범적 논의에 더욱 집중하기 위해 4차산업혁명위원회의 대응 계획에 관한 논의는 생략하기로 한다.

16 미래창조과학부, 「(보도자료) 지능정보 대한민국, 밑그림 그린다!」(2016.4.28).

17 관계 부처 합동, 「제4차 산업혁명에 대응한 지능정보사회 중장기 종합대책」(2016.12), 2쪽.

18 이러한 절차주의적 법에 관한 비교적 최근의 논의에 대해서는 양천수, 「새로운 법진화론의 가능성」, ≪법철학연구≫, 제15권 제2호(2012), 179쪽 이하 참조.

19 로베르토 웅거, 『근대사회에서의 법』, 252쪽.

20 같은 책, 281~286쪽.

21 노넷-셀즈닉의 법진화론에 관한 설명으로는 양건, 『법사회학』(아르케, 2004), 237~242쪽; 양천수, 「새로운 법진화론의 가능성」, 177~179쪽 참조.

22 Philippe Nonet and Philip Selznick, Law and Society in Transition: Toward Responsive Law (Harper & Row, 1978). 이 책의 국문 번역본은 정동호·신영호 옮김, 『법과 사회변동』(나남, 1986)이 있다.

23 이에 관한 더 구체화된 설명으로는 심우민, 「인공지능과 법패러다임 변화 가능성: 입법실무 거버넌스에 대한 영향과 대응 과제를 중심으로」, ≪법과 사회≫, 제56호(2017) 참조.

24 심우민, 「새로운 법규범의 정립과 접근 방향 모색」, ≪Future Horizon≫, 제35호(2018) 참조.

25 관계 부처 합동, 「제4차 산업혁명에 대응한 지능정보사회 중장기 종합대책」(2016.12); 4차산업혁명위원회, 「혁신성장을 위한 사람 중심의 4차 산업혁명 대응계획」(2017.11).

26 대표적으로 국회에서는 지능정보사회 및 4차 산업혁명과 관련하여 지속적으로 법률안들이 발의되고 있다. 원유철 의원 대표발의, 「국가정보화 기본법 일부개정법률안」(의안번호: 2004436, 2016.12.16); 강효상 의원 대표발의, 「지능정보사회 기본법안」(의안번호: 2005749, 2017.2.23); 정세균 의원 대표발의, 「디지털기반 산업 기본법안」(의안번호: 2006030, 2017.3.7); 최연혜 의원 대표발의, 「제4차 산업혁명 촉진 기본법안」(의안번호: 2006507, 2017.3.30); 박정 의원 대표발의, 「지능형 로봇 개발 및 보급 촉진법 일부개정법률안」(의안번호: 2007367, 2017.6.13); 박영선 의원 대표발의, 「로봇기본법안」(의안번호: 2008068, 2017.7.19).

6장

무역과 금융의 변화

조회순
이수경*

* 연세대학교 일반대학원 정치학과 석사과정 재학

* 이 글은 2016년 정부의 재원으로 한국연구재단의 지원을 받아 수행된 연구임 (NRF-2016S1A3A2925033).

네트워크 사회의 세계경제

전자상거래, 비트코인 같이 기존 사회에 존재하지 않던 새로운 형태의 무역과 화폐가 발달하고 있다. 시간과 공간을 초월한 인터넷 아키텍처 기반으로 발달해온 가상의 공간은 4차 산업혁명 시대에 더욱 획기적으로 변화할 것이다. 인공지능과 빅데이터 기술의 발달은 인류가 상상하지 못했던 패러다임 전환을 예고한다. 세계 정치경제 질서에서 주도권을 확보하기 위한 국가와 기업의 경쟁은 한층 가속화되고 있으며, 프라이버시 침해, 해킹과 같이 국제적 대비책이 필요한 새로운 이슈가 증가하고 있다. 인간의 경제활동이 이루어지는 물리적 공간과 사이버 공간이 더욱 유기적으로 연결될 4차 산업혁명 시대에 상품과 화폐의 공급을 위한 신뢰는 누가 보장하고 관리할 것인가? 근대국가가 무역과 금융 분야의 글로벌 거버넌스를 위해 발달시켜온 제도는 4차 산업혁명 시대에도 시장의 안정성과 효율성을 보장할 수 있을 것인가?

4차 산업혁명으로 야기될 변화의 핵심에는 물리적으로 실재하는 세계와 가상의 세계를 연결하는 이른바 사이버 물리 시스템(cyber-physical system: CPS)이 자리하고 있다. 사이버 물리 시스템은 사람과 사물, 데이터가 서로 연결되어 새로운 가치를 창출해내는 초연결 사회를 생성하는 기반이다. 인공지능(AI), 사물인터넷(IoT) 기술과 같은 사이버 물리 시스템은 제조업 분야의 생산 공정이나 방대한 양의 데이터 처리 과정에 획기적 변화를 가져오고 새로운 산업과 금융을 발전시킨다. 블록체인 기술의 발달 역시 물리적인 중간매개체를 통한 거래가 아니라 초국가적 네트워크를 통해 연결되는 신금융 산업을 발전시키고 있다. 이러한 이유로 클라우스 슈밥(Klaus Schwab) 세계경제포럼 회장은 2017년에 발간된 저서 『제4차 산업혁명(The Fourth Industrial Revolution)』에서 기술 발전이 세계경제의 생산성을 증진시켜줄 것이라 주장하고 있다.[1]

그러나 4차 산업혁명은 단순히 세계경제의 발전을 의미하지는 않는다. 정보와 지식, 기술이 거의 모든 생산, 유통, 소비에서 핵심적인 역할을 하는 미래 사회는 그동안 축적되어온 무역·금융 절차와 제도의 변화를 요구한다. 지식의 거래를 둘러싸고 벌어지는 국가와 기업의 갈등구조는 새로운 이익을 창출하기 위한 주도권 경쟁을 가속화하고 있다.[2] 산업혁명이 그러했던 것처럼 새로운 기술은 기존의 생산 체계와 부의 창출 방식의 변화를 의미한다. 인공지능이 인간이 수행해오던 노동을 대체하면서 일자리를 잃은 개인에게 4차 산업혁명은 부의 불평등 분배를 의미한다.

사이버 물리 시스템의 발달로 가상세계와 현실세계의 구분이 더욱 모호해지면서 국가 간의 협력이 필요한 문제는 더욱 증가할 것이다. 무역의 경우, 디지털 상품에 관한 과세(taxation) 문제에 대해 각 국가의 입장이 상이하고 이를 조정해야 하는 상황이다. 인공지능과 빅데이터 관련 기술을 통해 창작물이 생산되는 경우, 이러한 창작물의 지식재산권은 누구에게 귀속되어야 하는지 국가와 개인이 서로 다른 입장을 견지하고 있다. 핀테크의 발달로 소위 금융혁명이 일어나고 있지만 이러한 변화에 대해 정부가 어떤 방식으로 대응해나가야 할지 의견이 분분한 시점이다. 급격한 변화 속에서 각 국가의 정부는 초국가적 연결성이 극대화된 네트워크 사회에 대한 예측의 한계로 인해 적절한 대응책을 마련하는 데 난항을 겪고 있다.

이 글은 4차 산업혁명이 야기한 세계경제의 변화에 대해 무역과 금융 분야를 중심으로 논의하는 데 목적을 두고 있다. 앞으로 소개할 네 가지 주제, 리쇼어링(reshoring), 지식재산권, 핀테크, 암호화폐는 4차 산업혁명으로 주목받고 있는 주요 정치경제 이슈들이다. 4차 산업혁명이 세계경제, 특히 무역과 금융 분야에 일으키고 있는 주요 변화들을 살펴보고, 이를 둘러싼 이해관계와 갈등의 구조를 검토한 후, 기술 발전의 변화 속에 국제사회가 모색해나가야 할 글로벌 거버넌스를 전망해보고자 한다.

4차 산업혁명과 무역·금융 변화

4차 산업혁명 기술의 발달로 큰 변화를 맞이하고 있는 분야 중 하나는 제조업이다. 산업혁명 이후 제조업 분야에서 세계적인 경쟁력을 얻은 국가들은 풍부하고 비교적 저렴한 노동인력을 보유해온 국가들이었지만, 생산설비와 제품이 지능화되는 4차 산업혁명 시대에도 그 비교우위가 유지되기는 어려울 전망이다. 따라서 제조업을 통해 선진국으로 부상한 독일, 일본, 미국 등은 기술에 편승해 제조 산업과 무역을 더욱 발전시키려는 국가 전략을 수립하고 있다.

예를 들어 독일은 제조공정을 혁신해 무역의 경쟁력을 확보하려는 소위 '인더스트리 4.0(Industry 4.0)'을 추진하고 있다. 독일 정부는 인더스트리 4.0 프로젝트를 위해 폭스바겐, BMW, 벤츠와 같은 대기업, 지멘스, 보쉬 같은 중소기업이 함께 참여하는 스마트 공장 협의회를 출범시켰다. 일본은 2013년 일본재흥전략(JAPAN is BACK, 日本再興戰略)의 실천 계획으로 '일본산업재흥계획'을 발표한 이후 미쓰비시, 도요타, 파나소닉 등 기업이 주도하는 '이팩토리 얼라이언스(e-F@ctory Alliance)', '로봇 혁명 이니셔티브(Robot Revolution Initiative)' 등을 출범시켰다. 미국 역시 2012년 국가 첨단제조 전략계획(National Strategic Plan for Advanced Manufacturing)이 추진된 이래 GM(General Motors)사의 주도로 제조업 분야의 첨단화 경쟁 반열에 참여하고 있다. 중국도 산업고도화 전략 '중국제조 2025(中國制造 2025, Made in China 2025)'를 발표하고 제조업 기술 고도화 경쟁에 적극적으로 참여하고 있다.

각 국가들이 제조업의 기술혁신에 주목하는 이유는 제조업의 기술

혁신이 글로벌 무역에서 비교우위를 확보하는 방법이기 때문이다. 선진국은 기술혁신을 통해 자국 내 제조업을 부흥시키고 무역 상대국과의 교역에서 발생한 무역 적자폭을 줄이는 데 집중해왔다. 특히 미국은 트럼프 행정부 이후 외국에서 생산된 수입품목에 고율의 관세를 부과하거나 세이프가드를 발효하는 보호무역 조치와 함께 자국 기업의 제조와 수출을 지원하기 위한 정책을 추진하고 있다. 이러한 과정에서 저임금을 바탕으로 국제무역의 혜택을 누리고자 의도해온 저개발국들은 선진국의 기술혁신과 보호무역으로 인해 많은 어려움에 처할 것이다. 국제무역에서 발생하는 다양한 문제를 해결하기 위해서는 국가와 기업의 이해관계와 게임규칙을 협의하고 조정할 국제제도와 협약이 필요하다.

새로이 등장한 기술 가운데 인터넷을 기반으로 하여 사람, 사물, 데이터, 프로세스의 관계를 연결하는 사물인터넷(Internet of Things: IoT)은 제조업과 무역뿐만 아니라 금융 등 경제 산업 전반에 영향을 미치고 있다. 사물인터넷은 네트워크의 활용도가 극대화된 초연결사회의 도래를 의미한다. 예를 들어 전자회사와 은행이 사물인터넷 기술을 활용한다면 소비자가 냉장고의 터치스크린을 통해 실시간으로 자신의 금융 상황을 확인할 수 있다. 사물인터넷에 기반을 두고 더욱 편리하고 효율적인 서비스가 가능해지고 있는 상황에서 소비자들이 이러한 서비스에 대해 적극적인 선호를 보인다면 기업의 이익은 극대화될 수 있을 것이다.

웹을 통한 정보의 개방과 공유는 무역과 금융시장에서 소비자와 서비스 이용자들을 능동적인 정보의 생산자로 변모시킨다. 금융 거래나 쇼핑을 위해 인터넷 사이트를 클릭하거나 위치 파악을 위해 필요 정보를 제공할 때 얻어지는 데이터는 미래 사업 전략을 위한 정보와 거래의 원천이 된다. 한 사회에서 다양한 계기를 통해 생산되는 비정형 데이터들을 분석하고 새로운 정보를 획득할 수 있다면 사회와 경제 발전을 위한 토대를 마련할 수 있을 것이다. 텍스트 마이닝(text mining), 오피니언 마이닝(opinion mining), 소셜 네트워크 분석과 같은 다양한 빅데이터 분석 방법은 한 사회나 국가가 보유한 정보의 경제적 가치를 높일 수 있다.

리쇼어링, 저임금 세계생산체제의 변화

인공지능, 사물인터넷 기술이 생산 공정을 획기적으로 변화시키면서 싼 노동력을 찾아 개발도상국으로 떠났던 기업들이 모국으로 회귀하는 이른바 리쇼어링(reshoring) 현상이 가속화될 것으로 예견되고 있다. 리쇼어링은 기업들이 저렴한 노동시장을 찾아 해외로 생산 공장을 이전하던 오프쇼어링(off-shoring)에 반대되는 현상이다. 기술의 발달로 생산공정 가운데 인간의 개입이 필요한 업무들이 줄어들면서 인건비 절감이 가능해지고, 따라서 해외에 공장을 두고 있던 기업들이 본국으로 회귀할 가능성이 증가하고 있다. 이러한 현상은 단순한 슬로건에 머물지 않고 선진국들의 자국 산업 보호와 고용 창출이라는 정치적 목표와 맞물리면서 현실화되고 있다. 미국의 경우 오바마 행정부가 추진한 전략적 리쇼어링 정책으로 2010년부터 2016년에 걸쳐

〈표 6-1〉 2015년 기준 국가별 리쇼어링 건수

		본국(Home)					
		미국	독일	이탈리아	프랑스	영국	전체
해외 생산지 (Host)	중국	130	8	28	12	30	208
	아시아	22	6	12	3	1	44
	동유럽	1	10	22	5	3	41
	서유럽	5	9	13	1	1	29
	중남미	11	5	1			17
	기타	6	1	3	2	2	14
	전체	175	39	79	23	37	353

자료: 감덕식, 「선진국의 리쇼어링 아직은 탐색단계」(서울: LG경제연구원).

2232개의 해외 공장이 미국으로 회귀했고, 이를 통해 34만 개의 일자리가 창출되었다. 일본 역시 15년간 724개 기업이 본국으로 회귀했는데, 리쇼어링 기조에 가담한 대표적인 기업으로는 도요타, 닛산, 시세이도 등이 있다.

현재 국제사회에서 리쇼어링 정책을 가장 공격적으로 추진하고 있는 국가는 미국이다. 미국은 전체 산업 구조 가운데 1차 산업의 비중이 5% 이내, 2차 산업의 비중이 15% 이내에 불과한 선진국형 산업 구조를 갖고 있으며 3차 산업의 비중은 80~90%를 차지한다. 애플, 마이크로소프트 등 미국 경제를 견인하는 대표적인 기업들은 저렴한 노동력을 찾아 해외에 제조 공장을 두고 있는 다국적기업이다. 그런데 2008년 금융위기 이후 급격히 악화된 거시경제와 국내 실업에 직면해서 미국 정부는 일자리 창출이라는 정치적 목적을 달성하기 위해 미국 본토를 기업의 생산기지화하기 위한 정책적 수단을 강화하고 있다.

트럼프 대통령도 '미국 우선주의(America First)'를 표방하는 슬로건을 내세우며, 세제 개혁안을 통해 무역 분야의 리쇼어링 정책을 더욱 강화하고 있다. 세제 개혁은 자국 내 제조업 및 수출 기업들의 경쟁력을 증진시키기 위한 대표적인 정책 수단으로 2017년 12월 미 상원을 통과하면서 현실화되었다. 감세안이 통과되자 최고 35%에 달하던 법인세율은 21%로 줄어들고 해외 수익 과세 비율이 15.5% 이하로 줄었다. 세제 개혁의 영향으로 해외에 생산기지를 가지고 있던 미국 기업들은 공장의 본국 이전을 추진하고 있다. 실제로 미국 정부의 세제 혜택과 규제 완화 유인에 가장 먼저 화답한 기업은 시가총액 순위에서 1위를 차지하고 있는 애플로, 해외 보유 자금과 공장들을 미국으로 이전하고 있다. 애플은 향후 5년간 미국 경제에 355억 달러(약 374조 원)를 기여하겠다고 밝혔다.

리쇼어링은 다국적기업이 싼 노동인력을 찾아 저개발국가로 이동해왔던 전통적인 산업 모델의 변화를 의미한다. 4차 산업혁명의 기술 변화는 이러한 선진국의 기술 제약 및 인건비 조건을 완화시키면서 리쇼어링 전략의 확산을 가속화시키고 있다. 선진국의 리쇼어링 정책으로 가장 큰 타격을 입는 것은 오프쇼어링의 환경 속에 공장 부지와 노동력을 제공했던 개발도상국과 저개발국가들이다. 이제 저개발국가들은 다국적기업을 유치해 자국 국민의 고용을 창출하고 선진기업으로부터 기술을 습득해 선진국과 같은 경제 발전을 도모한다는 전략을 실행하는 데 한계가 있다. 미국 기업의 해외 공장들이 4차 산업혁명의 기술혁신, 미국 정부의 전략적 리쇼어링 정책에 힘입어 본국으로의 회귀를 시작하면서 중국, 베트남, 인도네시아 등 저개발 국가들은 실업난, 빈부격차, 선진 기술 기회 박탈 등의 문제에 직면하고 있다.

최근 한국 사회에서 쟁점이 되었던 제너럴 모터스(GM)사의 군산공장 폐쇄 사건은 리쇼어링 정책으로 인한 국가 간 갈등구조를 단적으로 드러낸 사례이다. GM사는 연간 5000억 원의 생산비용을 절감하게 되었으나, 해당 사건으로 정치적 반발에 부딪힌 한국 정부는 군산을 고용위기 지역과 산업위기 대응 특별 지역으로 지정하는 등 정부 대책을 마련해야 하는 입장이다. 한국의 경우 여타의 저개발 국가들과 달리 제조업 공장부지의 상당수가 중국, 동남아시아 등 주변 국가로 이전되었고 선진국에 가까운 산업구조를 가지고 있음에도 불구하고 미국의 리쇼어링 정책은 큰 반향을 불러일으켰다. 한국보다 국가경제 운용에 있어 제조업의 비중이 높고 선진국의 오프쇼어링 정책에 상당부분 의존해온 저개발 국가들은 다가올 위기 상황에 대해 어떻게 대응해나갈 것인지 전략 마련이 필요하다.

지식재산권 강화와 무역의 미래

미래 사회는 지식이 하나의 상품으로 유통되는 사회의 도래를 의미한다. 자본주의 이윤 창출 원리는 지식의 가치가 더욱 증가하는 4차 산업혁명 시대를 맞이하며 지식재산에 대한 기업과 국가의 관심을 더욱 강화할 것이다. 4차 산업혁명 시대에 기업의 이윤 창출은 특허나 브랜드의 형태로 표현되는 지식을 통해 이루어지며, 비생산적 활동을 통해 창출되는 무형의 지식과 정보를 통해 극대화될 것이다. 새로운 기술의 등장과 변화는 어떤 지식이 생산되고, 어떤 수단과 표현을 통해 사용되느냐를 결정하는 지식구조(knowledge structure)의 변화를 의미한다.[3] 지식구조에 강력한 영향력을 가지거나 그것을 결정할 수 있는 기업 혹은 국가는 산업사회를 통해 부를 축적해온 미국, 영국, 일본, 독일처럼 미래 사회의 패권을 가지게 될 것이다.

2016년 알파고가 보여준 인공지능의 위력과 가능성은 그 수준이 인간과 유사하거나 이미 인간을 능가하고 있다는 점을 증명했다. 인공지능 기반 로봇이 만든 작업물, 그린 그림, 써낸 문장 등 창작물이 세상의 빛을 보기 시작하면서 4차 산업혁명 시대의 기술 변화를 지식재산권이라는 제도권의 영역으로 어떻게 편입시킬지는 국제사회의 새로운 고민이다. 최근에는 아파치 하둡(Apache Hadoop)을 기점으로 카프카(Kafka), 스톰(Storm), 스파크(Spark) 등 빅데이터를 처리할 수 있는 기술들이 대거 개발되면서 지식재산권의 개념과 범주가 더욱 확장되고 있다. 2017년 12월 유럽특허청(European Patent Office: EPO)과 독일 한델스블라트 연구소(Handelsblatt Research Institute)가 '특허권과 4차 산업혁명(Patents and the Fourth Industrial Revolution)'을 주제로 작성한 보고서에 따르면, 전 세계 특허 출원 건수 가운데 4차 산업혁명 관련 기술의 특허 출원이 급증하고 있다. 특허권이나 저작권의 형태로 강화되고 있는 지식재산권은 상업적으로 이용되는 모든 지식, 정보, 기술 소유에 대한 권리를 일컫는다.[4] 2011년 애플이 자사의 디자인권과 기술 특허를 침해했다며 삼성전자를 상대로 제기한 특허 소송은 미래 사회의 지식재산권 관련 갈등의 가능성을 잘 보여주고 있다. 지식재산권이 가지는 부의 창출 가능성으로 인해 미래에는 지식재산권을 둘러싼 갈등과 분쟁이 더욱 격화될 것이다.

4차 산업혁명 시대에는 딥러닝(deep learning)과 기계학습(machine learning)을 포괄하는 인공지능의 발달로 빅데이터 처리 기술이 더욱 발전할 것이다. 유럽특허청은 「특허권과 4차 산업혁명 보고서」에서 사물인터넷, 웨어러블 센서(wearable sensor), 스마트 헬스 케어(smart health care) 등 4차 산업혁명 기술들이 발전하고 있는데 이러한 기술 발전에는 빅데이터 처리 기술이 주요하게 적용되고 있다고 분석하고 있다.[5] 인공지능 기술이 탑재된 기계는 주변 환경과 상호작용하며 입력된 작업을 수행하는데, 사물인터넷, 웨어러블 센서, 스마트 헬스 케어는 모두 인공지능 기술의 기반이 되거나 이를 응용한 사례에 해당한다. 인공지능 기술과 빅데이터 처리는 기술의 습득 과정에서 많은 자본과 지식자산의 투입을 요구한다. 따라서 이러한 기술은 대기업과 고급 기술 인력을 확보하고 있는 기존 선진국을 중심으로 발달하고 있다. 2011년에서 2016년 사이 유럽특허청에 제출된 4차 산업혁명 관련 특허 가운데 삼성이 1634건으로 1위를, LG가 1125건으로 2위를 차지했으며 일본의 소니, 핀란드의 노키아, 중국의 화웨이, 미국의 퀄컴이 뒤를 잇고 있다.[6]

지식재산권의 강화는 기업과 국가, 소비자들의 다양한 이해관계와 권력관계를 반영하며 진전하고 있다. 근본적으로는 '무엇을 그리고 어떤 범주까지 지식재산권으로 규정해야 하는가?' 하는 질문에서부터, '지식재산권을 침해한 이들을 어떻게 처벌해야 하는가?'라는 문제까지 국제적 협의를 통해 지식재산권을 강화하는 제도가 마련되어왔다. 지식재산권의 보장과 국제적 분쟁의 조정은 1974년 UN 산하에 설립된 세계지식재산권기구(World Intellectual Property Organization: WIPO)와 1995년 WTO 산하에 설립된 지식재산권협정(Trade Related Intellectual Property Rights: TRIPS)을 통해 모색되어왔다.[7] 정보사회의 지식재산권은 한 국가가 자국의 시장 내에서 배타적 주권을 행사하는 것이 아니라 다른 국가 혹은 기업과 협력이 있을 때 보장받을 수 있다. 20세기 GATT 체제가 산업사회의 경제력 게임을 관리하기 위한 것이었다면, TRIPS는 구속력 있는 국제제도를 통해 지적재산권을 강화하고 다자적 자유무역체제를 통해 선진국의 경제력 게임을 관리하려는 의도에서 출범했다.[8] 새로이 등장하는 지식재산의 소유와 구조 결정권이 각 국가의 지식패권으로 직결될 4차 산업혁명 시대의 국가와 기업은 지식재산권을 법제화하고 그 실행을 감시하는 제도적 장치들을 마련하는 데 적극적으로 나서고 있다.

국제기구 내에서도 지식재산권을 둘러싼 선진국과 저개발국의 이해관계는 첨예한 대립을 나타내고 있다. 일반적으로 기술적 우위에 있는 선진국들은 자국 기업에 유리한 지식재산권을 강화하고자 하며, 기술적 열위에 있어 글로벌 IT 기업과 제약 기업의 상품을 구매하는 저개발국들은 지식재산권의 강화에 반대하는 입장이다. 자본과 인적 자원이 풍부한 선진국은 자국 기업의 세계적 경쟁력을 위해 지식재산권 보호에 관한 법률을 제도화하고 그 이행 여부를 엄격하게 조사하고 있다. 선진국은 WIPO, TRIPS와 같은 다자주의 국제기구를 통해 지적재산권 강화를 모색해왔는데, 최근에는 다자적 국제협정을 우회해 국내법이나 양자적 FTA를 통해서도 지식재산권을 강화하고 있다. 실제로 2017년 8월 트럼프 행정부는 중국의 지식재산권 위반 문제를 무역법 182조에 따라 중요하게 다룰 것이라고 주장하면서 조사 개시를 선언한 바 있다. 무역법 182조는 자유롭고 공평한 무역질서를 강조해온 WTO와 WTO 산하의 TRIPS 출범 이후 거의 사문화되었으나 최근 미국은 지식재산권 보호 및 무역 보복 조치를 실현하는 데 주요 근거로 182조를 언급하고 있다.

기술과 지식이 미래 사회의 경쟁력을 결정하는 강력한 요인이 되면서 지식재산권을 확보하고 강화하기 위한 선진국들의 다양한 전략이 모색되고 있다. 4차 산업혁명의 기술 변화를 지식재산권 관련 법 개정에 적용한 대표적인 국가들은 미국, 일본 등 선진국이다. 미국은 특히 2012년 '빅데이터 연구개발 이니셔티브(Big Data Research and Development Initiative)'를 추진하며 새로운 기술의 사회적 활용 방안을 고안하기 시작했고, 2년이 지난 2014년 연구보고서 「빅데이터: 기회 포착과 가치 보호(Big Data: Seizing Opportunities, Preserving Values)」를 발표하여 자국의 빅데이터 관련 정책에 대한 여론을 수렴했다. 아베 신조 총리를 본부장으로 둔 일본 지적재산전략본부는 기업들이 축적한 자동차 주행 기록, 휴대전화 위치 정보 등 빅데이터를 지식재산권으로 인정하여 보호할 것임을 밝히고 있다. 2017년에는 아베 신조 총리를 의장으로 둔 미래투자회의에서 '미래투자전략 2017(未來投資戰略 2017)'을 발표하고 4차 산업혁명에 관한 지식재산 시스템 구축, 지식재산의 잠재력을 활용한 지역 혁신, 데이터 활용 계약 지침 마련, 데이터 부정

〈표 6-2〉 국가별 주요 혁신 및 지식재산권 전략

구분	중국	일본	미국	독일
혁신 전략	· 제조 2025 · 인터넷 플러스	· 미래투자전략 2017	· 첨단제조업파트너십(AMP)	· 인더스트리 4.0
지식재산권 전략	· 핵심 기술 지식재산권 창출 및 표준화 연계	· 데이터·인공지능 활용 촉진 · 지식재산권 시스템 구축	· 지식재산권 보호 강화	· 지식재산권 보호 강화 및 국제표준화 주도

자료: 김범태, 「2017년 지식재산 10대 이슈」(서울: 한국지식재산연구원, 2017).

이용 방지 등을 계획했다.

선진 국가들은 지식의 창출을 선점하여 지식의 확산과 활용 과정을 독점하기 위한 경쟁에 적극적이다. 이들은 경쟁적으로 지식자산 연구개발을 지원하고, 특허와 상표권을 경쟁적으로 강화하고 있다. TRIPS와 같은 다자적 지식재산권 관리와 분쟁 해결 제도 역시 패권국가들의 이해관계를 반영하며 그 질서가 마련되고 있다. 이러한 지식의 상품화와 지나친 지식재산의 강화는 기술과 정보를 가진 기업과 국가의 이익을 확보해주겠지만 국제사회 전체의 복지를 위해 바람직한 것인지 생각해볼 필요가 있다. 지식재산 강화 과정에서 이러한 재산을 확보하지 못한 저개발국 혹은 개발도상국들은 새로운 무역경쟁에서 승리하지 못하고 더욱 악화된 저발전을 경험할 수 있다. 지식과 자본의 힘이 더욱 극대화될 미래에 지나친 지식재산권 강화가 인류의 평화와 복지를 위해 바람직한지, 어느 정도의 지식재산권을 인정하는 것이 창작의 욕구를 해치지 않으면서 평화를 위한 글로벌 질서를 실현할 수 있을지 심도 있는 논의가 필요하다.

핀테크의 등장과 금융의 미래

비트코인(bitcoin), 블록체인(blockchain)에서부터 핀테크(fintech), 로보어드바이저(robo-advisor)에 이르기까지 국제금융 시장은 4차 산업혁명으로 인한 변화를 가장 빠르게 경험하고 있다. 금융 산업은 전통적으로 국가의 규제가 강하게 작용하는 분야 가운데 하나였으나, 각종 IT 기술과 이를 금융 분야에 응용한 핀테크의 발달로 금융 산업에 대해 국가가 갖고 있던 독점적 권한이 약화되고 있는 추세다.

구글, 페이스북, 조파, 빗썸 등 지난 몇 년간 주목받아온 플랫폼 기업과 금융 기업의 공통점은 핀테크와 연관이 깊은 기업이라는 점이다. 핀테크는 파이낸셜 테크놀로지(financial technology)의 준말로, IT 기술로 도래한 금융 산업의 광범위한 변화를 일컫는다. 핀테크는 우리가 흔히 알고 있는 예금, 송금, 대출, 결제 등 금융기관의 역할을 대체하거나 변화시키기 시작하면서 금융 생태계에 주요한 영향을 미치고 있다.

영국의 핀테크 전문가 크리스 스키너(Chris Skinner)는 핀테크 기업의 범주를 래퍼(wrapper), 리플레이서(replacer), 리포머(reformer)의 세 가지로 분류하고 있다.[9] 앞서 언급한 구글과 페이스북은 래퍼, 조파는 리플레이서, 빗썸은 리포머에 해당한다. 래퍼는 이전부터 존재하던 금융기관들의 기능과 역할을 보조하는 수준에서 운영되는 핀테크 기업을 이른다. 구글은 모바일 환경에 기반을 두고 온라인·오프라인 매장에서의 결제나 개인 간 송금 거래를 용이하게 도와주는 결제 시스템 '구글페이'를 선보이며 제도권 은행 이용자들이 겪는 불편사항을

핀테크 신생 기업들이 기존 금융기관들의 기능과 역할을 완전히 배제하거나 대체하고 있는 것은 아니다. 핀테크의 발달이 금융업계의 낡은 제도와 관습에 변화를 유도하고 있긴 하나, 전통적 금융기관들이 보유한 자본과 영향력은 아직 건재하다. 금융시장의 은행과 투자 기업들은 핀테크 기업들의 성장을 지원하고 그들과 공생관계를 유지하면서 4차 산업혁명 시대의 금융 혁신을 도모하고 있다.

개선했다. 이러한 혁신은 기존 금융기관의 역할을 대체하지 않으며 보완하는 정도에 그치고 있기 때문에 사업 확장 과정에서 별다른 견제를 받지 않는다.

리플레이서는 래퍼와 달리 기존 금융기관의 역할을 대체하고자 한다. 리플레이서 기업들의 등장으로 인해 금융 거래를 처리하고 위험을 평가하는 기능이 금융기관에서 서버로 이전하는 추세다. 2005년 출범한 리플레이서 기업 조파는 이용자 간 P2P(Peer-to-Peer) 대출모형을 개발하여 수많은 신생 핀테크 기업에 영향을 미쳤다. P2P 대출 서비스를 제공하는 리플레이서는 은행보다 높은 금리로 개인 예금을 보관하고, 낮은 금리로 기업에 대출금을 지급해주는 전략을 구현하면서 경쟁력을 강화해나가고 있다. 한편, 리포머는 은행 자체가 존재하지 않는 상태에서 가치 교환을 추구하는 핀테크 기업을 일컫는다. 암호화폐 기술을 활용해 금융 산업을 변화시키고 있는 기업들이 이에 해당하며 중앙집권적인 금융시장의 체계와 규제에 동조하지 않는다.[10]

래퍼, 리플레이서, 리포머로 분류되는 핀테크 기업들의 등장은 기존 금융기관들로 하여금 변화를 불가피하게 한다. 세계 각국의 중앙은행은 물론, 골드만삭스, 모건스탠리 등 투자회사들도 경쟁적인 핀테크 기업의 도전을 극복하고 살아남기 위해 분투하고 있다. 로보어드바이저 기술을 활용하는 기업들 역시 금융업계를 긴장시키고 있다. 알고리즘을 활용해 무료로 개인의 투자 자문 역할을 수행해주는 로보어드바이저가 등장하면서 고객의 자산 운용에 대해 유료로 자문을 제공하던 기존 금융기관은 경쟁력을 잃게 되었기 때문이다.

핀테크의 발달로 인한 금융시장 변화를 이해할 때 주의해야 할 것은 핀테크 신생 기업들이 기존 금융기관의 기능과 역할을 완전히 배제하거나 대체하고 있지는 않는다는 점이다. 핀테크 발달이 금융업계의 낡은 제도와 관습에 변화의 경종을 울리고 있긴 하나, 전통적 금융기관들이 보유한 자본과 영향력은 아직 건재하다. 예컨대 미국의 대표적인 신생 핀테크 기업이자 현재 전미 주식시장의 20% 비중을 차지하는 전자주식거래소 배츠(BATS)는 모건스탠리, 시티그룹 등 전통적인 금융 기업들이 상당한 지분을 보유하고 있다. 국제 금융시장의 은행과 투자 기업들은 자사의 경쟁력을 증진시키기 위한 노력을 기울이는 한편, 핀테크 기업들의 성장을 지원하고 그들과 공생관계를 유지하면서 4차 산업혁명 시대의 금융 혁신을 도모하고 있다.

인터넷 전문은행이나 모바일 금융, 가상화폐와 같은 전자금융이 확산되면서 기술 발전에 따른 금융 제도를 마련해야 한다는 주장이 증가하고 있다. 핀테크는 기술 발전으로 가능해진 금융 혁신으로 새로운 사업 모델, 상품, 서비스를 가능하게 해 더욱 빠르고 편리한 서비스를 제공할 수 있다. 그러나 핀테크는 급격한 주가 하락, 통화가치 하락과 같은 리스크를 초래할 수 있고, 사이버공간을 통한 해킹에 취약한 구조를 갖고 있기에 금융시장의 안정성을 확보하기 위해서는 정부와 국제적인 차원의 감독과 규제가 무엇보다 중요하다.

그러나 현재 핀테크 분야의 감독과 규제, 규칙 제정에 대한 논의는 개별 국가의 국내 정치적인 차원, 혹은 개별 금융 기업 차원에서 금융과 정보기술의 융합을 통한 금융 서비스 제공 가능성을 논의하는 수준에 머물러 있다. 핀테크 관련 논의는 현재의 수준보다 깊고 넓게 확장되어야 할 것이다. 사이버공간을 통한 거래는 비대면 거래를 통해 계좌가 개설되고 거래가 이루어지는 만큼 인증, 본인 확인 등 기존 금융거래에서 신뢰를 확보해오던 방식에 대한 합의가 필요할 것이다. 또한 국제적인 차원에서 금융 리스크를 관리하고, 사이버보안을 보장하며, 소비자를 보호할 가이드라인과 규제 방안이 마련되어 핀테크의 효율성과 더불어 신뢰를 확보할 수 있는 방안이 함께 모색되어야 한다.

암호화폐의 미래

암호화폐 혹은 가상화폐라고 불리고 있는 새로운 대안화폐들은 그동안 국제사회와 국가가 발달시켜온 금융시장의 변화를 불가피하게 한다. 비트코인을 기점으로 새로이 생겨난 대안화폐들은 '가상화폐(virtual currency)'라는 용어로 가장 많이 알려져 있으나, 이는 엄밀하지 못한 표현이다. 2012년 유럽중앙은행(ECB)은 가상화폐를 '발행·관리 주체가 있고, 가상의 공간에서만 통용되는 화폐'라고 정의했으나 비트코인이나 이더리움은 화폐를 발행하고 관리하는 주체가 없고, 현실공간에서도 통용되는 화폐다. 최근 학계에서는 이들 대안화폐가 블록체인이라는 암호학 기술에 기반을 두고 있기 때문에 '암호화폐(cryptocurrency)'라는 정의가 적절하다고 주장한다.

각 국가의 중앙은행이 화폐 발행의 독점적 권한을 가지고 시장에 통화를 공급하면서 유동성과 신뢰성을 보장해온 국가통화와 달리 암호화폐는 개인 대 개인(P2P)의 네트워크를 통해 구현된다. 암호화폐의 기반이 되는 블록체인 기술은 정보를 담은 블록을 네트워크에 연결하는 방식으로 모든 참여자에게 분산 저장한다. 중앙은행이 없이 개인과 개인이 직접 암호화폐를 거래하는 방식으로 인해 거래의 모든 참여자는 화폐의 공급자인 동시에 수요자가 된다.

비트코인의 개발자로 알려진 사토시 나카모토(Satoshi Nakamoto)는 2009년 최초의 암호화폐 비트코인을 세상에 내놓을 당시 비트코인의 원리와 용도를 설명하는 소논문을 함께 발표했다. 그에 의하면 비트코인은 '디지털 서명 사슬(chain of digital signatures)'로 정의된다.[11] 즉

암호화폐는 P2P 네트워크로 구현되는데 중앙은행 없이 개인 간 거래 방식을 활용하는 특성으로 인해 암호화폐를 이용하는 모든 참여자들은 화폐 공급자인 동시에 수요자가 된다.

비트코인은 디지털 서명으로 암호화된 전자화폐다. 사슬이란 표현에서 유추해낼 수 있듯 비트코인, 이더리움, 리플 등 암호화폐의 바탕을 이루는 체계인 블록체인 기술은 정보를 담고 있는 수많은 블록들의 결합을 다룬다. 사토시 나카모토는 새로운 기술의 핵심이 작업증명 사슬(proof-of-work chain), 그리고 작업증명 방식을 응용한 충돌해소(acceptance of valid blocks and rejecting invalid blocks)에 있다고 설명한다.[12] 이와 같은 블록체인의 기술적 특징은 거대한 분산형 공개 장부를 만들 수 있다. 블록체인 환경에선 이용자들 간 P2P 거래 정보가 공개되어 있고, 모든 사람이 공개된 거래 정보를 복사하여 동기화하는 작업증명 과정이 수반되기 때문이다. 이렇게 공개된 거래 정보가 누적되고 다중화되면서 기록이 위조되거나 사라지는 일이 원천적으로 봉쇄된다.

암호화폐는 국제사회의 새로운 통화로 사용될 수 있는가? 국제통화기금(IMF) 총재 크리스틴 라가르드(Christine Lagarde), 연방준비제도이사회(FRB) 의장 재닛 옐런(Janet Yellen)은 비트코인에 대해 서로 다른 의견을 개진하고, 암호화폐가 세계경제에 미칠 파급력에 관심을 가지고 있다. 또한 비트코인, 이더리움, 리플 등 암호화폐의 관리 문제를 둘러싸고 각 국가에서 갈등이 표출되고 있다. 암호화폐에 관한 논의는 블록체인 기술의 잠재력을 옹호하는 입장과 현존 암호화폐의 잠재적 가능성에 대한 우려로 요약할 수 있다. 블록체인 개발자들과 거래업체들은 암호화폐를 옹호하고, 암호화폐에 대한 중앙집권적 규제에 반대하고 있다. 정책 결정자들은 신뢰성을 이유로 금융시장의 불안정성 확대를 우려한다.[13] 예를 들어 2017년 한국에서 암호화폐를 둘러싼 논란이 일자, 정부 부처들은 암호화폐를 투기 수단으로 보고 제도권 밖에서 발생하는 투기와 도박에 대한 책임은 개인 투자자가 져야 한다고 강조했다.[14] 암호화폐를 화폐로 규정해야 할 것인지, 상품으로 보아야 할 것인지에 대해서도 정부 부처 내에서 합의를 이루지 못하고 있다. 암호화폐를 상품으로 보느냐 서비스로 보느냐에 따라서 주관 부처가 달라지고 이를 규제할 근거 역시 달라지기 때문이다. 각 국가의 정부는 대체로 화폐의 안정성을 보장하기 위해 암호화폐의 역할과 기능을 축소하고 정부가 적절한 규제 방안을 마련해야 한다고 주장하고 있다.

블록체인 기술을 옹호하는 입장은 블록체인이 중앙기관을 매개로 하지 않고 이용자 간 신뢰를 확보할 수 있는 최초의 소프트웨어 기술이라는 점을 강조한다. 중앙은행과 같은 단일 통화 당국은 금융 관리에 문제가 될 수 있다. 예를 들어 중앙은행의 서버가 비정상적으로 작동하거나 중앙은행에 입력된 기록들이 분실될 때 수많은 이용자의 재산에 관한 기록이 일시적으로 소실될 수 있다. 탈중앙화(decentralization)를 가능하게 하는 블록체인의 분산처리 기술은 은행의 위험 방지 체계보다 저비용이며, 기술적으로 수천 번, 수만 번의 다중화가 가능하기 때문에 훨씬 안전하다고 옹호자들은 주장한다.

블록체인과학연구소(Institute for Blockchain Studies)의 설립자 멜라니 스완(Melanie Swan)은 블록체인 발전 단계를 블록체인 1.0, 블록체인 2.0, 블록체인 3.0으로 분류한 뒤, 암호화폐가 등장하고 기존의 화폐 체계에 변화가 시작된 현재 상황을 블록체인 1.0 단계라고 설명했다.[15] 그는 국제사회가 블록체인 2.0, 블록체인 3.0을 거치며 금융 및 경제 체계, 사회 전반의 혁신을 경험하게 될 것이라고 주장한다. 특히 블록체인 3.0 단계에선 블록체인의 탈중앙화 기능이 극대화되어 사회 구성원에 의한 실시간 감시가 가능하기 때문에 정부 중심의 통화 체계에 변화가 생길 것이라고 전망한다.

암호화폐에 반대하는 입장도 블록체인 기술의 발전 가능성이나 블록체인의 인센티브 체계로서 암호화폐의 필요성을 인정한다. 그러나 새로운 기술이 사회에 발생시킬 비용과 편익이 무엇인지에 관심을 두는 정부는 암호화폐 사용의 수혜자와 부작용이 무엇인지를 가려내고자 한다. 특히 암호화폐의 기술적 특수성은 정부의 대응을 어렵게 한다. 가장 큰 문제로 지적되는 부분은 비트코인과 같은 암호화폐가 매장량이 한정되어 있어 새로운 코인이 채굴될 때마다 채굴되지 않은 나머지 코인의 가치가 계속해서 상승하는 구조를 가지고 있다는 것이다. 화폐의 가치가 신용과 안정성에 있다는 점을 감안하면 비트코인의 매장량 문제는 기술적으로 선결되어야 할 과제이다. 암호화폐를 활용한 거래에 소득세를 부과하는 것이 불가능하기 때문에 탈세와 범죄 수단으로 악용될 여지가 있다는 점도 고려해야 할 사항이다. 재닛 옐런(Janet Yellen) 미국연방준비제도이사회(Federal Reserve Board) 의장은 비트코인이 법적 통화의 구성 요건을 갖추지 못하고 있고, 그 가치가 매우 투기적으로 형성되어 있다고 지적하면서 암호화폐의 제도권 도입을 유보했다.[16]

예를 들어 일본에서 발생한 가상화폐거래소 해킹사건은 정부의 고민을 더하고 있다. 일본은 가상통화거래소 의무등록제를 시행하며 암호화폐의 제도권 편입에 가장 적극적인 태도를 보여왔다. 그런데 2018년 1월 580억 엔(약 5648억 원)이라는 최대 규모의 거래소 해킹 사태가 발생했고 이 사건을 계기로 각국 정책 결정자들의 암호화폐에 대한 우려가 커지고 있다.

저명한 경제학자 밀턴 프리드먼(Milton Friedman)은 금융시장에 대한 국가 혹은 중앙집권적 정치권력의 개입은 특정 상황들에 한하여 정당화될 수 있고 남용되어선 안 된다고 주장하고 있다.[17] 반면 케인스학파 경제학자들은 투기적 동기의 유동성 수요 문제를 부각하며 정부가 나서서 시장의 통화량을 조절해야 한다고 주장한다. 정부의 금융시장 개입 범위에 관한 견해 차이는 암호화폐의 제도권 편입이나 그 위험성에 대한 고민들과 맥락이 닿아 있다.

암호화폐는 금융 처리에서 발생하는 중개 비용의 감소와 금융 정보

처리 속도의 증가와 같은 유용성과 편리함을 제공한다. 그러나 암호화폐가 범죄 활동과 같은 불법거래에 사용된다면 금융 안정에 위협이 될 것이다. 암호화폐가 보편적인 금융 거래 수단이 되기 위해서는 위협을 최소화할 수 있는 중장기적인 대책이 필요하다. 특히 암호화폐가 인터넷을 통해 세계 어느 곳에서나 사용되고 있기 때문에 글로벌 차원의 공조가 없이는 금융 시스템을 불안정하게 하는 부작용에 대한 대응책이 효과적일 수 없다. 화폐금융시장의 탈중앙화와 중앙집중화를 둘러싼 각국의 고민과 전망이 어떤 방향으로 전개될지가 미래 암호화폐시장의 발전 경로를 결정할 것이다.

주권국가의 미래

전통적으로 근대 국가는 자국의 영토 내에서 이루어지는 다양한 거래 활동을 관리하는 배타적인 권리를 가져왔다. 즉, 근대 국가는 국제법이나 어떤 제도보다 더 우위에 있으며 초국가적인 규범과 제도보다 우위에 있다고 간주되어왔다. 그러나 우버, 에어비엔비와 같은 공유경제 비즈니스, 비트코인, 이더리움과 같은 암호화폐시장의 등장은 소비자와 생산자의 관계를 규정한 기존 법과 제도의 변화를 요구하고 있다. 네트워크 사회에서 정보는 그 소유자에게 무한한 영향력과 권한, 상업적 이익을 의미하기 때문에 기업은 정보의 수집과 사용에 관한 자유 및 지식재산권을 보장받길 원하는 반면, 개별 국가는 시장의 안정성을 고려하기 때문에 양자 사이의 적절한 균형점을 모색해야 한다.

인터넷의 아키텍처는 특정 주체가 정보를 관리하는 데 한계를 가질 수밖에 없다. 각 국가의 법과 제도는 개별적인 데이터의 수집과 축적 그리고 관리에 관한 사항을 규정하고 있지만 개별 국가들이 네트워크를 통해 이동하는 거래와 정보 유통을 완벽하게 통제하는 것은 거의 불가능하다. 즉, 네트워크 사회의 발달은 자국 내에서 생산하고 유통되는 정보에 대해 배타적 권리를 행사해온 국가가 시장의 거래 행위에 국내법을 적용하는 데 한계가 있음을 의미한다. 초국가적 네트워크의 다층적이고 복합적인 구조는 정부의 역할이 단순히 규제를 만들어내고 이행하는 소극적 수준에 머물 것이 아니라, 다양한 이해관계를 조정하고 통합하는 적극적인 매개자 수준으로 향상될 필요성을 제기한다.

국가, 개인, 기업 등 다양한 행위자들은 정보시장 내에서 복잡한 관계를 형성하고 있으며 이로 인한 다양한 갈등이 본격적으로 표출되고 있다. 정보의 활용과 기술혁신을 두고 선진국과 개발도상국이 표출하고 있는 갈등구조는 미래에 더욱 극화될 것이다. 정보의 자유로운 유통 질서를 기반으로 자국 내 기업을 성장시켜온 선진국들은 자국 기업의 기득권을 유지하기 위해 글로벌 질서를 형성하기를 원하는 반면 개발도상국들은 패권적 지식 질서에 순응하기보다는 그에 대항하는 담론을 형성하고 대항질서를 만들고자 의도하고 있다. 미래의 국제정치는 근대 국가가 형성해온 제도와 질서가 끊임없이 도전받는 과도기적 상황이 지속될 것이다. 초국가적인 네트워크를 통해 유통되는 무역과 금융은 국내법과 제도가 영향력을 미치는 데 제약이 있으므로 다양한 국가의 이해관계를 아우르는 해결 방안이 제시되어야 한다. 따라서 4차 산업혁명 시대에 제기되는 문제를 해결하기 위해서는 독일의 인더스트리 4.0 전략과 같이 정부 간 혹은 국가 간의 협조와 공조가 더 활발히 모색될 필요가 있다. 새로운 국제정치경제 질서는 단선적인 형태를 넘어 다양한 행위자들이 참여하고 이해관계를 아우르는 자율, 협력, 협의의 과정을 지향해야 할 것이다.

주

1 Klaus Schwab, *The Fourth Industrial Revolution*(New York: Crown Business, 2017), pp.28~35.

2 조화순, 「글로벌 지식질서의 변동과 동아시아 디지털 정치경제: 관념-제도-이익의 형성」, ≪한국정치학회보≫, 42권 2호(2008), 389~409쪽.

3 Susan Strange, *States and Markets*(London: Bloomsbury Academic, 1988).

4 학계에서는 일본식 명칭인 '지적재산권'이라는 용어를 빈번하게 사용해왔으나, 이 글은 2011년 7월 제정된 '지식재산기본법(법률 제10629호)'에 근거하여 '지식재산권'을 사용한다.

5 European Patent Office, "Patents and the Fourth Industrial Revolution"(European Patent Office, 2017).

6 같은 글.

7 조화순·이효원, 「지적재산권과 국제레짐의 세계정치: TRIPs의 형성과 한계」, ≪21세기정치학회보≫, 17권 3호(2007), 384쪽.

8 같은 글, 175쪽.

9 Chris Skinner, *ValueWeb: How Fintech Firms are Using Bitcoin Blockchain and Mobile Technologies to Create the Internet of Value*(Singapore: Marshall Cavendish International Asia Pte Ltd., 2016).

10 같은 책.

11 Satoshi Nakamoto, "Bitcoin: A Peer-to-Peer Electronic Cash System"(2009).

12 같은 글.

13 블록체인은 데이터 읽기 권한과 검증 체계의 소재에 따라 두 가지 종류로 구분된다. 퍼블릭 블록체인은 누구나 데이터를 읽고 검증 작업에 참여할 수 있지만 프라이빗 블록체인은 승인된 기관과 감독자만이 데이터 읽기와 검증 작업에 참여할 수 있다. 퍼블릭 블록체인의 사례는 흔히 알려져 있는 비트코인, 이더리움 등이며 프라이빗 블록체인의 사례는 리눅스와 IBM의 공동개발 프로젝트인 '하이퍼레저 패브릭(Hyperledger Fabric) 1.0'을 들 수 있다.

14 "최종구 '정부, 비트코인 거래 전면 금지 포함 규제 검토 중'", ≪중앙일보≫, 2017.12.11, http://news.joins.com/article/22194110 (검색일: 2018/01/22).

15 Melanie Swan, *Blockchain: Blueprint for a New Economy*(Sebastopol, CA: O'Reilly & Associates, 2015).

16 "Yellen Says Bitcoin Is a 'Highly Speculative Asset'," *Bloomberg*(2017.12.14).

17 Milton Friedman, *Capitalism and Freedom*(Chicago: University of Chicago Press, 1962), pp.37~55.

7장

기술발전국가와 혁신의 미래

조희정

시장·성과·차이 압박의 시대

개인으로서는 100년도 안 되는 삶에 세 번째 혁명을 치르고 있다. 1차 산업혁명(제조업 혁명)에 이어 2차 산업혁명(대량생산 혁명)의 시대에 태어나 3차 산업혁명(정보화 혁명)을 배웠고, 이제 4차 산업혁명(지능정보화 혁명)을 익히고 있는 상황이다. 평생에 한 번 있을까 말까 한 혁명을 세 번이나 경험했음에도 불구하고 이 추세라면 살아가는 동안 앞으로 몇 번의 혁명이 더 있을 수도 있다. 강의할 때에 학생들에게 우스갯소리로 '여러분이 열심히 활동할 때에는 100차 산업혁명을 익히게 될 테니 참으로 안됐다'라는 말을 하곤 한다. 그만큼 현재 논의되는 혁명의 속도는 급하고 빠르다.

여전히 우리는 기술 압박(technology push)의 시대에 살고 있고 앞으로도 기술은 끊임없이 발전할 테니 그 압박을 벗어나기 어려워 보인다. 신기술이 나타나면 맥락 없이 열광하거나, 제대로 쓰지도 않고 성급히 폐단을 지적하며 용도폐기하는 상황이 반복된다. 게다가 한국의 경우에는 압박의 차원이 다차원적이다. 즉, 단순한 기술 압박이 아니라 상업주의의 압박, 성과주의라는 행정적 압박, 구정권과의 차이라는 정치적 압박의 세 요소가 변형적으로 작동하면서 강력한 구성력을 발휘하고 있다.

첫째, 인터넷 등장 초기에 시장의 비즈니스 전략이 전방위적으로 확산되면서 이러한 기술 압박 담론은 더욱 위력을 발휘하게 되었다. 새로운 기술이 새로운 이윤 창출 기회를 제공할 것이라는 낙관론이 팽배했다. 1960년대 후반 (냉전 시대의 산물이지만) 초기 네트워크 개발자들은 시공간을 넘어선 인류 평화의 계기를 그리며 네트워크와 그와 수반된 여러 기술을 개발했고, 1990년대 후반 팀 버너스 리(Tim Berners Lee)가 월드와이드웹(World Wide Web: WWW)의 무상 공개를 통해 누구나 인터넷을 사용하게 한 것 또한 정보 공유와 소통을 통해 사회가 더욱 풍요로워질 것이라고 꿈꾸었기 때문이다. 그러나 인터넷 초기의 자유주의 철학은 인터넷을 돈벌이로 여기는 상업주의 열풍 속에 근근이 명맥을 유지할 뿐이다.

둘째, 한국에서는 상업적 비즈니스 전략에 더하여 또 하나의 행정적 압력이 더해졌는데, 과거 산업사회의 발전국가 유산이 그것이다. 빈곤을 벗어나 무차별한 산업화를 추구했던 과거의 정책처럼 물질적 성장에 대한 강박증이 ICT(Information Communication Technology) 분야에도 반영되어 있다. 그러다 보니 과정의 중요성이나 시간과 노력이 많이 필요한 합의와 협력의 중요성은 간과되고 단기간 내의 성과만 중요한 것으로 남게 되었다. 흔히, 너무 짧은 시간에 성장만 추구하여 시민사회가 취약하고 공론화 과정은 거의 없는 것과 마찬가지라고 하는데, 언제나 한국은 세계 1위 국가여야 하며, 언제나 결과가 멋져야 하기 때문에 과정까지 고려하는 것은 현실을 모르는 느긋한 지적일 뿐이라고 평가하곤 한다.

셋째, 차이에 대한 정치적 압박이다. 정부가 변화할 때마다 정책은 어쨌든 과거 정부와 표현이라도 달라야 한다. 정부의 새로움을 정당화하기 위해 정책 담론이 성급하게 확정된다. 실무자가 충분히 파악하기도 전에 새로운 단어와 새로운 개념을 제시해야 한다. 정책을 만드는 실무자나 정책 결과를 바라보는 국민이나 모두 피곤하다. 대부분의 정책에서 실무자들이 열심히 구성한 4차 산업혁명의 특징은 옳다. 이미 4차 산업혁명에 대한 사실과 자료는 차고 넘친다. 그러나 중요한 것은 과정이다. 과정 정당성을 확보해야 한다.

즉, 4차 산업혁명은 현재 진행되는 사실을 분석하고, 평가하여 대책을 세우는 순차적 인식에서 등장한 것이 아니라 단시간의 시장·성과·차이 압박이 각각의 필요성에 뿌리를 두고 변형적으로 기술 압박을 재구성하여 제시한 담론이다. 따라서, 일방적인 압박의 논리보다는 정책의 중심을 재설정하고, 현실을 재성찰하여 올바른 사회 주체의 역할을 수립할 수 있는 전환이 필요하다.

ICT 강국의 빈곤한 정책 담론

한국 ICT의 현황

한국 정보화의 성과는 눈부시다. 〈표 7-1〉에 제시된 가장 최근까지의 성과만 보아도 국내의 다른 어떤 분야에서 국제적으로 이렇게 좋은 평가를 받을 수 있을까 싶은 좋은 성적을 거두고 있다. 좁은 나라에서 망(network)을 깔기 쉬웠다는 지리적 이점만 장점이라고 보기에는 ICT로 시행한 많은 부분에서 높은 성과를 거두었다. 지엽적으로는 세부 내용마다 이견이 있을 수 있고, 다른 지표에 비해 기술 인프라와 기술 준비도 그리고 데이터 개방 지표는 상대적으로 낮지만 한국처럼 국민 누구나 편하게 인터넷과 스마트폰을 이용할 수 있는 국가가 드문 것은 사실이다.

이러한 성과를 거두기 위해 일찍이 인터넷 이전부터 많은 정책이 추진되어왔다. 1994년 정보통신부 출범, 단계별로 추진된 국가정보화 계획, 2001년 전자정부특별위원회, 초고속정보통신망 구축 등 관련 제도와 정책 시행을 통해 '한국은 ICT 강국'이라는 국제적 평판이 구축되었다는 것은 누구도 부정하기 어려운 사실이다.

그러나 — 그간의 좋은 성과를 폄하하는 것이 아니라 — 기왕의 좋은 인프라(infrastructure)와 ICT 산업 수준에만 머물기는 어려운 상황이다. 세상은 끊임없이 변화하고 있고, 이제는 '기술+수출'의 공식이 아니라 '기술+응용(실용)+확산'의 공식이 필요하기 때문이다. 즉, 아무리 좋은 기술이더라도 매월 비싼 값을 치르고 써야 하거나 편하게 이용하기

〈표 7-1〉 한국 정보화지수 현황

구분		한국 순위 (조사 대상 국가 수)							
지수명 (평가 기관)	평가 목적	2010	2011	2012	2013	2014	2015	2016	2017
ICT발전지수 (ITU)	정보사회 발전 정도 및 정보격차 측정	3 (159)	1 (159)	1 (155)	1 (157)	2 (166)	1 (167)	1 (175)	2 (176)
네트워크준비지수 (WEF)	경제 발전 및 경쟁력 제고를 위한 ICT 활용 정도 측정	15 (133)	10 (138)	1 (142)	11 (144)	10 (148)	12 (143)	13 (139)	-
전자정부발전지수 (UN)	ICT 주도의 발전을 위해 전자정부를 이용하는 역량과 의지 측정	1 (192)	-	1 (190)	-	1 (193)	-	3 (193)	-
온라인참여지수 (UN)	온라인을 통한 시민의 공공정책 의사결정에 참여할 수 있는 수준 측정	1 (192)	-	1 (190)	-	1 (193)	-	4 (193)	-
국가경쟁력지수 (기술인프라 부문) (IMD)	국가 경쟁력 중 정보통신 분야의 경쟁력 측정	23 (58)	22 (59)	22 (59)	22 (60)	26 (60)	25 (61)	29 (61)	29 (63)
세계경쟁력지수 (기술 준비도 부문) (WEF)	국가 경쟁력 중 기술 경쟁력 측정	22 (139)	24 (142)	19 (144)	25 (148)	26 (144)	26 (140)	26 (138)	26 (137)
공공데이터 개방지수 (OECD)	공공데이터 개방 전략 수립·이행을 돕기 위해 가용성·접근성·정부 지원 등 측정	-	-	-	-	-	1 (30)	1 (30)	1 (32)
데이터개방지수 (WWW 재단)	공공데이터 개방 정책과 실행 수준 측정	-	-	-	12 (77)	17 (86)	8 (92)	5 (115)	-

* - 표기는 지수 발표가 이루어지지 않은 경우임.

자료: ① ICT발전지수: ITU. 2017. *Measuring the Information Society Report 2017*. ② 네트워크준비지수: WEF. 2016. 7. *The Global Information Technology Report 2016: Innovating in the Digital Economy*. ③ 전자정부발전지수. ④ 온라인참여지수: UN. 2016. 7. *United Nations E-Government Survey 2016: E-Government in Support of Sustainable Development*. ⑤ 국가경쟁력지수(기술인프라 부문): IMD. 2017. *World Competitiveness Yearbook 2017*. ⑥ 세계경쟁력지수(기술 준비도 부문): WEF. 2017. *The Global Competitiveness Report 2017-2018*. ⑦ 공공데이터개방지수: OECD. 2017. *Government at a Glance 2017*. ⑧ 데이터개방지수: WWW Foundation. 2016. 4. *Open Data Barometer*.

어려운 먼 세상의 기술이 되어서는 곤란하다. 또한, 누구나 쉽게 사용해야 하며, 구슬이 서 말이라도 꿰어야 보배이듯이 기술이 빛나더라도 내 삶을 좋게 바꾸는 기술이어야 '납득'을 할 수 있는 것이 현실인 것이다.

실제로 인터넷이 어느 정도 보편화된 2010년 무렵부터는 인프라 자체보다는 기술 활용도를 측정하고자 하는 새로운 국제지수가 많이 등장하고 있다. 정보 공개, ICT 품질 평가, 고급 ICT 활용, ICT로 인해 변화한 삶의 질 평가 등이 그것이다. 이제는 양보다 질이 중요한 시대로 변화하고 있다.

4차 산업혁명 담론의 쟁점: 슬로건과 정책의 불균형

1990년대 정보화 슬로건은 "산업화는 늦었지만 정보화는 앞서가자"였다. 김대중 정부는 IMF 위기를 돌파할 수 있는 가능성을 ICT 산업 지원에서 찾았다. 후대에 '벤처 버블(venture bubble)'이라고 평가받게 될지언정, 많은 벤처 지원 정책도 이루어졌다. 노무현 정부에서는 '참여'가 최고 정책 가치였던 만큼 온라인 국민 참여 정책이 국가 정책에 포함되었다. 이명박 정부에서 표방한 그린 ICT가 푸른 미래를 그리지 못하고 종말을 고하고, 박근혜 정부가 표방한 창조경제가 별다른 창조적 성과를 내지 못했음에도 불구하고, 정책 추진을 위한 지속적인 슬로건과 제도가 만들어졌다.

2017년에는 문재인 정부의 ICT 정책을 상징적으로 나타내는 4차산업혁명위원회가 출범했다. 〈표 7-2〉와 같이 40년간 25개의 관련 위원

〈표 7-2〉 시기별 방송통신 관련 위원회(1977~2017년)

시기(년)	위원회
1970	국가통신조정위원회
1977	전자개발통신위원회
1987	전산망조정위원회
1987	프로그램심의위원회
1992	통신위원회
1994	프로그램심의조정위원회
1995	정보통신윤리위원회
1996	정보화추진위원회
1997	정보통신정책심의위원회
2001	정보통신기반보호위원회
2001	전자정부특별위원회
2002	민·관 합동 IT산업해외진출위원회
2002	통신재난관리위원회
2005	전파정책심의위원회
2006	정보격차해소위원회
2006	IT미래기술전망위원회
2006	방송통신융합추진위원회
2006	공인인증정책심의위원회
2006	IT미래전략위원회
2007	컴퓨터프로그램보호위원회
2008	방송통신위원회
2009	국가정보화전략위원회
2014	정보통신전략위원회
2014	정부3.0추진위원회
2017	4차산업혁명위원회

회가 있었는데, 정부 위원회 명칭에 '혁명'이 등장했다는 자체가 혁명처럼 느껴진다. 4차산업혁명위원회에 대해서는 그동안 정부 정책에서의 많은 ICT 성과에도 불구하고 기대 섞인 우려가 많이 제기되고 있다.

첫째, 모든 것이 일방적이고 모든 것이 정부만 할 수 있는 일인가? 산업과 정책은 어떻게 조화를 이룰 수 있을까? 장기적인 정책 가치는 무엇이 되어야 하는가?

둘째, 기술과 ICT 산업의 높은 수준을 좀 더 많은 국민이 편하게 향유할 수 있는 진정한 사회 변화의 인프라는 어디에서 구축되고 있는가?

셋째, 시민과의 관계 재설정을 위해 거버넌스 정당성을 확보하고 있는가? 선정책 후정당성인가? '혁명'이나 '혁신'의 정책적 의미는 무엇인가? 모든 것이 진흥이고 발전되어야 하는가?

4차 산업혁명 담론의 쟁점과 특징

4차 산업혁명이 본격적으로 논의되는 가장 큰 원인은 경제, 특히 산업 차원에서의 위기와 관련이 있다. 즉, 2008년 글로벌 경제위기 이후 글로벌 경제의 저성장 기조[1]와 생산성 하락으로 인해 신성장동력에 대한 논의의 연장선에서 4차 산업혁명 담론이 촉발되고 있다. 특히, 주요국에서는 글로벌화, 도시화, 인구구조 변화, 성장잠재력 약화, 기술 변화, 제조 강국의 세대교체와 같은 대내외 환경 변화에 대응하

〈표 7-3〉 주요국의 4차 산업혁명 관련 전략

국가	주요 내용
미국	**첨단제조업파트너십(AMP), 첨단제조업을 위한 국가 전략 수립(2012년 11월)** · 첨단 제조 혁신을 통해 국가 경쟁력 강화 및 일자리 창출, 경제 활성화 · 산업인터넷, 클라우드 중심 플랫폼 · 민간 기업들이 4차 산업혁명의 핵심 기술 주도 · 민간 기업의 컨소시엄(산업 인터넷 컨소시엄, Industrial Internet Consortium)에 220개사 참여 · 분야별 기술의 표준화 주도
독일	**제조업의 주도권을 이어가기 위해 '인더스트리 4.0' 추진(2011년부터)** · (글로벌 기업 중심이 아니라) 민·관·학이 참여하는 플랫폼 인더스트리 4.0(Industry 4.0) 구성(2015년) · 글로벌 가치 사슬 구조를 근본적으로 바꿀 수 있는 기술의 영향에 주목 · 상품의 완전한 맞춤 생산에 의해 새로운 운영 모델 제시 · ICT와 제조업의 융합, 국가 간 표준화를 통한 스마트 팩토리(Smart Factory)[3] 추진 · 설비와 단말 중심 플랫폼 · 스마트 제조 시스템의 수직 통합, 글로벌 가치 사슬(Global Value Chain)에 의한 수평 통합, 첨단기술을 통한 고속화, 생애주기를 일관하는 엔지니어링 · 중견·중소 기업 중심
중국	**혁신형 고부가 산업으로의 재편을 위해 '제조업 2025'(2015년 5월), '인터넷 플러스 전략'(2015년 7월) 추진** · 30년 후 제조업 선진 국가 지위 확립 목표, 2049년까지 '제조대국'에서 '제조강국'으로 변화 목표 · 설비와 단말 중심 플랫폼 · 5대 중점 프로젝트(제조혁신센터 건설, 스마트 제조, 공업기반 강화, 녹색 제조, 첨단 설비)와 10대 육성 산업(차세대 정보기술, 디지털 공작기계 및 로봇, 항공·우주 장비, 해양엔지니어링, 선진철도설비, 신에너지 자동차, 전력 설비, 농업기계, 신소재, 바이오 의료기기) 선정·추진
일본	**'일본산업부흥전략', '4차 산업혁명 선도전략'(2016년 4월), '일본재흥전략 2016'(2016년 6월), 산업 경쟁력강화법** · 2030년까지 경제성장, 생산성 향상, 고용구조 등에 대한 경제적 효과 분석 실시 · 비교 우위 산업 발굴, 신시장 창출, 인재육성 및 확보 체계 개혁, 지역 혁신 · 로봇신전략(2015년 1월), 로봇 중심 플랫폼 · 제조 및 ICT 사업자, 교수들이 컨소시엄을 구성하여 사물인터넷(IoT), 빅데이터, 인공지능 관련 기술 개발 및 사업화 촉진(2015년 10월)

자료: Klaus Schwab, *The Fourth Industrial Revolution*(World Economic Forum, 2016)[『클라우스 슈밥의 제4차 혁명』, 송경진 옮김(서울: 새로운 현재, 2016) 26쪽]; 한국은행, 『제4차 산업혁명: 주요국의 대응현황을 중심으로』(2016.8.18); 현대경제연구원, 「4차 산업혁명의 등장과 시사점」, ≪경제주평≫, 16-32호(2016.8.12), 2쪽; "4차 산업혁명 새로운 물결이 온다(4)", ≪파이낸셜뉴스≫(2016.3.20)를 참조하여 재구성.

기 위해 제조업 혁신을 목표로 하고 있다.[2]

그러나 이와 같은 논의는 이미 2000년대 초, 정보화 혁명 담론에서도 반복된 측면이 있다. 당시에도 제조업의 종말, 디지털 사회 완성과 같은 예언적 정책 담론이 횡행했기 때문이다. 또한 새로운 정부에서는 언제나 경제 위기론과 새로운 국가 전략의 필요성을 반복해야만 하는 측면도 있기도 하다. 그러나 진정하게 새로운 정책적 언설로서 4차 산업혁명을 정당화하기 위해서는 이에 대한 좀 더 깊은 철학적 고민과 사회적 영향력에 대한 종합적인 분석이 필요하다.

4차 산업혁명 기술의 특징

4차 산업혁명에 대한 기술 중심 논의는 역사적 전환점과 전환 시기 핵심 기술의 (주로 경제적인) 영향을 강조하는 내용으로 이루어지고 있다. 1차 산업혁명부터 현재까지 200여 년간 진행된 기술의 역사는 〈표 7-4〉와 같이 정리할 수 있다. 즉, 18세기 후반의 증기기관에 의한 19세기 제1차 산업혁명(공업 혁명), 19세기 후반의 전기와 발전소에 의한 20세기 제2차 산업혁명(대량생산 혁명), 1950년대 트랜지스터에 의한 20세기 후반 제3차 산업혁명(정보 혁명)에 이은 제4차 혁명(초연결 융합혁명)이 진행되고 있다는 것이다.

2016년 1월, 세계경제포럼(WEF)의 다보스포럼 논의를 통해 본격화되고 있는 4차 산업혁명의 특징은 '자동화의 지능화'이다. 즉, 단순한 디지털화에서 지능형 디지털화를 제시했다. 또한 '연결 혹은 융합 혁명'으로 바로 이전 단계의 3차 산업혁명에 기반하지만 물리·디지털·

〈표 7-4〉 산업혁명의 역사와 기술 특징

구분	핵심 기술	특징
1차 산업혁명 (1784년)	· 기계 생산 · 증기기관 · 수력	· 면직물 산업 중심. 면직물 수요가 늘어나자 영국에서 면 방적기계 공장이라는 새로운 작업공간 등장(1768년) · 1784년 헨리 코트(Henry Cort)가 만든 교반법(Pudding Process, 액체 상태의 철을 쇠막대기로 저어서 탄소와 불순물을 제거하는 공법)을 수행하는 기계를 발명한 것이 자동화의 단초 · 수력증기기관의 탄생 · 석탄과 석유와 같은 연료 사용을 통해 증기기관(볼턴과 와트가 개발) 및 증기기관차 시대 시작 · 영국 내 공장 규모는 4000개(1850년)
2차 산업혁명 (1870년)	· 대량생산 · 전기에너지 · 철도	· 생산조립라인(컨베이어벨트, 대표적인 20세기적 생산방식), 자동화가 대량생산으로 발전 · 헨리 포드의 대량생산방식을 통한 자동차 생산(자동차 가격 하락, 제작시간 단축) · 전기동력 대량생산은 철도에 의한 대량 수송으로 연결 · 품질 기준, 운송 방법, 작업 방식 등의 표준화는 국소적인 기능의 자동화를 기업과 국가 수준의 자동화된 대량생산으로 발전시킴
3차 산업혁명 (1969년)	· 전자장치 · IT · 디지털통신	· 반도체와 메인 프레임 컴퓨팅(1960년대), PC(1970~1980년대), 인터넷(1990년대), 컴퓨터 혁명, 디지털 혁명 · 알파넷이 개발되면서 디지털 및 정보통신 기술 시대 시작 · 2년마다 트랜지스터 집적용량이 2배 증가한다는 무어의 법칙 이상의 속도로 디지털 기술이 폭발적으로 발전
4차 산업혁명 (현재)	· 인공지능 · 빅데이터	· 디지털 혁명을 기반으로 시작. 유비쿼터스 모바일 인터넷, 더 저렴하고 작고 강력해진 센서, 인공지능과 기계학습 · 초연결성, 초지능성, 예측 가능성 · 인공지능(AI), 로봇공학, 사물인터넷(IoT), 자율주행차, 3D 프린팅, 빅데이터, 나노 기술, 생명공학, 재료공학, 에너지 저장 기술, 양자 컴퓨팅, 증강현실·가상현실(AR·VR), 기계학습(machine learning), 심층 학습(deep learning)[5] · 자동화와 연결성이 극대화되는 변화 · 통합과 융합을 통한 혁신

자료: Klaus Schwab, *The Fourth Industrial Revolution*(World Economic Forum, 2016)[『클라우스 슈밥의 제4차 혁명』, 송경진 옮김(서울: 새로운 현재, 2016) 26쪽]; 장필성, 「2016 다보스럼: 다가오는 4차 산업혁명에 대한 우리의 전략은?」, ≪과학기술정책』≫, No.211(2016), 12~15쪽; 최계영, 「4차산업혁명 시대의 변화상과 정책 시사점」, ≪KISDI Premium Report≫, 16권 4호(정보통신정책연구원, 2016), 4쪽을 참조해 재구성.

바이오 기술 융합을 이룰 수 있다는 것이다. 이러한 특징을 구현할 수 있는 핵심 기술로는 인공지능(AI), 로봇공학, 사물인터넷(IoT), 자율주

〈그림 7-1〉 4차 산업혁명과 연관된 주요 논의 구조

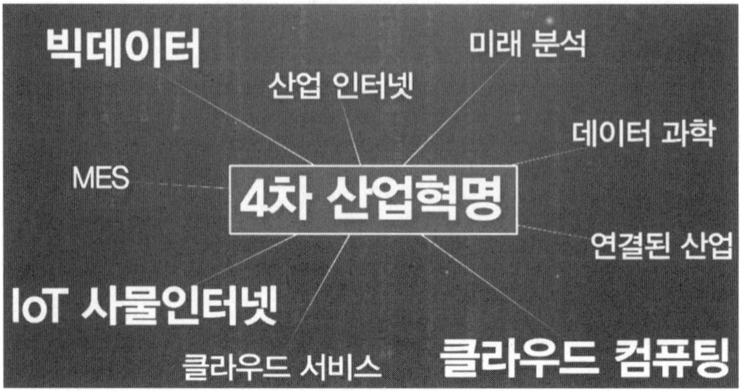

자료: 한국방송, 〈다큐1〉, "카운트다운! 4차 산업혁명 2편: 제조업 빅뱅"(2016년 1월 22일 방송).

행차량, 3D 프린팅, 나노 기술, 생명공학, 재료공학, 에너지 저장 기술, 양자 컴퓨팅, 증강현실·가상현실(AR·VR) 등이 제시되었다.[4]

4차 산업혁명에 대한 대표적인 언술 구조는 〈그림 7-1〉과 같은데, 3차 산업혁명에 의해 이미 진행되고 있는 '빅데이터 혁명(데이터 혁명)', '클라우드 컴퓨팅'과 함께 최근에는 '사물인터넷'의 중요성이 강조되고 있다. 어느 시기에나 중요하게 제시되는 '미래 분석'과 경제적 차원에서 '산업'의 중요성이 강조되고 있는 것도 4차 산업혁명 기술 담론의 특징들이다. 여기에 WEF가 공식적으로 제시한 생물학 기술과 물리학 기술의 혁신이 융합되면서 4차 산업혁명으로 인한 혁명의 속도, 범위와 깊이 및 시스템 충격은 더욱 가속화될 것으로 예측되고 있다.

전문가들은 현실 조건에 따라 기술별 구현 가능성을 예측하고 있는데, 크라우드 컴퓨팅(Cloud Computing)이나 웨어러블 인터넷(Wearable Internet), 사물인터넷(IoT), 빅데이터(Big Data) 의사결정, 로봇, 3D 프

〈그림 7-2〉 기술 발현 예상 시점

2018	- Storage for All
2021	- Robot and Services
2022	- The Internet of and for Things - Wearable Internet - 3D Printing and Manufacturing
2023	- Implantable Technologies - Big Data for Decisions - Vision as the New Interface - Our Digital Presence - Governments and the Blockchain - A Supercomputer in Your Pocket
2024	- Ubipuitous Computing - 3D Printing and Human Health - The Connected Home
2025	- 3D Printing and Consumer Products - AII and White-Collar Jobs - The Sharing Economy
2026	- Driverless Cars - AII and Decision-Making - Smart Cities
2027	- Bitcoin and the Blockchin

자료: WEF, *Deep Shift: Technology Tipping Points and Social Impact*(2015.9), p.6.

린팅, 자율주행 자동차와 같은 개별 기술들은 향후 10년 내에 구현 가능성이 매우 높지만, 이를 도시 내에서 포괄적으로 구현할 수 있는 스마트 도시(Smart City)나 공유 경제(Sharing Economy)와 같은 거시적 시스템이 사회 내에 안착되기까지는 상대적으로 시간이 좀 더 걸릴 것으로 예측한 것이 특징적이다. 즉, 개별 기술의 발전은 지금과 같이

〈표 7-5〉 신기술의 구현 가능성 (초연결사회를 구축하는 티핑 포인트)

2025년까지 구현 가능성	기술
90%	· 누구나 사용할 수 있는 저장소(클라우드 컴퓨팅) · 웨어러블 인터넷
80%	· 전자문신(smart tattoo) · 새로운 인터페이스로서의 시각: 스마트 글래스 · 체내 삽입형 기기(모바일폰) · 스마트폰 보편화 · 주머니 속 슈퍼컴퓨터 · 사물 인터넷(IoT): 1조 개의 센서가 인터넷에 연결 · 빅데이터를 활용한 의사결정 · 인구센서스 대신 빅데이터 활용 · 로봇공학과 서비스: 로봇 약사 · 3D 프린팅 기술과 제조업(자동차 생산) · 디지털 정체성
70%	· 커넥티드 홈 · 자율주행 자동차:바퀴 달린 컴퓨터, 2010년 구글의 첫 자율주행 자동차 등장, 2016년 8월 25일 싱가포르에서 미국 스타트업 누토노미(nuTonomy) 공식 첫 주행, 2018년 상용화 목표. · 유비쿼터스 컴퓨팅 · 인공지능과 화이트칼라 · 인공지능으로 기업 감사 · 3D프린팅 기술과 인간의 건강(바이오프린팅) · 정부와 블록체인(세금 징수)
60%	· 공유경제, 온디맨드 경제 · 카셰어링 · 스마트 도시 · 신호등 없는 도시
50%	· 비트코인과 블록체인 · 전 세계 GDP의 10%가 블록체인 기술에 저장

자료: WEF, *Deep Shift: Technology Tipping Points and Social Impact*(2015.9).

진행될 수 있지만 사회적으로 수용하고 상용화하거나 제도화하는 데는 좀 더 시간이 걸릴 것이라고 분석되는 것이다.

4차 산업혁명 기술 영향의 가능성

증기기관과 석탄을 중심으로 시작한 1차 산업혁명의 혁신이 '도시화'와 '공업화'라는 혁신을 가져왔다면, 2차 산업혁명은 자동차·전기·전화를 통해 분절적 지역을 연결하여 대량생산 거점을 중심으로 대규모로 도시에 모여든 사람들을 '획일적 대중화'로 변신시켰다. 이어 제3차 산업혁명은 디지털화를 핵심으로 획일적 도시인들을 '자동화'하여 연결시키는 혁신을 이루어냈다.

브란욜프슨과 맥아피는 현재의 기계화는 만물의 디지털화, 디지털 기술의 기하급수적 발전, 융합적 형태의 혁신을 특성으로 한다고 분석했다.[6] WEF는 4차 산업혁명을 인간과 기계의 잠재력을 획기적으로 향상시키는 '사이버-물리 시스템(Cyber-Physical System)'으로 정의했다. 이는 기계가 지능이 필요한 작업을 수행하고, 인간 신체에 컴퓨팅 기술이 직접 적용되고, 기업과 정부 및 수요자 간의 소통을 새로운 차원으로 향상시키는 등 '기술이 사회에 자리 잡는(embedded)' 방식이 새로워지는 시대라는 것이다.[7]

4차 산업혁명으로 인한 변화 가운데서 가장 먼저 논의되는 것은 자동화가 가속됨으로써 나타나는 노동시장의 변화이다. 2013년 옥스퍼드대 경제학과 논문에 의하면 기계가 사람과 비슷하게 정보처리를 수준에 도달한 것으로 평가되었으며, 향후 10-20년 사이에 2010년에 미국에 존재한 직업군 가운데 많게는 47%까지 자동화될 것이라고 예측한 바 있다.[8]

이 가운데, 예술가, 건축가, 웹디자이너, 정보기술 전문가 등 창의

〈표 7-6〉 시기별 산업혁명의 영향과 주요 사회 변화

구분	핵심 기술	특징
1차 산업혁명 (1784년) 도시공업화	· 기계 생산 · 증기기관 · 수력	· 본격적인 도구의 시대 시작. 기계가 근대사회의 핵심 요소로 부상 · 연결성이 혁명적으로 증가하고, 다리, 터널, 항만 등의 기간 시설 건설이 촉발됨 · 인간의 물리적 노동의 대체가 시작됨 · 대도시 탄생(부의 축적 외에 인구밀집도가 높아져 질병 전염도도 높아짐) · 산업혁명 이후 인류 전체 부의 90%가 창출됨 · 육체노동 일자리 창출↔방직공들의 러다이트운동(1810년)·
2차 산업혁명 (1870년) 대중화	· 대량생산 · 전기에너지 · 철도	· 초기의 자동화된 대량생산은 기업내 공급사슬에 국한되었지만, 다른 기업과 국가를 포괄하는 국가적·국제적 대량생산의 공급사슬로 확대됨 · 자동화를 통해 대량생산이 가능해지면서 노동부문에서의 효율적이고 생산적인 연결성이 촉진됨 · 사무관리직 일자리 창출 ↔ 대공황(1929년)
3차 산업혁명 (1969년) 자동화	· 전자장치 · IT · 디지털통신	· 알파넷이 개발되면서 디지털 및 정보통신 기술 시대 시작 · 2년마다 트랜지스터 집적용량이 2배 증가한다는 무어의 법칙에 따라 디지털 기술이 폭발적으로 발전 · 인터넷 대중화와 소통의 폭발 · 서비스 산업 일자리 창출↔ 위키릭스(2006년), 글로벌 경제위기(2008년)
4차 산업혁명 (현재) 지능정보화	· 인공지능 · 빅데이터	· 인공지능이 적용된 자동화의 최전선에서는 언어와 이미지를 포함한 빅데이터를 분석·처리하는 등 인간 고유의 업무 중 상당 부분도 로봇이 대체할 것임 · 극단적인 자동화는 자동화할 수 있는 작업의 폭을 크게 넓혀, 저급 수준의 기술뿐만 아니라 중급 수준의 숙련 기술에 대해서도 적용됨. 저급 및 중급 기술자들의 업무를 로봇이 대체하게 되면서 경제적 불평등 문제 심화 · 국제적이면서도 즉각적인 연결을 통해 공유경제나 온디맨드 경제와 같은 새로운 사업 모델이 창출될 수 있음 · 손쉬운 스타트업, 개인의 권능(empowerment) 강화와 대기업 추월의 기회

자료: Klaus Schwab, *The Fourth Industrial Revolution*(World Economic Forum, 2016)[『클라우스 슈밥의 제4차 혁명』, 송경진 옮김(서울: 새로운 현재, 2016) 25쪽]; 장필성, 「2016 다보스럼: 다가오는 4차 산업혁명에 대한 우리의 전략은?」, ≪과학기술정책≫, No.211(2016), 14쪽; 최계영, 「4차산업혁명 시대의 변화상과 정책 시사점」, ≪KISDI Premium Report≫, 16권 4호(정보통신정책연구원, 2016), 4쪽; 현대경제연구원, 「4차 산업혁명의 등장과 시사점」, ≪경제주평≫, 16-32호(2016.8.12), 4~5쪽을 참조하여 재구성.

〈표 7-7〉 자동화에 의한 고위험 직업군과 저위험 직업군

고위험 직업군	저위험 직업군
텔레마케터, 세무대리인, 보험조정인, 스포츠 심판, 법률 비서, 요식업계 종업원, 부동산 중개업자. 외국인 노동자, (법률, 의학, 경영 임원의 비서직 제외) 비서직, 배달직	정신 건강 및 약물 남용 치료 사회복지사, 안무가, 내과/외과 의사, 심리학자, HR 매니저, 컴퓨터 시스템 분석가, 인류학자, 고고학자, 선박기관사, 조선기사, 세일즈 매니저, 전문 경영인

자료: H. Bakhshi, C. Frey and M. Osborne, "Creativity vs Robots: The Creative Economy and The Future of Employment"(NESTA, 2015).

〈표 7-8〉 2020년까지 부문별 일자리 전망

(단위: 만 명)

순고용 감소		순고용 증가	
사무행정	-475.9	비즈니스·금융	49.2
제조생산	-160.9	경영	41.6
건설채굴	-49.7	컴퓨터·수학	40.5
디자인·미디어	-15.1	건축·엔지니어링	33.9
법률	-10.9	영업·관리직	30.3
시설 정비	-4.0	교육·훈련	6.6
소계	-716.5	소계	202.1

자료: WEF, *The Future of Jobs: Employment, Skills and Workforce Strategy for the Fourth Industrial Revolution* (2016), p.1b; 한국은행, 『제4차 산업혁명: 주요국의 대응현황을 중심으로』(2016.8.18)에서 재인용.

성 높은 21%의 직업군은 안전하고, 교통·물류·제조, 건설, 사무·행정 분야의 직업군은 컴퓨터와 자동화에 의해 소멸할 것이라는 연구결과이다.[9] 그러나 한편으로, 퓨리서치센터의 2014년 연구결과에 의하면 2025년 로봇과 인공지능이 사람의 일자리를 빼앗을 확률에 대한 전문가 1896명의 응답은 빼앗을 확률과 빼앗지 않을 확률이 48 대 52로 별 차이 없이 나타나기도 했다.[10]

선진국 7개국과 신흥국 8개국 및 370여 개 기업 최고인사담당자 대상 주사 결과에 의하면, 2020년까지 부문별로 〈표 7-8〉과 같은 일자

리 변화가 나타날 전망이다.[11]

기술에 의한 인간노동의 대체 문제와 함께 노동의 주요 패러다임이 바뀐 것도 중요하다. 즉, 과거의 근로자와 기업의 지속적 관계가 아닌 일련의 거래 관계로의 전환 현상이 점차 확대되고 있다. 즉, 전통적 의미의 피공용자보다는 특정 업무만을 수행하는 독립형 노동자('human cloud')가 급증하고 있다.[12] 또한, 모바일 인터넷, 자동화, 사물 인터넷, 무인차, 전지, 신소재 등 4차 혁명의 모든 부분에서 선진국의 독점이 지속될 것이며, 제조업이나 IT 인프라가 부족한 신흥국들은 고전할 것이라는 비관적 전망도 제기되고 있다. 이외에도 사회 전 분야에 걸쳐 새로운 기술로 인한 긍정적인 영향과 부정적인 영향에 대한 예측이 제시될 수 있다.

빅데이터로는 자연재해 발생 지역 예측, 범죄 발생 지역 예측[13] 등의 활용이 이루어지고 있다. 딥 러닝과 머신 러닝에 의한 인공지능의 발달이 사회에 미치는 영향은 아직은 상상력의 단계이다. 알파고뿐만 아니라 예술 분야에서는 인공지능 기자, 인공지능 소설가(필명이 유레이 라이타인 일본 인공지능이 쓴 『컴퓨터가 소설을 쓴 날』),[14] 인공지능 화가('넥스트 렘브란트 프로젝트', https://www.nextrembrandt.com), 인공지능 작곡가(곡 'Careless Regret'), 인공지능 의료, 인공지능 변호사[15] 그리고 일본에서는 급격히 늘어나는 노년층을 상대하는 대화하는 로봇('Pepper')과 아동 교육 로봇이 이용되고 있다. 인간처럼 지치지 않는 반복학습 속에 기본적인 일들을 대체하는 로봇이 늘어나고 있고, 진보가 급격히 이루어지면서 노동 대체 강도는 더 수준 높아지고 있다.

이러한 상황이 가속화되면 불필요한 정치토론을 소모하며 기나긴 입법 과정을 거칠 필요가 없을 수도 있다. 수많은 정보를 수록하여 학습한 로봇의 정확한 토론을 지켜보며 최종 판단만 인간이 하는 상황이 발생할 수 있고, 수많은 공무원이 하는 단순한 공문 작성 작업을 공무원보다 더 정확히 하게 될 수도 있다.

200년 전까지 인류는 전기의 존재를 알지 못했고, 공장과 산업자본주의가 시작된 지 250년 그리고 근대적인 도로가 건설되기 시작한지 100년도 되지 않았다는 사실 등을 고려하면, 이제까지의 4단계 산업혁명은 불과 200여 년 사이에 압축적으로 이루어진 것이다. 그나마 1980년대 이전까지는 생존과 전쟁 준비를 위한 기술이 대부분이었고, 도시라는 공간 확장과 산업기계화라는 기본적인 인프라에 치중했기 때문에, 불과 40년 전까지만 해도 -인간 중심의 다양한 기술이라기보다는- 사회 인프라를 구축하는 기본 기술이 중심을 이루고 있었다.

현재에도 세계 인구의 17%가 2차 산업혁명을 경험하지 못하고 있고, 전기 미사용 인구는 13억 명에 이르며 인터넷 미사용 인구도 40억 명에 이른다.[16] 물론 1차 산업혁명의 보편적인 확산이 120년 걸린 것에 비해 인터넷은 단 10년 걸렸지만 그럼에도 불구하고 근대적 의미에서 안정적인 도시를 기반으로 기술 변화가 이루어진지 채 얼마되지 않았으며, 새로운 산업혁명이 진행되는 과정에서 여전히 과거 산업혁명이 중첩되어 나타나고 있다는 사실을 알아야 한다.

기술이 인간 고유의 능력이며, 혁신은 사회 발전의 원동력이지만, 너무나 단시간 내 이루어진 이와 같은 변화에 대한 설명은 기술(자본논리)이 사회를 압도하는 측면이 있으며 그만큼 인간 중심성(humanism)이 매우 약하다. 기술력 발전이 생산성 증가와 바로 연결된다는 식의 논리를 경계해야 하는 부분이 바로 이 지점이다.

따라서, 기술 추동력 강화 담론과 함께 행위자인 인간과 그들이 형성하는 사회 추동력 강화 담론도 균형 있게 발전할 필요가 있다. 지나치게 기능적인 관점에서 시장과 경쟁의 논리에 편중되어 있고, 휴머니즘과 공공성의 의미를 되살려야 하는 현재의 차원에서, 현재의 4차 산업혁명의 변화가 시대의 성격을 바꾸고 인류의 진보를 확실하게 담보할 수 있는 혁명적인 변화인가에 대해서는 논란의 여지가 있다.[17]

거버넌스의 과제

간략히 정리한 바와 같이 4차 산업혁명이든 3차 산업혁명이든 기술이 발전하는 것을 틀림없다. 평범한 웹기술이 소셜미디어로 진화하고 누구나 스마트폰을 갖게 되었으며 인공지능이 가까워진 시대에 살고 있기 때문이다. 또한 기술로 인해 돈을 벌든 정부 서비스가 혁신적으로 바뀌든 소외된 국민들이 참여하기 쉬워졌든 그 과정을 발전이라고 평가할 수 있는 근거 역시 존재한다. 그럼에도 불구하고 4차 산업혁명이 정책으로 바르게 다루어지기 위해서는 좀 더 깊은 철학적 고민이 이루어져야 한다.

ICT와 네트워크 시대에 정부는 전자정부, 스마트 정부 등으로 불려왔다. 그러나 기술적인 수사보다 중요한 것은 실질적인 기능의 전환에 있다. 즉, 이제는 스마트 정부보다는 ICT의 신속한 발전을 사회로 연결할 수 있는 관계형 정부(relational government), 반응형 정부(responsive government), 협업형 정부(collaborative government)로의 전환이 필요하다.

P2P 재단의 바우엔스(Bauens)가 제안한 '파트너 정부(Partner Government)' 개념도 참고할 만한 개념이다. 이는 '공공기관들이 시민사회에 의한 직접적인 가치 생산에 지속적인 역할을 맡는다'는 의미로서, 정부는 지원(Support)이나 보조(Associate) 역할에 한정되지 않는다. 정부가 사회복지를 전적으로 책임지는 역할을 담당해야 한다고 본 복지국가 모델과 달리, 시민사회가 자율적으로 사회적 가치를 생산할 수 있도록 힘을 실어주고 지원한다는 개념이다. 또한, 정부가 시민단체나 기업의 파트너로서 사회복지에 지속적인 역할을 담당한다고 보는 점에서 정부의 개입을 최소화해야 한다는 시장주의적 관점과 다르다.[18] 파트너 정부는 정부기관과 정책을 통해 시민들이 자신의 사람을 디자인하고 실현해가는 과정을 적극적으로 지원하는 정부이다.[19]

미국의 칼럼니스트 크라코프스키(Marina Krakovsky)가 제시한 '미들맨 정부(Middleman Government)' 개념도 참고할 수 있다. 이는 중개인을 의미하는 미들맨 개념을 통해 네트워크 경제에서 -과거의 단순한 브로커, 중개인이 아닌- 체계적 속성을 갖춘 중개인 역할의 중요성을 복원시킨 개념이다. 미들맨은 구매자와 판매자 사이에 가치를 선사하는데, 그들의 핵심 역할은 교량자(물리적·사회적·시간적 거리를 좁혀 거래를 활성화), 인증자(가치를 평가하고 제품의 품질에 불안감을 갖지 않도록 정보 제공), 집행자(구매자와 판매자가 전력을 더하고, 협력하고, 정직하게 만듦), 위험감수자(거래변수나 다양한 형태의 불확실성 정보를 제공), 안내자(올바른 결정을 내릴 수 있도록 지원)이자 보호자(상호 갈등을 줄이고 원하는 것을 얻도록 지원)이다. 4차 산업혁명 시대의 정부의 역할도 미들맨과 같은 역할을 수행해야 하는데, 위와 같은 6가지 역할을 수행하는 정부로서 기능하여 시민들로부터 신뢰 혹은 평판이라는 수수료를 받아야 한다는 것이다.[20]

즉, 정책 선택 과정에 정부 외의 행위자를 적극적으로 참여시키고, 거버넌스가 발휘될 수 있는 기반을 조성하며, 조정자 역할을 하는 방식으로 정부의 정체성이 재정립될 때만이 현재처럼 빠르게 변화하는 사회의 변화와 수요를 수렴할 수 있으며, 그 과정은 더 이상 정체되어 있는 관료제적 구조만으로는 원활히 진행되기 어렵다는 것을 유념할 필요가 있다.

이제는 양적인 성장만큼 질적인 효능감과 만족감이 중요한 시대이며, 정부 혼자 모든 것을 일방적으로 주도하는 것이 불가능한 시대이다. 물론 정부의 정책에 많은 자문위원과 관계 기관과 관계 부처가 연결되어 있지만 조금 더 실질적으로 시장과 시민사회의 수요를 수렴하고, 기술의 사회적 책임성을 강조하는 가치틀을 만들고, 모두가 협업하여 과학적으로 분석틀을 형성하여 현재 대한민국의 ICT 위상이 어떻게 진행되고 있는가를 모니터링할 수 있는 정책 가치가 포함되어야 한다.

주

1 2008년 위기가 발생하기 전 세계 경제는 연간 약 5% 성장했다. 이런 성장세가 지속되었다면 매 14~15년마다 세계 GDP가 2배씩 늘고 수십억 명의 사람들이 빈곤에서 벗어났을 것이다. 그러나 세계 경제는 제2차 세계대전 이후 평균 경제성장률보다 낮은 연 3~3.5%의 성장률에 고착되어 '구조적 장기침체'를 경험하고 있다. Klaus Schwab, *The Fourth Industrial Revolution*(World Economic Forum, 2016), p.58; 송경진 옮김, 『클라우스 슈밥의 제4차 혁명』(서울: 새로운 현재, 2016). 또한, 제조업 영업이익률은 2010년 이후 계속 하락세이다.

2 현대경제연구원, 「4차 산업혁명의 등장과 시사점」, ≪경제주평≫, 16-32호(2016.8.12).

3 스마트 팩토리(Smart Factory)는 모든 생산 장비와 부품 등 공장 내 모든 사물이 클라우드 시스템으로 연결되어 사물 간 끊임없는 정보 소통에 의해 기계들은 재고량에 따라 생산량을 조정하고, 사람 없이도 생산라인을 재편하는 새로운 공장 형태다. 센서 기반 자동화가 이루어지는 독일 암베르크 지멘스 공장이 대표적인 사례이다. 이 공장은 소프트웨어 기반을 적용한 후 생산성이 8배 증가했다.

4 WEF, "The Global Information Technology Report 2016: Innovating in the Digital Economy"(WEF, 2016.7).

5 심층 학습(deep learning)은 인간의 뇌 신경망처럼 기계가 스스로 데이터를 분석하여 결과를 도출하는 것을 말한다.

6 E. Brynjolfsson and A. McAfee, *The Second Machine Age: Work, Progress, and Prosperity in a Time of Brilliant Technologies* (W. W. Norton & Company, 2014); 이한음 옮김, 『제2의 기계 시대』(서울: 청림출판, 2014).

7 최계영, 「4차산업혁명 시대의 변화상과 정책 시사점」, ≪KISDI Premium Report≫, 16권 4호(정보통신정책연구원, 2016).

8 C. Frey, M. Osborne, "The Future of Employment: How Susceptible are Jobs to Computerisation?"(University of Oxford, 2013).

9 H. Bakhshi, C. Frey and M. Osborne, "Creativity vs Robots: The Creative Economy and The Future of Employment"(NESTA, 2015).

10 Pew Research Center, "AI, Robotics, and the Future of Jobs"(Pew Research Center, 2014).

11 WEF, "The Global Information Technology Report 2016: Innovating in the Digital Economy"(WEF, 2016).

12 Klaus Schwab, *The Fourth Industrial Revolution*, pp.81~82; 송경진 옮김, 『클라우스 슈밥의 제4차 혁명』. 이에 대해 슈밥은 변화하는 노동력과 진화하는 노동의 본질에 걸맞은 새로운 형식의 사회계약과 근로계약을 만들어야 한다고 지적한다. 즉, 노동시장의 성장을 저해하지 않고, 노동자들이 원하는 방식으로 일할 수 있는 선택권을 침해하지 않는 선에서 휴먼 클라우드가 노동력 착취로 이어지지 않도록 감시해야 한다는 것이다. 같은 글, pp.83~84.

13 미국 LA 경찰과 캘리포니아대학(인류학자, 수학자 등이 참여)이 협업하여 지난 사건 1300만 건의 공통점을 분석하여 범죄 발생 지역을 예측하는 프로그램을 사용.

14 http://www.fun.ac.jp/~kimagure_ai/results/stories/617.pdf.

15 외국 로펌들은 인공지능 변호사 채용 방침을 발표하기도 했다. "변호사부터 소설가까지… 일상으로 스며든 AI," ≪아시아경제신문≫, 2016.5.23.

16 Klaus Schwab, *The Fourth Industrial Revolution*; 송경진 옮김, 『클라우스 슈밥의 제4차 산업혁명』(메가스터디(주), 2016).

17 3차 산업혁명을 논의한 리프킨(Jeremy Rifkin)조차 디지털 혁명의 잠재력이 아직 발휘되지 못한 상태에서 벌써 끝났다고 논의하는 것은 시기상조라고 주장하고 있다. 장윤종, 「4차 산업혁명의 미래」(산업연구원, 2016.7.26), 9쪽.

18 Graeme Cooke and Rick Mulr(eds.), *The Relational States: How Recognizing the Importance of Human Relationships Could Revolutionise the Role of the State*(IPPR, 2012).

19 E. EManzini, *Design, When Everybody Designs* (MIT Press, 2015); 조은지 옮김, 『모두가 디자인하는 시대: 사회혁신을 위한 디자인 입문서』(서울: 안그라픽스, 2016).

20 M. Krakovsky, *The Middleman Economy : How Brokers, Agents, Dealers and Everyday Matchmaker Creative Value And Profit* (Palgrave Macmillan, 2015); 이진원 옮김, 『미들맨의 시대: 무엇을 연결하고 어떻게 시장을 장악할 것인가』(서울: 더난출판, 2016).

8장

정치사회 시스템의 미래

김정연

4차 산업혁명의 담론

4차 산업혁명의 의제는 2016년 스위스 다보스에서 개최된 세계경제포럼(World Economic Forum)에서 부각되었다.[1] 4차 산업혁명(Fourth industrial revolution)은 인공지능, 빅데이터, 클라우드 등 ICT 기술의 발전 및 융합을 동력으로 한 혁명적 현상이다. 4차 산업혁명은 기존 사회경제의 생산 시스템에서 인터넷, 모바일 인터넷, 기계학습 등의 기술이 결합되어 혁신적인 변화가 이뤄지고 있는 과정을 의미한다. 클라우드 슈밥(Klaus Schwab), 세계경제포럼 의장이 출간한 『4차 산업혁명』은 이 혁명의 규모, 범위, 복잡성에 대해 인류 역사상 이전 시기와는 다른 성격임을 알려주었다.

4차 산업혁명의 담론은 미국, 독일에서부터 출발했는데 미국의 'The Fourth Industrial Revolution', 독일의 'Industry 4.0'의 명칭을 한국에서는 '제4차 산업혁명'으로 논하고 있다. 인류의 삶의 방식 전반,

일과 생존의 문제 그리고 인간관계에서 근본적인 변화가 나타난다는 것을 4차 산업혁명의 핵심으로 보고 있다. 4차 산업혁명의 진행에 따른 시스템의 변화는 국가, 기업, 사회, 개인의 내외부에서 수반된다.[2] 기하급수적인 속도로 전개되는 변화와 사회 패러다임의 전환뿐 아니라 궁극적으로는 우리가 누구인가에 대해서 질문을 제기하게 되는 현상이 진행되고 있음을 의미한다.

한국 정부에서도 4차 산업혁명을 이끄는 계획을 수립하는 것에 대해 지난 대통령 선거에서부터 이슈가 되어왔다. 4차 산업혁명에 대한 구글의 검색 트렌드 통계를 보면(〈그림 8-1〉), "the 4th industrial revolution"을 검색어로 했을 때, 2016년 1월 세계경제포럼 개최 시점에서 최고점을 보이고, 2016년 상반기 검색 트래픽 증가가 상승세의 흐름으로 현재까지 이어지고 있다. "제4차 산업혁명"을 검색어로 했을 때는, 2016년 1월의 시점에서 검색 트래픽이 미비하게 증가하는 흐름을 보이다 2017년 5월 시점에서 최고조의 관심을 보였다. 전체적으로는 2017년 3월에서 6월까지 높은 검색 트래픽이 나타났다. 4차 산업혁명에 대한 국내외 관심도는 고저를 반복하지만 증폭되는 흐름에 있다. 한국의 경우, 제19대 대선이 실시되는 시점을 전후로 하여 4차 산업혁명에 대한 대통령 선거 후보자의 정책과 언론의 관심이 검색 트래픽에 투영된 것으로 보인다.

한국에서는 4차 산업혁명 시대의 지능정보사회를 개념화하여 우리 사회의 총체적 변화를 준비하고자 한다. 미래창조과학부의 2017년 '4차 산업혁명에 대응한 지능정보사회 중장기 종합대책'에 따르면 지능정보사회는 "고도화된 정보통신 기술 인프라(ICBM)를 통해 생성·수

〈그림 8-1〉 4차 산업혁명에 대한 검색 트렌드

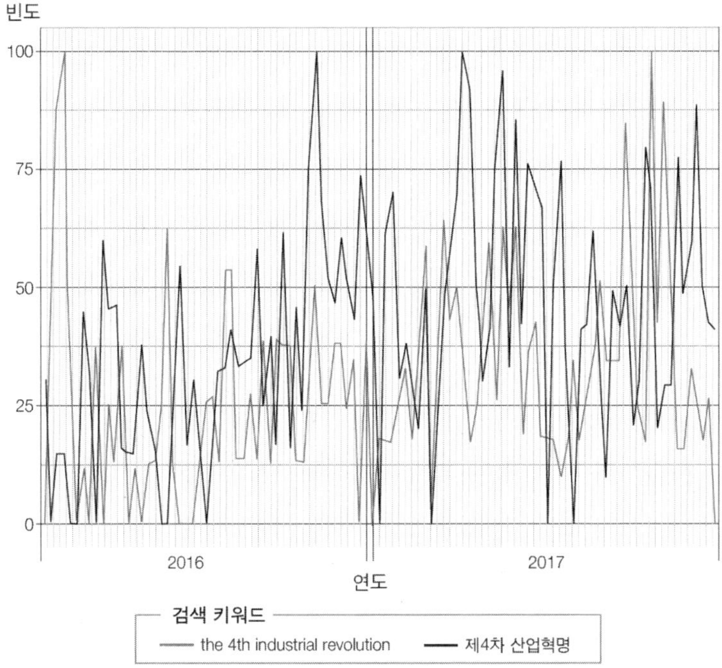

집·축적된 데이터와 인공지능(AI)이 결합한 지능정보기술이 경제·사회·삶 모든 분야에 보편적으로 활용됨으로써 새로운 가치가 창출되고 발전하는 사회"를 의미한다.[3] 노동 및 자본의 기존 생산요소보다 데이터와 지식이 중요해진 시대, "다양한 제품·서비스 융합으로 이종 산업간 경계가 붕괴되며, 지능화된 기계를 통한 자동화가 지적노동 영역까지 확장되는 등 경제·사회 전반에 혁신적인 변화가 발생"하게 됨을 의미한다.[4] 지능정보기술이 사회구조 변화의 동인이 됨을 강조하고 있다.

현재 우리는 4차 산업혁명 시대를 무엇으로 인식하는가? 4차 산업혁명 시대 우리의 관심사는 무엇인가? 우선, 4차 산업혁명에 대한 국내외 담론을 토대로 키워드 중심으로 정리하여 설명할 수 있다.

연결성의 시대

4차 산업혁명 시대는 모든 것이 연결된 초연결(hyper-connection)의 시대로, 개인의 생활에 밀접하게 연관된 웹 생태계를 직면하게 된다.[5] 연결의 직접성은 4차 산업혁명이라 불리는 현상을 보기 위해 어떠한 시각이 요구되는지 기준이 되는 개념이라고 할 수 있다. 초연결성은 디지털 네트워크와 스마트 기술을 기반으로 모든 사람과 사물을 연결시키며 상호작용하도록 한다. 또한, 산업 기술의 융합뿐 아니라 "사회경제적 공진화"를 촉진시키는 특징을 가진다.[6] 네트워킹에 기반한 초연결사회는 사회적 연결을 극대화시켜 인간의 생활양식 전반과 가치관의 변화를 가져온다.

속도의 전개

"새로운 세계에서는 큰 물고기가 작은 물고기를 잡아먹는 것이 아니라, 빠른 물고기가 느린 물고기를 잡아먹는다."[7] 슈밥의 이 표현과 같이 4차 산업혁명 시대는 기하급수적인 속도(velocity)의 전개가 특징이다. 4차 산업혁명의 핵심 기술 인프라를 통해 개인의 일상에 영향을 미치는 정보 교환의 획기적인 확대를 전망할 수 있다. 예를 들어 차세대 네트워크 기술 중 5G(5th generation mobile communications)의 경우, 이동통신 기술의 확장성을 보여준다. 5G 기술은 초고용량의 콘텐츠 전송을 가능하게 한다는 점에서 기술 활성화의 기대가 높다. 전송 속도의 향상과 다수 기기의 연결, 초저지연 실시간 서비스 등의 이슈가 있다.[8] 세계 주요국은 네트워크 분야에서의 의제로 5세대 이동통신에 주목하고 있는데, 5G의 주파수 확보, 기술 개발 및 상용화 선도를 위해 국가별로 경쟁이 진행 중이다. 인프라 서비스의 구축 문제는 네트워크, 플랫폼, 콘텐츠 등 특정 분야의 시장 지배력이 생태계 전반에 확산되는 것에 대한 우려가 존재하는 동시에 모바일 브로드밴드 분야가 경제 성장 동력이 될 때의 일자리 창출, 해외 주요국과의 경쟁력 확보 등의 과제가 있다.[9]

자원으로서의 빅데이터

4차 산업혁명 시대 자원으로서 빅데이터가 중요하다. 데이터를 채굴하고 가공하여 공급하는 것의 중요성은 점차 커지고 있다. 미국의 구글, 페이스북, 아마존, 마이크로소프트, 심지어 우버와 같은 공유 서비스 기업은 이미 사람들의 행태에 대한 방대한 데이터를 장악하고 있다. 기업에서는 데이터를 통해 인공지능을 클라우드 플랫폼에 연결하는 방식을 구현하고 있다. 인터넷 기반 플랫폼 사업자로 세계적 영향력을 지닌 대표 IT 기업은 회사 이름의 앞글자를 따서 미국의 경우 FANG(Facebook, Amazon, Netflix, Google), 중국의 경우 BAT (Baidu, Alibaba, Tencent)이라 줄임말로 일컬어진다. 이 플랫폼들을 통해 데이터가 증식되는데 데이터는 지속적으로 생산, 재생이 이루어지고 있다.

데이터 자원은 고갈의 개념이 없으며 자가 증폭한다는 면에서 폭발적인 가치가 있다. 데이터 자원을 이용하여 데이터를 처리하는 인공지능, 딥러닝, 머신러닝과 같은 기술이 가능해진다. 기계의 지속적 학습을 생산된 데이터가 가능하도록 하는 것이다. 이 중에서도 4차 산업혁명 시대의 핵심 기술인 인공지능은 기계가 대규모로 축적된 데이터를 학습하여 알고리즘의 강화를 통해 인간의 두뇌 작용을 컴퓨터가 행할 수 있도록 하는 기술을 의미한다. 인간의 인식, 지각, 상황 판단, 추론, 학습, 문제 해결로 이어지는 언어 및 행동 등을 기계가 시행할 수 있도록 구현하는 기술이다.[10] 빅데이터를 통한 가치 창출은 과거 데이터가 정보나 현상의 원인을 진단하는 역할을 하던 것을 넘어 예측을 통한 문제의 최적화된 해결책을 제시하는 것에 초점이 맞춰져 있다.

인공지능의 개념은 스튜어트 러셀(Stuart Russell)과 피터 노빅(Peter Novig)의 접근 방식으로 이해할 수 있다. 인공지능의 성과는 인간의 수행능력과 얼마나 근접한가를 기준으로 판단될 수 있다. 혹은 합리적으로 일을 시행했는지 일의 성과에 대한 이상적 의미에서의 판단이 가능하다.[11] 인공지능의 몇 가지 정의 중에서 "인간의 사고, 그리고 의사결정, 문제 풀기, 학습 등의 활동에 연관시킬 수 있는 활동들(의 자동화)",[12] "사람이 지능적으로 수행해야 하는 기능을 수행하는 기계의 제작을 위한 기술",[13] "인지와 추론, 행위를 가능하게 하는 계산의 연구"[14] 등의 정의로 이해할 수 있다.

〈그림 8-2〉 인공지능의 역사

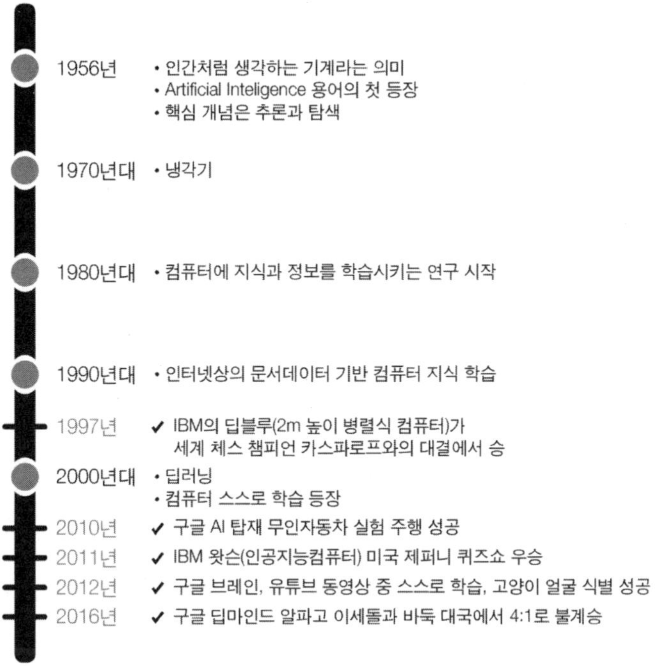

자료: "인간 '이세돌'과 인공지능 '알파고', 승자는 누가 될 것인가", ≪조선일보≫, 2016.3.9; "인공지능(AI)의 역사", ≪중앙일보≫, 2017.1.3 재구성.

인공지능 연구의 역사는 1950년대 즈음부터 태동했다. 그 이후 컴퓨터의 데이터 처리에 관한 하드웨어 및 소프트웨어의 기술적 진화와 함께 인공지능의 기술이 정교화되는 방향에서 발전되었다. 빅데이터 자원이 활용 가능하게 된 최근 시점에서 과거의 시점과는 양적·질적으로 다른 데이터 처리 환경이 조성되며 인공지능 기술이 비약적으로 성장했다. 전 세계적으로 국가별 인공지능 산업의 개발을 위한 기술 정책적 기반의 확충이 중요시되고 있다.[15]

우리에게 잘 알려진 인공지능의 기술 중 하나는 알파고(AlphaGo)이다. 알파고는 빅데이터, 신경망 기술, 강화 학습의 조합으로 성능을 발휘해온 기술로 1950년대부터 60여 년간 연구가 되어온 분야이다. 대부분의 알고리즘은 1970년에서 1980년대 구성된 역사가 깊은 기술이라고 할 수 있다.[16] 2016년 4월 알파고는 한국의 바둑기사 이세돌과의 대결로 세계의 이목이 집중되었다. "기계와 인간의 대결"이라는 대전제 속에서 인공지능이 인류의 삶에서 어떠한 역할을 담당하게 될지 미래를 예측하는 계기가 되었다. 인공지능의 발전은 인간의 사고력을 지닌 기계와 인간의 협업의 모색을 추구하도록 한다.

인간 중심의 사회

4차 산업혁명 시대는 결국 사람의 행태에 대한 분석이 첨예해지도록 한다. 사람이 존재하는 공간을 데이터화하거나 시간을 디지털화하는 것이다. 가상의 세계를 구현하는 것은 개인의 욕망을 극대화하여 충족하는 데 동력의 원천이 있다. 예를 들어, 기업에서 파악하고자 하는 것은 어떤 사람이 고객이 되는지, 나의 고객이 무엇을 좋아하는지, 어떠한 시점에서 고객이 의사를 결정하는지, 기업의 준비와 전략을 고객에게 어떻게 알리는지에 관심이 있다. 기업이 주도하는 인간관계에 필요한 정보와 정보를 통한 대책을 인공지능이 분석하는 것이 중요해진다.

기술의 발전은 인간 중심의 사회를 실현하도록 한다. 인간의 욕구와 사회적 요구에 부응하도록 하는 방향에서 기술의 진화가 발생하고 더 나은 삶에 대한 욕구 증대가 사회를 변화시키는 동력이 된다. 시대별로 인간이 필요로 하는 욕구와 행동으로 발현되는 힘이 다른데, 생존과 안전에서 안락한 생활, 개인 맞춤화된 쾌적한 서비스, 타인과 상호 소통하려는 관계에 대한 요구 등이 인간 중심의 기술 사회로 변화시킬 것이다.[17]

토픽 모형으로 본 4차 산업혁명에 대한 관심

우리는 4차 산업혁명 시대를 무엇으로 인식하고 있는지, 4차 산업혁명을 둘러싼 담론을 더 구체적으로 알아보고자 한다. 이 장에서는 국내 학계에서 논의되는 4차 산업혁명 관련 연구 동향을 분석해보고자, 특히 4차 산업혁명을 사회과학 분야에서 어떻게 다루고 있는지 파악하고자 했다.

국내 학술 데이터베이스(DBpia)에서 '4차 산업혁명'을 키워드로 하여 검색된 학술논문 중 사회과학 분야의 주제범주에 해당하는 667개의 학술논문을 살펴보았다.[18] 주제 분류는 경제·경영학, 사회과학 일반, 교육학, 문헌정보학, 행정학, 법학, 신문방송학, 정치외교학, 사회·사회복지학, 지리·지역학, 관광학, 심리과학을 포괄한다.

이 학술논문 자료들의 초록을 자동수집(crawling)했고, 초록이 없는 논문을 제외하고 총 195개의 논문의 초록을 수집하여 분석 대상으로 삼았다. 수집된 문헌은 2016년과 2017년에 발행된 논문들이었다. '4차 산업혁명'을 키워드로 한 사회과학 분야의 논문이 최근 2년간 주로

〈그림 8-3〉 '4차 산업혁명' 학술논문 초록에 나타난 단어들

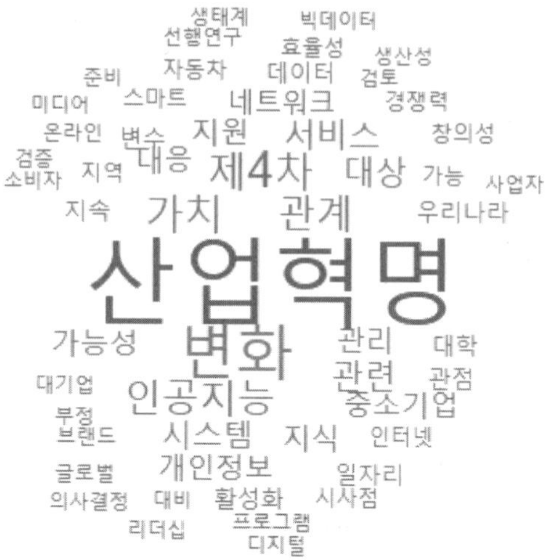

출판되었음을 알 수 있었다.

수집된 자료를 대상으로 LDA(Latent Dirichlet Allocation) 기반의 토픽 모델링을 수행하여 학술 연구 주제를 파악했다. 기본적인 텍스트 전처리 과정은 R의 KoNLP 라이브러리를 사용했고, 공란을 기준으로 문자열을 분리했다. 숫자를 비롯한 기호를 제거하고 명사만을 추출하여 단어들의 출현을 보도록 했다. 기본 전처리를 거친 문헌에서 가장 출현빈도가 높은 단어를 바탕으로 '4차 산업혁명' 관련 어떠한 단어가 학술논문 초록에서 발현되었는지 살펴보았다.

빈도가 높은 단어부터 낮은 단어 순으로 상위 20위의 단어를 우선 살펴보면 '산업혁명', '변화', '관계', '가치', '인공지능', '관련', '대상', '서비스', '시스템', '관리', '지식', '네트워크', '지원', '대응', '중소기업', '개

인정보', '가능성', '우리나라', '변수', '일자리' 등이다. 〈그림 8-3〉은 '4차 산업혁명'을 키워드로 한 학술논문 초록에 발현된 단어들의 말구름이다.

'4차 산업혁명' 관련 사회과학 주제범주의 학술논문에서 빈번하게 사용되는 단어들을 파악할 수 있다. 말구름에 나타난 단어들 중 '산업혁명', '제4차'의 단어는 문헌들의 차이를 식별하는 단어들은 아니지만 '변화', '관계', '가치', '서비스', '인공지능' 등의 단어들은 학계의 4차 산업혁명의 논의에서 무엇을 중요하게 인식하고 있는지 짐작할 수 있도록 한다. 이 밖에 '중소기업', '대학', '대기업' 등 4차 산업혁명의 변화를 주도하는 행위자들을 나타내는 단어와 '자동차', '데이터', '빅데이터', '네트워크', '인터넷', '시스템' 등 4차 산업혁명을 설명하는 기반기술을 지칭하는 단어들이 발현된 것을 알 수 있다. '대응', '지원', '지속', '생산성', '경쟁력', '창의성', '활성화', '일자리' 등 4차 산업혁명을 어떻게 준비할 것인지와 관련한 단어를 파악할 수 있다.

이제 '4차 산업혁명' 관련 학술논문의 초록을 토대로 토픽 모델링을 실행했다. 토픽의 수는 32개로 설정한 후, LDA 모형을 추정했다.[19] 〈그림 8-4〉는 '4차 산업혁명' 학술논문 초록에 나타난 잠재토픽을 연도별로 시각화하여 보여준다. 문헌에서 추출한 32개의 잠재토픽을 〈그림 8-4〉의 y축과 같이 명명했다.[20] 잠재토픽의 라벨링과 관련해서는 문헌 텍스트를 리딩하여 토픽명이 합당하게 해석될 수 있는지를 비교할 수 있다.

아래의 문헌이 담고 있는 잠재토픽의 확률점수를 계산한 결과를 살펴보면 24번째 토픽이 .977로 나타났다. 24번째 토픽을 '개인정보-2'

〈그림 8-4〉 '4차 산업혁명' 학술논문 초록에 나타난 연도별 잠재토픽

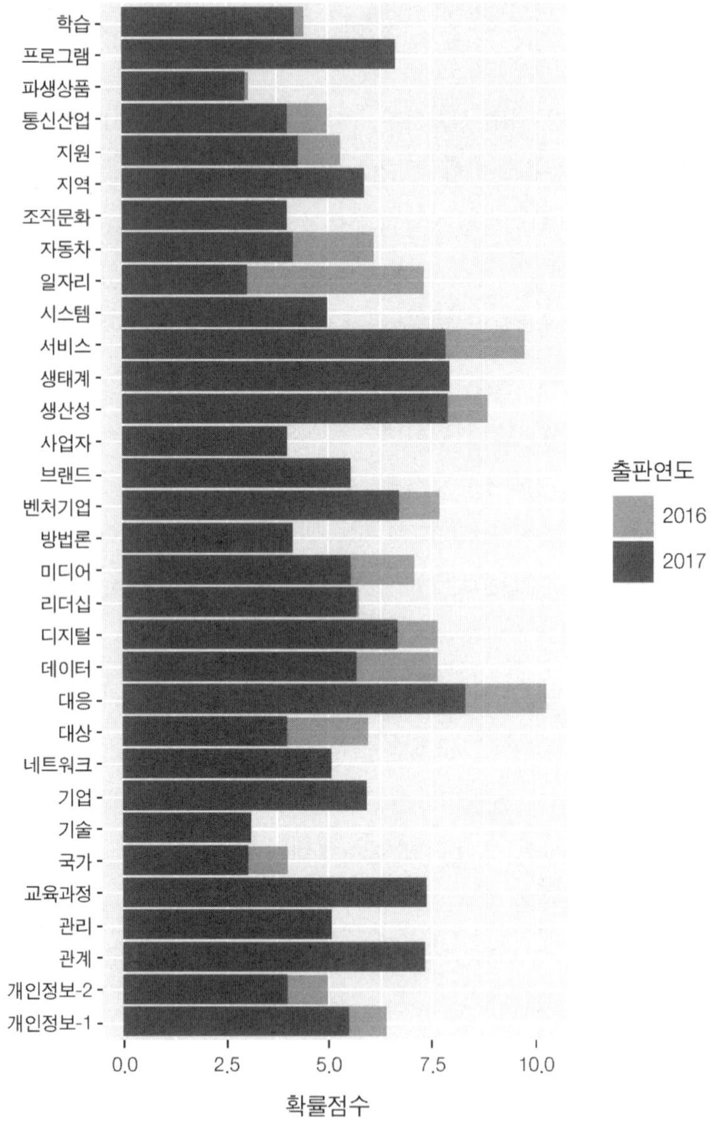

로 명명했다.[21] 이 문헌은 「인공지능산업 육성을 위한 개인정보보호 규제 발전 방향」(김용대 외, ≪경제규제와 법≫, 9권 2호, 2016)에 대한 초록이다. 문헌이 담고 있는 토픽의 추론 결과가 합리적이라고 가정하고 살펴보도록 하겠다.

> 알파고 쇼크로 대변되는 인공지능의 약진은 인류의 미래를 걱정할 정도로 빠르게 우리의 생활에 스며들고 있으며 산업 전반에 지대한 영향을 미치고 있다. 인공지능 기술의 중심에는 빅데이터가 있으며, 자연스럽게 빅데이터의 이용에 따른 개인정보보호가 중요한 이슈가 되고 있다. 본 논문에서는 인공지능의 발전과 개인정보보호라는 두 가지 상충되는 가치를 효율적으로 증진시킬 수 있는 방법에 대해서 살펴본다. 인공지능 및 빅데이터의 현황 및 개인정보보호 관련 법률 체계를 살펴보고 발전적 방향에 대해서 제언을 한다.

다시 〈그림 8-4〉에서 x축의 잠재토픽의 등장확률과 학술논문의 출판연도를 비교해보면, 잠재토픽 전부에 대해 2017년에 들어서서 논의들이 적극적으로 이루어지고 있음을 알 수 있다. 2016년의 경우 '4차 산업혁명'과 관련하여 '일자리'에 대한 논의들이 다수 이루어졌는데, 2017년의 경우 기업, 네트워크, 교육, 관계, 네트워크, 브랜드, 사업자, 생태계 등의 어젠다가 논의되었다. '자동차', '통신산업', '데이터', '미디어' 등의 어젠다는 2016년에 이어 2017년에도 출판 편수가 증가한 수준에서 논의가 이루어졌다.

사회과학 주제범주에서 '4차 산업혁명' 관련 학술논문 초록에 나타난 토픽들을 살펴본 결과, '사업자', '기업', '지역', '국가'와 같은 행위자 어젠다와 '기술', '데이터', '네트워크', '통신산업', '자동차', '미디어', '디지털' 등 4차 산업혁명의 기반기술을 중심으로 한 어젠다가 논의되었음을 알 수 있다. 또한 '생산성', '일자리'의 어젠다와 '교육과정', '조직문화' 등 4차 산업혁명 시대 변화에 대한 적응의 문제가 다뤄지고 있었다. '대응', '학습', '지원', '관리' 등의 단어들은 문헌들의 주제의 차이를 식별하는 단어는 아니지만 학술논문에서 사용 가능한 단어들로 '4차 산업혁명'을 대비하는 행태와 관련한 규범적 차원의 단어들로 해석할 수 있다.

4차 산업혁명에 대한 학술적 논의는 사회과학 분야에서는 시론적 수준임을 알 수 있다. 이 장에서는 논문 수 기준 국내 대표 학술 검색 플랫폼만을 분석 대상으로 했음을 감안하더라도, 4차 산업혁명과 관련하여 출판된 국내 학술 논문의 수가 적고 문헌이 담고 있는 토픽에서 살펴 볼 수 있듯이 전공 간 다양성과 전공 내부에서의 심화성 측면에서 더욱 풍부한 논의들이 요구된다고 할 수 있다. 특히 정치외교학 분야에서는 4차 산업혁명에 관한 논의가 전체 분석 대상 규모의 1% 정도의 비중을 차지하고 있다. 4차 산업혁명은 의제 특성상 현재의 시점에서는 경제·경영학 분과의 관심과 주도로 논의되고 있다. 다음 장에서는 정치학 분과에서 다뤄질 수 있는 4차 산업혁명 관련 의제들을 살펴보겠다.

융합의 성과와 관계의 확장

산업혁명이라는 기술 시스템의 혁신과 정치사회 시스템의 진화는 기술 시스템의 발전에 맞춘 정치사회 시스템의 개선이 있을 때 격차가 해소되는 방향에서 진행될 수 있다. 산업의 측면뿐 아니라 자본주의 경제 자체의 파동과 디지털 기술 발전으로 인한 계층 간 사회적 소요 등에 주목하여 정치사회 시스템의 제도적 측면에서의 진화 과정이 필요하다. 정치사회 시스템의 진화는 급격한 사회적 위기 혹은 변화에 의한 촉발 과정일 수 있으나 사람들이 일하는 새로운 문화, 방식 등에서 전환기를 겪게 된다.

산업혁명은 결국, 사람들이 일하는 방식의 변화를 수반한다. 사람들이 어디서, 어떻게 일하는 지의 변화를 가져온다. 경제, 산업, 정치, 사회 등 모든 분야에 영향을 미치는 신기술이 생산력 강화를 가져오고 사회 시스템이 충격을 겪게 되는 몇 번의 과정이 존재할 수 있다. 산업혁명이 예측할 수 있는 정치사회 시스템의 변화는 다수의 학자들이 우려하고 있는 양극화의 확대 문제에 기인한 것이다. 국가 간 혁신기술의 차이가 국가 간 양극화를 확산시킬 수 있고, 기술의 혁신성을 받아들이는 사회 계층의 교육 수준과 훈련 능력의 차이는 국가 내 양극화의 심화로 귀결될 가능성이 크다.

시간의 흐름과 과학의 발달에 따른 시점별 변화의 특징을 1차 산업혁명 시기부터 살펴볼 수 있다. 역사적으로 1차 산업혁명은 증기기관의 발명과 함께 시작된다. 1784년의 기계화는 철도의 건설과 기계에 의한 생산 중심으로의 변화를 가져왔다.[22] 가내 수공업 중심의 생산

체제가 공장 생산 체제로 변화되며 경공업이 등장했다. 1차 산업혁명에서의 기계혁명은 공업 생산력 성장을 가져왔다. 2차 산업혁명은 1870년 석유와 전기에너지를 이용한 대량생산 체계가 구축된 생산 혁명이다. 노동력의 분화로 중공업이 확대되었다. 3차 산업혁명은 1969년 컴퓨터를 이용한 정보화 혁명이다. IT 정보기술과 인터넷, 반도체, 컴퓨팅을 통한 디지털 산업 혁명을 의미한다. 정보통신산업의 발전과 자동 생산 시스템의 구축이 이루어졌는데, 자동화와 정보화는 디지털 기술에 의해 실현되었고, 지식 서비스 산업의 기반이 조성되었다.

3차 산업혁명의 정보화 시대에서 현대적 통신 수단의 발전이 일반 시민들의 생활에 충격을 가져온 효과는 원자력 에너지의 등장과도 같은 효과였다. 1950년대 전자공학 등장 이후 1970년대 컴퓨터 시대에서 1990년 초반 나노 기술의 등장으로 이어지는 기술 발전은 공장에서 대량생산되는 양질의 물품에 대한 관심을 질 좋은 물품을 생산하는 기업의 노하우와 경쟁력으로 관심이 전환되는 것을 의미한다. 3차 산업혁명까지는 기술 혁명의 동력이 각각 증기, 오일, 전기, 컴퓨터, 통신 등이었고 여전히 노동이 중요한 가치였다. 시장에서 생산물의 가치가 결정되어 생산, 유통되는 구조였다.

4차 산업혁명은 모든 기술이 융합하여 "모든 것을 완전히 변화시킬 것"이라는 전망이다.[23] 우선, 4차 산업혁명에서의 선도 기술은 물리학(Physical), 디지털(Digital), 생물학(Biological) 분야의 기술이다. 물리학은 자율주행 자동차, 드론과 같은 무인운송수단, 3D 프린팅, 로봇 등의 최첨단 기술이다. 디지털은 신기술의 기반이 되는데, 사물인터넷과 같이 사물 간 자동화된 정보 분석이 가능한 주요 기술 분야를 의미한다.[24] 생물학에서는 유전학, 합성생물학, 유전자 편집 등 생물학 기술이 새로운 부가가치를 창출할 것이라는 기대가 있다.[25]

산업혁명은 기술혁신을 통해 성장하고 경제, 산업뿐 아니라 정치사회 전반에 대한 혁신적 변화를 이끈다. 4차 산업혁명은 기계와 기계, 사람, 가상 세계와의 연결이 가능해지도록 한다. 신기술 간의 융합을 통해 기계와 사물의 지능화가 이루어진다는 면에서 1차에서 3차 산업혁명과는 다른 차원의 변혁의 의미가 있다. 기존 산업혁명의 역사와는 다른, 근본적 패러다임의 변화에 집중하여 4차 산업혁명을 "스마트 혁명(The Smart Revolution)"이라고 지칭하기도 한다.[26] 산업에 국한된 것이 아닌, 인류의 삶의 양식 자체가 변화된다는 설명이다. 물리학, 디지털, 생물학 기술의 단독 진화와 더불어 융합의 성과를 기반으로 새로운 문명을 창출하도록 한다.

기술 융합의 의미는 분야 간 경계가 없어짐을 의미한다. 산업 및 이종 기술의 결합은 데이터 공유를 통해 이루어질 수 있는데, 네트워크를 통한 데이터 전송 비용이 과거 시점에서 상상할 수 없었던 수준에서 적은 수준을 차지할 수 있고, 빅데이터 처리 기술의 발달은 다양한 영역의 결합을 불러일으킨다. 새로운 융합 기술의 출현은 학문 및 산업 기술, 시장의 경계가 사라지는 환경에서 조성된다. 4차 산업에서의 이러한 인프라를 사이버 물리 시스템(Cyber-Physical Systems)으로 지칭한다. 물리적·디지털·생물학적 실체가 구분없이 인식될 수 있다. 3차 산업혁명 시대 디지털 기술에 기반하여 진화된 IT, 전자 기술을 통해 물리적, 디지털, 생물학적 구분이 희석됨을 의미한다.[27]

독일의 '인더스트리 4.0' 정책에서는 제조업과 정보통신이 융합되는 의미를 설명했는데, 정보통신 기술에 기반한 새로운 산업 시대는 기술 산업계의 비즈니스의 융합을 통한 새로운 비즈니스의 출현이 핵심이다. 시장 환경 내에 공급자 및 수요자, 기업 경쟁자 및 고객의 의사결정 구조가 아닌 새로운 형태의 의사결정 구조가 발생된다. 제조업과 정보통신 분야뿐 아닌 유통, 금융, 자동차 등의 분야에서도 마찬가지이다. 특히, 4차 산업혁명에서 디지털 생산물은 웹에 의해 팽배해짐에도 소비로 인해 소진되지 않고 무한히 복제 가능하며, 유통 비용도 거의 전무한 새로운 형태의 생산물이다.[28]

디지털 생산물은 지식의 데이터화가 이루어지면서 인간의 지식이 데이터로 유통되어 또 다른 가치를 만들어내도록 한 결과물이다. 인간의 사고가 웹 공간에서 자유롭게 소통되어 웹의 데이터화가 조성되게 되었다. 빅데이터 시대 오픈 콘텐츠는 위키피디아의 사례처럼 지식의 공유와 확산, 궁극적으로는 민주화로 이어지는 계기가 될 수 있다. 웹에서 정보를 찾는 인간의 행태는 이제 기계와 협업을 추구하는 단계가 되었다. 1차에서 3차 산업혁명은 생산성의 효율 극대화, 혁신기술을 통한 생산 침체기 극복 등에 모델의 초점을 맞춰 온 것이라면 4차 산업혁명은 지식의 공유와 확산, 민주화의 개념에서 공급자와 소비자 간의 경계가 희미해진다. 기술 융합을 통한 순환적 흐름은 기계와 인간의 상생과 인간과 인간의 관계 확장에 주목하도록 한다.

기술 발전 경로와 국가의 정치문화

4차 산업혁명 시대 기술 경쟁은 정보를 처리하는 하드웨어의 개발을 넘어선 알고리즘, 빅데이터 처리 및 생성, 활용의 역량 부문에서 패권 경쟁의 양상이 실제로 일어나고 있다. 국가 간, 기업 간 신기술의 권력자원에 주목해 변화하는 기술에 대응하는 적합성 경쟁이 치열하다. 인공지능 기술의 경우 국가마다 다른, 특수한 발전 경로가 있다. 인공지능 분야 흡수 과정이 국가별로 다르다는 것은 역사 및 문화 차원에서 각 국가가 가지는 인문·사회적 가치가 다른 데서 오는 차이를 의미한다.

일례로, 자율주행 자동차(autonomous vehicle, self-driving car) 관련법의 경우를 보면, 국가 간 다른 시각 차이를 알 수 있다. 자율주행 자동차는 "자동차 스스로 주변 환경을 인식하고 위험을 판단하며" 계획한 목적지까지 주행하는 자동차이다.[29] 자율주행 기술은 미국, 일본, 독일의 차량 제조사뿐 아니라 구글, 애플 등 IT 기업도 경쟁에 합류했다. 한국과 일본, 유럽은 2016년 UN 전문가 회의에서 자율주행차 운행 공통기준 제정을 위한 논의에 참여했고, 이는 미국과는 별도로 글로벌 기준 마련을 대비하고자 한 움직임이었다. 미국의 테슬라와 구글의 경우 일반 도로에서도 운행이 가능할 수준의 자율주행차의 기술력을 보유하고 있는데, 현재 기술 표준을 둘러싸고 미국 기업들과 다른 국가 간의 대결이 첨예하다.

자율주행 자동차를 둘러싼 논쟁은 장-프랑수아 보네폰(Jean-François Bonnefon), 아짐 샤리프(Azim Shariff), 이야드 라흐완(Iyad Rahwan)의

〈그림 8-5〉 자율주행차의 딜레마

자료: Bonnefon, Jean-François, Azim Shariff and Iyad Rahwan, "The social dilemma of autonomous vehicles," *Science*, Vol.352, Issue 6293(2016), pp.1573~1576.

논문, 「자율주행차의 사회적 딜레마(The social dilemma of autonomous vehicles)」에서 생각해볼 수 있다. 피할 수 없는 세 가지의 임박한 교통사고 상황이 발생했을 때 자동차가 선택을 해야 하는 경우를 제시했는데(〈그림 8-5〉), 보행자 여러 명 혹은 한 명이 있을 때(A), 보행자 한 명 혹은 운전자 한 명이 있을 때(B), 보행자 여러 명 혹은 운전자 한 명이 있을 때(C)의 희생을 가정했다.

연구결과 설문응답자의 76%는 한 명의 승객을 희생시키더라도 열 명의 보행자를 보호하도록 프로그래밍하는 것이 윤리적으로 바람직하다고 생각했다. 공리주의적 입장에서의 선택의 경향성을 보이는 것이다. 그런데 가족구성원이 이러한 상황을 겪는다고 가정할 때, 응답자들은 다시, 공리주의적 입장을 취하면서도 차량의 승객을 최대한 보호하는 모델을 선호하겠다는 의사를 보였다.[30] 알고리즘의 윤리 기준를 둘러싼 미국의 고민을 살펴볼 수 있다.

독일은 2017년 8월 자율주행차 윤리 가이드라인을 발표해 인공지능이 사용된 기술의 윤리적 판단 근거를 마련하고자 했다. 자율주행차 윤리 가이드라인에 따르면 모든 개인에 대한 보호가 공리주의적 고려 대상이 될 수 없으며, 어떠한 상황에서도 사람의 생명이 선택될 수 없음을 명시했다.[31] 독일의 인간 존엄성에 대한 상위의 가치와 안전 제일주의에 대한 강조로 해석할 수 있다.

일본 정부의 경우 자율주행 자동차의 구체적인 상용화 정책을 발표하고 사고에 대한 손해배상책임을 논의하고 있다. 자율주행 자동차의 사고 책임 방향성에 대해 과실 비율 결정 체계를 마련하고자 한다. 자율주행차는 운전자 요인뿐 아니라 시스템 결함, 사이버 공격, 교통 인프라의 결함 등의 경우를 상정할 수 있어 운행기록장치에 대한 체제 구축을 중요시하게 다루고 있다. 특히, 일본 보험회사에서는 인공지능을 탑재한 형태의 자동차에 대해 정부 정책에 부합하는 상품을 개발하는 데 주력하고 있다.[32]

기술 발전의 경로는 국가별 문화에 영향을 받아 각기 다르게 나타난다. 제도에 대한 경로 의존성과 사회적 시민성, 수용성을 국가별로 다르게 해석해야 할 필요가 있다. 기술의 무한한 잠재력과 이용 가능성 사이에 발생하는 격차는 기술이 역사적으로 지배적 혹은 해방적 용도로 쓰여왔는지에 대한 문제로 인식할 수 있다. 네트워크 헤게모니를 지속하려는 미국의 강한 의도와 세계적 정보 지배의 현상이 지속적으로 우려되는 가운데, 미국과 중국의 정보기술 기업들은 데이터 장악을 위한 경쟁을 벌이고 있다. 일본 역시 무인택시, 치료 로봇 등의 분야에서 규제 정비를 시행하고 있다. 세계적 기준에 적합력을 가진 한국 정부 차원에서의 합리적 대응이 요구되는 시점이다.

정치사회 시스템의 변화를 둘러싼 기대

기술혁신이 가져오는 사회적 충격(impact)은 미래 사회에 인간이 어떻게 될 것인지에 대한 문제에 관한 것이다. 이 장에서는 정치사회 변화 관점에서 파급 효과 내지는 현상에 대한 진단의 포인트를 중심으로 논의하도록 한다. 미래 사회의 생활 중에서 우리가 가지게 되는 정치적 시스템은 어떠한 방식이 되는 것인가? 지금까지 4차 산업혁명을 추동하는 주요 기술을 인공지능, 로봇, 실제의 정보를 가상의 공간으로 전송하는 사물인터넷 등 디지털 기기를 통해 인간이 더 편리하고 빠르게 무엇과도 접속할 수 있는 연결성의 환경 등으로 설명했다. 기술 간의 융합으로 변혁의 파급력이 증대되는 환경은 시스템에 영향을 준다. 4차 산업혁명은 무엇보다 데이터에 기반하여 해석하고 해석된 정보가 기술에 접목되는 것이 핵심이다.

3차 산업혁명 시대 정보의 개념에서 관건이 되는 것은 데이터를 어떻게 정보로 가공할 것인지에 관심이 있었다. 정보가 현실로서의 데이터를 담아내는 방식은 역사적으로 변화해왔다. 전근대 시대의 정보는 현실 그 자체를 그대로 반영하는 형태였다. 자연적 정보, 즉 사물과 구분되지 않는 의미의 지리적·인습적 기호 등을 의미한다. 근대에는 정보가 현실을 적극적으로 구성하는 문화적 의미에서 위상을 얻

는다. 사회의 질서를 재배열하여 시각화할 수 있게 됨을 의미하는 것이다.[33]

정보의 처리 문제가 관건이 된 이후 시점부터는 메타지식, 지식에 대한 지식이 중요하다. 지식의 상호작용이 IT 기술을 통해 촉진되었다. 정보의 지식화 과정이 자동화되며, 인간의 개입, 정보의 편집 과정을 거친다. 정보에 관계를 부여하는 편집의 과정은 인터넷, 미디어가 담당하며 편집된 지식은 권력현상을 수반하게 되었다. 플랫폼의 편집지식에 대한 권력은 정보 수집과 분류의 패턴을 바꾸고 지식에 대한 인식론, 즉 지식을 무엇이라고 할 수 있을지에 대한 가치관, 세계관에도 변화를 야기한다.[34]

정치적 영역에서 지식은 어떻게 확대되는가? 커뮤니케이션의 기술 변화는 정치 정보의 질과 양의 변화뿐 아니라 참여의 방식을 전반적으로 바꾼다. 데이터 기반의 의사결정 구조는 정치적 의사 결정 과정에서도 이전의 방식과는 다른 차원의 변화를 이끈다. 현실의 모든 상황에서 데이터가 축적되고 폭발적으로 증가하는데 빅데이터가 창출하는 새로운 가치가 정치 시스템에서의 변화를 추동한다.

연결성을 통한 변화

소셜 네트워크 서비스 중 대표격인 페이스북의 이용자 수는 2011년에서 2017년까지 꾸준히 상승했다.[35] 페이스북은 사람들이 실시간 접속해 모일 수 있는 공간을 제공하고, 사람들은 타인과의 공유감 내지는 사회적 관계의 그물망 속에서 자아를 발견하는 양식의 커뮤니케이

〈그림 8-6〉 페이스북의 이용자 수

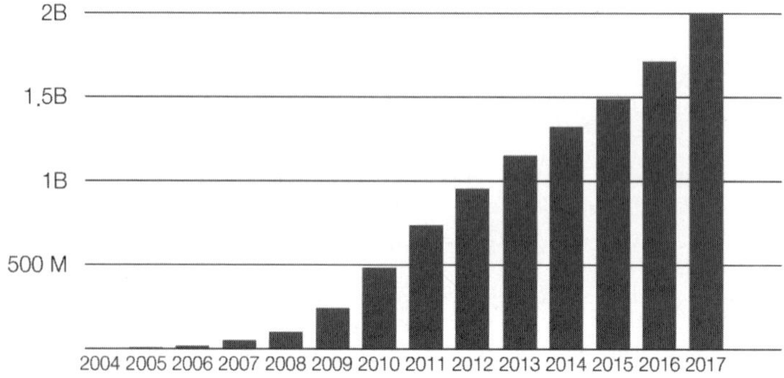

자료: https://techcrunch.com/2017/06/27/facebook-2-billion-users.

션을 구사한다.[36]

페이스북이나 구글처럼 플랫폼의 성장은 4차 산업혁명 시대를 주목하는 특징적인 현상이다. 플랫폼에서 사람들이 연결되어 있다는 특성이 폭발적인 사업성을 지닌다. 플랫폼 내에서의 구성원 간의 공유와 협력, 상생의 매커니즘이 성과를 창출한다. 플랫폼 사업자는 방대한 콘텐츠를 보유할 수 있기 때문에 플랫폼 기반 디지털 생태계를 구축하는 것이 중요하다. 하나의 플랫폼에 다양한 서비스를 연결할 수 있고, 플랫폼 사업자는 세부 플랫폼을 생성할 수 있어 플랫폼 자체가 권력을 가지는 의미가 있다.

4차 산업혁명이 그리는 미래 사회는 전 세계에서 생산되는 데이터를 어떻게 활용하여 능동적으로 의사 결정을 할 수 있는지에 달렸다. 빅데이터 머신러닝 기술은 인간의 언어를 기계가 이해하기 위한 목적에서 구현되고 있다. 머신러닝 기법 중 핵심 기술은 인공신경망인데,

〈그림 8-7〉 B2B 기업의 소셜미디어 플랫폼 활용 비율

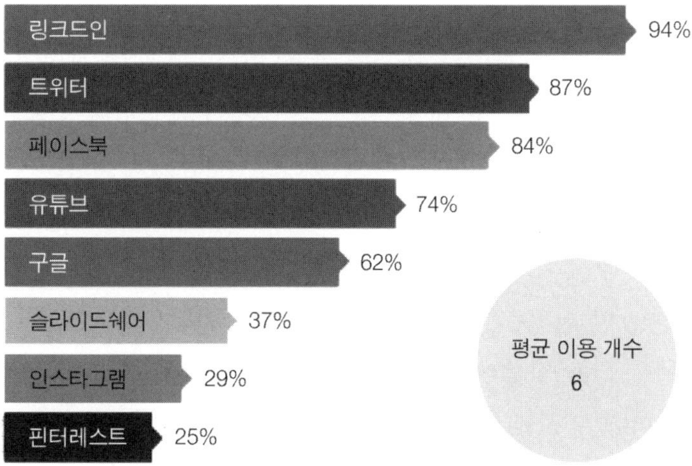

자료: "54 Content Marketing Stats to Guide Your 2018 Strategy" 2017. https://www.snapapp.com/blog/54-content-marketing-stats-guide-your-2018-strategy.

인공신경망은 생물학의 신경망처럼 결과를 도출하기 위해 무작위로 데이터를 대입하고 예상 확률을 추출해 가장 가능성이 높은 결과를 선택하는 통계학적 학습 알고리즘이다.[37] 빅데이터는 막대한 데이터 집합을 기존의 관리, 분석 체계가 아닌 이를 다루는 플랫폼이나 분석 기법까지 포괄하는 기술 자체를 의미한다.[38] 빅데이터에 기반한 확률 기반의 통계적 의사결정이 알파고의 사례처럼 인간의 세심한 판단과 경험에 가장 의존했던 영역에서도 기민하게 이뤄질 수 있다. 기술 시스템의 혁신이 가져오는 다양한 형태의 사회변화에 대응이 요구된다.

빅데이터가 이끄는 힘

최근 인류는 2.2엑사바이트(23억 기가바이트)의 데이터를 매일 생성하고 있고, 세계의 모든 데이터 중 90%는 지난 24개월 안에 생성되었다. 데이터 생성과 이용이 폭발적으로 성장한다는 것의 의미를 체감할 수 있다. 생성된 데이터는 우리에게 인터넷을 통해 전송된다. 1992년 하루에 100기가바이트의 데이터를 전달했다면, 2020년에는 초당 6만 1000기가바이트를 전달하게 된다.[39]

데이터 생성의 측면에서 보면 현재 시기는 제3의 시기에 들어섰다. 1980년대 '첫 번째 물결'의 시기, 인터넷이 연결된 컴퓨터 PC를 통해 문서와 거래 데이터를 생성했었고, '두 번째 물결'의 시기, 이메일, 사진, 음악, 동영상과 같은 비구조화된 미디어 생성물이 폭발적으로 등장했다. 스마트폰에 연결된 유비쿼터스 기술에서 웹데이터, 메타데이터가 생성되었다. 이제 우리는 '세 번째 물결'의 시기, 산업과 가정에 배치된 기계의 센서로부터 얻어진 데이터와 분석된 데이터, 메타데이터가 생성되는 시기에 진입했다.[40]

증대된 데이터에 대해 무한에 가깝게 접근할 수 있는 인터넷, 정교화된 분석 기술은 데이터가 가져올 미래 사회의 모습을 준비하도록 한다. 빅데이터는 양(volume), 속도(velocity), 다양성(variety)의 특징으로 지칭되던 것에서 추가적으로 데이터의 가치(value)에 초점이 맞춰지며 '4v'로 개념이 확장되고 있다.[41] IBM은 모호함을 의미하는 진실성(veracity)을 추가했다.[42] 데이터의 모호함과 불확실함을 인지하고 수용해야 하는 필요성이 있다는 의미이다. 데이터는 국가 간의 경계

〈그림 8-8〉 인터넷 트래픽의 증가

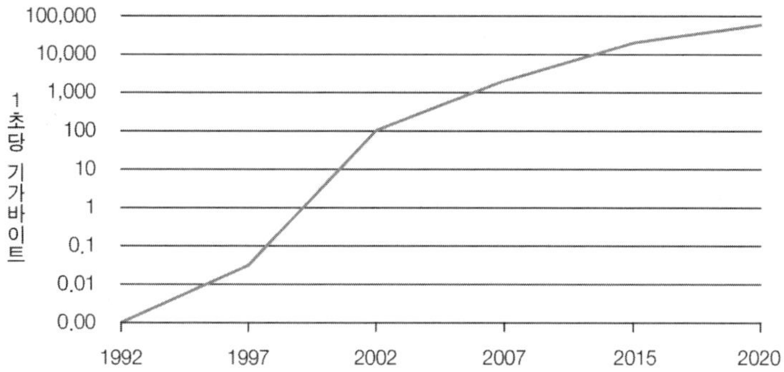

자료: David Kelnar, "The fourth industrial revolution: a primer on Artificial Inteligence(AI)," MMC writes, 2016.

뿐 아니라 산업, 정치, 문화, 사회 전반을 흔드는 4차 산업혁명의 핵심 요소이다.

미국 IBM사 왓슨(Watson) 컴퓨터의 빅데이터 분석과 활용의 예를 보면, 인지 컴퓨팅 기술을 활용해 의사결정을 돕는다. 인간의 인지 과정을 알고리즘이 따라 하는 방식인데, 획득한 빅데이터를 이용하여 사물 및 상황을 이해, 추론, 유추, 학습하고, 실체와의 연계를 통해 의사를 결정하는 알고리즘이다. 결국 왓슨은 발생한 상황을 패턴화를 통해 인지하고, 향후 전개 패턴을 분석하고, 실체의 연결, 유사성을 통해 해당 문제를 해결하는 과정을 제공한다.[43]

데이터 분석을 통한 실제 생활에의 활용, 미래 예측 기술 발전은 기업 및 국가의 경쟁력과 직결되는 문제이다. 플랫폼 역할을 하는 미국의 대표 IT 기업들이 데이터의 생성, 유통, 분석, 소비 총체를 주도해서 관리하고자 하는 시도를 함으로써 세계를 걸친 패러다임을 전환시키고 있다.[44]

국내의 경우 리테일, 제조, 의료, IT 등 다양한 산업군에서 빅데이터가 활용되고 있다. 공공 분야 및 정치 분야에서의 활용 역시 소개되고 있다. 공공데이터, 정부, 유권자 데이터 등 접목되어 분석될 수 있는 데이터가 다수인데 정치 분야에서 분석하고 활용할 수 있는 정치정보 기반 체계가 요구된다. 데이터의 단편적 추이뿐 아니라 다양한 데이터와 연계되어 정부, 의회, 유권자 입장에서 정치적 의사결정에 영향을 주는 요소를 찾을 수 있다. 데이터 기반의 의사결정 체계는 방대한 데이터를 다양한 데이터끼리 결합하여 활용할 때 가치가 극대화된다.

수평적 협업의 시대

4차 산업혁명 시대 효율성은 아이디어와 아이디어를 구현하는 기술력, 관계망 등이 다자간 관련된 행위자들의 수평적 관계성에 의해 생산, 소비, 유통이 자유롭게 이뤄진다는 면에서 확보된다. 미국의 교통, 운송 네트워크 우버(Uber)의 사례를 보면 이해하기 쉽다. 우버는 차량 공유 서비스를 제공하는 일종의 플랫폼과 같은 역할을 하는데, 소비자가 차량이 필요할 경우 공급자를 연결받는 구조이다. 공급자가 물품을 생산, 소유, 제공하여 이익을 창출했던 기존 시장의 논리가 아닌 상품의 대여에 더 가까운, 연결성에 집중된 개념이다.

이러한 방식의 경제활동을 공유의 개념으로 이해할 수 있다. 한 번 생산된 제품을 다수가 공유하여 사용하는 협업의 소비 방식이다.[45] 소비자의 측면에서 보면 생산자에 대한 소비 중심에서 공유 중심으로 시장 작동 방식의 변화가 이루어지고 있다. 현대의 경제 체제는 기업이 상품을 매개로 한 이윤 진작의 방식으로 경제 성장을 이루어왔는데, 경제 위기 시기에는 소비 침체에 따른 저성장성으로 인해 한계를 경험한 적도 있다. 4차 산업혁명에서 공유경제는 지속 가능한 모델의 필요성을 강조하고 있다. 물리적 상품 이외에도 사람들의 행태, 환경, 활용 방식 등의 데이터, 지식 정보가 산업 모델을 고도화하는 데 기여한다. 연결성을 갖춘 상품은 이용자의 관심을 부가시키며 가치를 확장시켜 나가기 때문이다.

4차 산업혁명 시대 프로슈머(prosumer), 생산자(production)와 소비자(consumer)가 결합하는 현상은 인터넷과 소셜 네트워크가 확산되고 디지털 프로슈머의 가능성을 경험한 것에서부터 심화되었다. 인터넷 공간에 개인의 의견을 유포하는 것을 넘어 지속적으로 영향력을 확대해나가고자 하는 디지털 프로슈머가 증가하고 있다. 온라인과 오프라인이 결합된 'O2O' 방식의 공유경제 서비스는 온라인 기술이 오프라인에 적용되었을 때 사용자의 편의감을 증폭시킨다. 사용자들은 분산되어 있으나 데이터의 수집, 저장, 활용 등 네트워크의 운용은 집중되고 있다. 디지털 프로슈머는 웹 2.0 방식의 지식의 민주화와 접목되어 생산의 민주화(democratization of manufacturing) 형태를 보이고 있다. 디지털 영역과 물질 영역을 아우르는 전방위적인 범위에서 사회적 생산 방식을 통해 지속 가능한 공유가 가능해진다. 4차 산업 혁명에서의 신기술의 등장뿐 아니라 원래의 기술에 민주화의 요소가 가미되어 확장될 수 있는 프로슈머의 모델은 웹이 기폭제가 된다.[46]

미국의 마이크로소프트 사는 클라우드 기반의 블록체인(blockchain) 기술에 관심을 가지고 있는데, 클라우드 서비스는 이미 국내에서도 자신의 모바일과 컴퓨터의 자료를 공유하는 방식으로 익숙한 개념이다. 블록체인은 블록을 연결한다는 개념인데 인터넷에서 사용자끼리 직접 연결되어 데이터를 송수신하는 대표적 기술이다. 사용자들이 중앙 관리 시스템 없이 금융 거래 기록 구축과 승인 이전에 사용자들끼리의 검증을 통해 보안 프로토콜을 구축한다.[47] 빅데이터를 통한 시스템 최적화는 자원 공유의 측면에서 사용자 중심의 체제 변화를 불러일으키고 있다.

정치 분야의 데이터 활용 사례

4차 산업혁명에 관한 설명과 정의, 4차 산업혁명의 주요 기술이 상징하는 미래에 대한 논의는 다수이나 정치 분야에 적용될 수 있는 가이드가 여전히 부족하다. 4차 산업혁명에서 웹의 공유와 확산의 철학은 소극적 의미의 웹의 소비를 넘어 개인이 생산자로서 참여할 수 있을 때 극대화될 것이다. 이러한 순환적인 네트워크의 특징을 고려하여 웹을 기반으로 한 개인의 참여, 생산, 소비가 이루어지는 공동체 형성을 모색할 수 있다.

정치 분야에서 빅데이터 활용 사례는 인공지능을 통한 선거 예측 분야에서 등장하고 있다. 인공지능의 적용은 언론, 법률, 정치 분야에서도 가능성이 무한하다. 국내 포털 사이트 및 소셜 네트워크 서비스를 제공하는 IT 기업은 정치 정보를 통해 유권자들의 관심을 반영하고 있다. 지난 2017년 대통령 선거 기간에도 다수의 플랫폼이 활용되었다.

예를 들어, 다음카카오 사의 '루빅스(RUBICS)'는 실시간 사용자 반응을 분석해 콘텐츠를 추천하는 시스템이다. 사용자의 성향과 행동을 수집해 뉴스를 자동 추천, 편집하는 알고리즘을 사용하는데 이것은 머신러닝 기반 자동화 방식을 반영했다. 다음카카오 사의 'MC2(Media Contents Cluster)' 시스템은 뉴스에 포함된 키워드를 실시간 추출해 많이 사용된 키워드를 노출하고 키워드끼리의 상호 연관성을 분석해 유사한 키워드의 뉴스를 이슈로 묶어준다.[48] 피스컬노트 코리아 사의 '누드대통령' 서비스는 사용자가 선호 정책을 선택하면 선거 후보인과의 적합도를 제시한다. 파운트AI 사의 '로즈'는 대통령 선거 기간에 '대선봇' 서비스를 출시했는데 대선봇은 대선과 채팅 로봇의 의미이다. 역시 기계학습을 통해 선거 정보에 대한 포털사이트 검색량을 분석하여 대통령 선거 후보자들의 당선 가능성을 예측했다.[49] 미국의 사례에서도 모그IA는 미국 소셜 네트워크 플랫폼에서 언급되는 데이터를 통해 대통령 선거 결과를 예측한 바 있다.[50]

인공지능의 선거 예측 기능은 정치 영역, 특히 커뮤니케이션 영역에 있어서 지대한 변화이다. 공공과 미디어, 뉴스 생산자(정치인 혹은 유권자) 간에 더 가까워진 관계를 체감할 수 있다. 선거 커뮤니케이션 과정에서 유권자들이 능동적으로 원하는 정보를 찾게 되고, 웹상에서 이러한 데이터 축적이 혁신적인 형태의 사이트들을 구현하고, 정보가 자동화된 형태로 전달될 수 있다. 정치 정보의 풍부성을 유권자들이 경험할 때 플랫폼은 정치적 결사, 동원과 같은 활동을 효율적으로 전개하기 위한 도구로 활용될 수 있다. 새로운 정보기술은 사회구조 내

부뿐 아니라 구조적 변형을 이끌 수 있는 영향력을 가진다.

4차 산업혁명에 관한 담론은 분야별로 조금씩 다르다. 그러나 혁명적 변화의 의미에서 이전의 산업혁명과는 다른 새로움이라는 데에는 사회적 합의가 존재한다. 4차 산업혁명을 추동하는 요소들 중 여전히 핵심 자원은 개인이며 기술에 대한 수용성을 사회와 개인이 받아들이고 확장해서 사용하는 진화의 수준이 4차 산업혁명의 발달을 결정짓는다. 기술혁신을 둘러싼 의제에 관해 학계에서 출판된 텍스트에서도 '변화', '관계', '가치', '우리나라' 등의 단어들이 등장했음을 상기해보면, 이러한 단어들이 함축하고 있는 의미를 고려했을 때, 이제는 개인의 의미와 목적이 추동하는 기술 발전과 동시에 한국적 상황에 부합하는 논의의 방향을 고민해야 하는 단계이다.

〈부록 8-1〉 토픽 모델링 결과 추출된 토픽과 각 토픽의 구성 단어 목록

토픽 1		토픽 2		토픽 3		토픽 4	
산업혁명	태양광	산업혁명	스마트	산업혁명	대응	미디어	대상
청소년	정치권	서비스	디바이스	리버럴아츠	테스트	산업혁명	인공지능
대상	전문가	인터넷	검증	우리나라	교육과정	가족	검증
부처	주요이슈	변화	가능	교양교육	가치	지리학	검토
스마트	가치	도서관	데이터	대학	활성화	방송통신	디지털
토픽 5		**토픽 6**		**토픽 7**		**토픽 8**	
비영리조직	신용등급	효율성	생산성	파생상품	지급	개인정보	특허권
불투명	조직문화	기술유출	연구자	정부기관	가치관련성	창의성	대상
신용평가기관	가설	증권사	보상제도	가치	임차료	산업혁명	컴퓨터
지수	변수	행정학	가치	관리원가	관리	재산권	개인정보보호
채권투자	부채	대상	대학	사회기반시설	가능성	사전동의	기본권
토픽 9		**토픽 10**		**토픽 11**		**토픽 12**	
산업혁명	건강보험	메이커	마케팅	일자리	대응	벤처기업	창업자
변화	관점	프로그램	콘텐츠	변화	가능성	재평가	시사점
지적	관련	서비스	지배	산업혁명	교육철학	지역	신제품
대응	지급	소셜미디어	콘텐츠를	스마트	글쓰기	가치	지출비용
인공지능	인터넷	지역	산업혁명	우리나라	인공지능	인터넷	창의성
토픽 13		**토픽 14**		**토픽 15**		**토픽 16**	
스타트	액셀러레이터	관계	소비자	관리	클라우드	지식	스페이스
국가정책	관리	가치	서비스	양면성	탄력성	대응	평생학습
은퇴	지속	지각	적합성	혁신성	지방	대학도서관	대상
변화	산업혁명	변수	대상	산업혁명	지방자치단체	메이커	글로벌
박근혜	서비스	관점	공급자	케어	지정	사이버	재산권

토픽 17		토픽 18		토픽 19		토픽 20	
지원	기술혁신	산업혁명	네트워크	관리	의사결정	사업자	복지제도
디지털	바이오	변화	통신사업자	생산성	자신감	서비스	복지혜택
사출성형	국내외	시나리오	생태계	프로세스	선행연구	변화	시스템
바우처	검색	인공지능	가치	경영자	시스템	케이블	가입자
시스템	경쟁력	대학	우리나라	영재교육	관련	데이터	경쟁사업자
토픽 21		**토픽 22**		**토픽 23**		**토픽 24**	
스마트	회계학	수도권	지역	중소기업	가능성	개인정보	관련
방법론	프로젝트	국가이미지	산업혁명	대기업	동반진출	개인정보보호	우리나라
교육평가	관련	주요과제	한국의	비대칭	신용등급	웹사이트	인공지능
브레인	관심	지역격차	관광	교통안전	홈쇼핑	지능형모빌리티	활성화
사회학	기술력	소비자	국가발전	부채	기업성장률	가능성	테스트
토픽 25		**토픽 26**		**토픽 27**		**토픽 28**	
데이터	자본시장	자동차	근로자	대응	기후변화	인공지능	지능형
네트워크	키워드	온라인	서비스	활성화	산업혁명	시스템	우수회원
대상	시맨틱	산업혁명	운전자	사업자	관련	관계	가치
변화	인터넷	변화	관리	인력양성	가업	관광	관련하
관련	빅데이터	관련	노동법	기업가정신	생태계	브랜드	귀책
토픽 29		**토픽 30**		**토픽 31**		**토픽 32**	
네트워크	데이터	리더십	평생교육	지역	케이블	변수	관계
대주주	표준화	부정	산업혁명	자산운용	모바일	브랜드	가치
대상	관계	변혁	선행연구	위원회	변화	미술교육	관리시스템
거버넌스	서울시	감사인	관리	서비스	산업혁명	시스템	대기업
대학생	계열사	관계	관련	지역채널	지역성	산업혁신	변화

주

1 World Economic Forum, "Mastering the Fourth Industrial Revolution"(2016.1.20~ 2016.1.23).

2 K. Schwab, "The fourth industrial revolution"(Geneva, Switzerland: World Economic Forum, 2016).

3 미래창조과학부, 「제4차 산업혁명에 대응한 지능정보사회 중장기 종합대책」(2017).

4 같은 글.

5 Tom Friedman, "Five Ways to Thrive in Hyperconnected World"(Entrepreneurship, Entrepreneurship & Innovation, 2013).

6 전승수, 「초연결 사회의 빅데이터 생태계 분석과 시사점」, ≪ISSUE PAPER≫, 2012-10 (한국과학기술기획평가원, 2012).

7 World Economic Forum, "Mastering the Fourth Industrial Revolution."

8 김득원, 「4차 산업혁명시대의 핵심 인프라, 5G」, ≪KISDI Premium Report≫, 17권 06호 (정보통신정책연구원, 2017), 4쪽.

9 같은 글, 10~14쪽.

10 Pamela McCorduck, *Machines who think : a personal inquiry into the history and prospects of artificial intelligence* (Natick, MA: A K Peters, Ltd, 2004).

11 스튜어트 러셀(Stuart Russell)·피터 노빅(Peter Norvig), 『인공지능 2: 현대적 접근방식』, 류광 옮김(제이펍, 2016).

12 R. Bellman, *An introduction to artificial intelligence: Can computers think?*(Thomson Course Technology, 1978).

13 R. Kurzweil, R. Richter and M. L. Schneider, *The age of intelligent machines*, vol.579(Cambridge: MIT press, 1990).

14 P. H. Winston, *Artificial intelligence*, 3rd.(Pearson Education, 1992).

15 윤선희·이승훈, 「4차 산업혁명에 대응한 지적재산권 제도의 활용: '인공지능 창작물 보호 제도'를 중심으로」, ≪산업재산권≫, 52호(2017).

16 고희동·유병현·서대일, 「4차 산업혁명과 웹」, ≪한국정보과학회 학술발표논문집≫, 20호(2017), 456~458쪽.

17 김영미, "융합 기술을 접목한 지능형 전자정부의 정책과 전략이 중요하다", ≪지역정보화≫, Vol.104(한국지역정보개발원, 2017).

18 검색일 2017년 12월 12일.

19 잠재토픽의 개수는 그리피스와 스테이버스의 사후지정 방법으로 최대 로그우도의 값을 얻는 잠재토픽의 개수를 추정하도록 했다. Thomas L. Griffiths and Mark Steyvers, "Finding scientific topics," *Proceedings of the National academy of Sciences*, 101, suppl 1(2004), pp.5228~5235.

20 토픽 모델링 결과 추출된 32개의 토픽과 각 토픽의 구성단어의 목록은 부록에서 살펴볼 수 있다.

21 토픽 8, 토픽 24를 각각 '개인정보-1', '개인정보-2'로 명명했다(〈부록8-1〉 참조).

22 최현수·오미애, "4차 산업혁명 및 지능정보사회의 사회적 위험과 복지 패러다임 전환 필요성," ≪보건복지 ISSUE & FOCUS≫, 333호(2017).
23 K. Schwab, "The fourth industrial revolution," p.25.
24 정보통신기술진흥센터, "4차 산업혁명과 ICT 기술", ≪주간기술동향≫, 1801호(2017). https://www.itfind.or.kr/publication/regular/weeklytrend/weekly/list.do?pageIndex=0&pageSize=10
25 K. Schwab, "The fourth industrial revolution," pp. 36~45.
26 백승수, 「4차 산업혁명 시대의 교양교육의 방향 모색」, ≪교양교육연구≫, 11권 2호(2017), 16쪽.
27 J. Schlick, "Cyber-physical systems in factory automation: Towards the 4th industrial revolution," 2012 9th IEEE International Workshop on Factory Communication Systems(2012), pp. 55~55.
28 Yochai Benkler. *The wealth of networks: How social production transforms markets and freedom* (Yale University Press, 2006).
29 이충훈, 「자율주행자동차의 교통사고에 대한 민사법적 책임」, ≪법학연구≫, 19권 4호(2016).
30 Jean-François Bonnefon, Azim Shariff and Iyad Rahwan, "The social dilemma of autonomous vehicles," *Science*, Vol.352, Issue 6293(2016), pp.1573~1576.
31 World Economic Forum, "Germany has developed a set of ethical guidelines for self-driving cars"(2017).
32 이기형, 「일본의 자율주행자동차 사고책임 논의와 보험상품 개발 추이」, ≪KIRI 리포트≫, 409호(2016).
33 Albert Borgmann, *Holding on to Reality: The Nature of Information at the Turn of the Millennium* (University of Chicago Press, 1999).
34 같은 책.
35 페이스북의 이용자 수는 2011년 6억 8000만 명, 2012년 8억 8000만 명, 2013년 10억 9000만 명, 2014년 12억 600만 명, 2015년 14억 400만 명, 2016년 16억 900만 명, 2017년 17억 7000만 명이다(http://adage.com/article/digital/facebook-s-user-growth-fueled-india-brazil/ 241374/).
36 이호규, 「페이스북의 정체성에 대한 탐색적 시론: 커뮤니케이션 상황에 대한 인식과 커뮤니케이션 양식을 중심으로」, ≪사이버커뮤니케이션학보≫, 28권 4호(2011).
37 박중오·최도현, 「클라우드 서비스 기술동향: 구글 머신러닝을 중심으로」, ≪정보처리학회지≫, 23권 2호(2016).
38 한국정보화진흥원, 『새로운 미래를 여는 빅데이터 시대』(한국정보화진흥원, 2013).
39 David Kelnar, "The fourth industrial revolution: a primer on Artificial Intelligence(AI)," *MMC writes* (2016). https://medium.com/mmc-writes/the-fourth-industrial-revolution-a-primer-on-artificial-intelligence-ai-ff5e7fffcae1.

40 같은 글.

41 김규남, 「빅데이터 2.0시대, 주요 이슈와 정책적 시사점」, ≪KISDI Premium Report≫, 14권 10호(정보통신정책연구원, 2014).

42 IBM기업가치연구소, 「분석: 빅데이터의 현실적인 활용 – 혁신 기업이 불확실한 데이터에서 가치를 창출해 내는 방법」(IBM기업가치연구소, 2012).

43 이강윤·김준혁, 「인공지능 왓슨 기술과 보건의료의 적용」, ≪Korean Medical Education Review≫, 18권 2호(2016).

44 한형상·이창호, 「빅데이터 분석의 현황과 발전 전략」, ≪KEIT PD Issue Report≫, 14권 6호(2014).

45 강변준, 「공유경제 시스템의 사회적 기업 적용 연구」, 『한국정책학회 동계학술발표논문집』(2012).

46 고희동·유병현·서대일, 「4차 산업혁명과 웹」.

47 Guy Zyskind and Oz Nathan, "Decentralizing privacy: Using blockchain to protect personal data," Security and Privacy Workshops(2015).

48 "카카오, 다음뉴스 개편, 이슈 중심으로 묶어 보여준다", ≪중앙일보≫, 2016.11.5.

49 "내가 뽑고 싶은 대통령, AI, 빅데이터로 찾아볼까", ≪파이낸셜뉴스≫, 2017.4.30.

50 "대선 승자 예측에도 AI가 인간을 이겼다", ≪조선일보≫, 2016.11.9.

찾아보기

[ㅈ]

[ㅋ]

[ㅌ, ㅍ, ㅎ]

[숫자, 영문]

지은이

조화순

현재 연세대학교 정치외교학과 교수로 재직 중이다. 미국 노스웨스턴대학교에서 정치학 박사학위를 마치고 정보사회진흥원 책임연구원, 서울과학기술대학교 IT정책전문대학원 교수, 하버드 대학 방문교수를 역임했다. 저서로 *Building Telecom Markets: Evolution of Governance in The Korean Mobile Telecommunication Markets*, 『디지털 거버넌스: 국가·시장·사회의 미래』, 『집단지성의 정치경제: 네트워크 사회를 움직이는 힘』(한울, 공저), 『소셜네트워크와 정치변동』(한울, 공저), 『빅데이터로 보는 한국정치 트렌드』(한울, 공저) 등이 있다.

김성철

현재 고려대학교 미디어학부 교수이며, 경영학과 미디어를 융합한 전문지식과 ICT 분야에서 민·관·학·연을 아우르는 실무 경험을 골고루 갖춘 ICT 산업 전문가이다. 서울대학교 경영학과를 졸업하고 서울대학교 대학원에서 경영학 석사학위를 받았으며 미국 미시건 주립대학교에서 텔레커뮤니케이션 전공으로 석사학위와 박사학위를 취득했다.

강재원

미국 플로리다대학에서 대중매체 박사학위를 마치고 정보통신정책연구원 책임연구위원을 거쳐 동국대학교 미디어커뮤니케이션학과 교수로 재직 중이다. 저서로 『통신서비스 정책의 이해』(공저), 『디지털미디어와 광고』(한울, 공저), 『한국의 인터넷: 진화의 궤적』(공저), 『한국 미디어산업의 변화와 과제』(공저) 등이 있다.

최항섭

프랑스 소르본 5대학에서 사회학박사학위를 마치고 정보통신정책연구원 연구위원을 거쳐 국민대학교 사회학과 교수로 재직 중이다. 저서로 『디지털 사회론』, 『감정과 이미지의 사회학 이론』 등이 있다.

박영득

한국외국어대학교 정치외교학과에서 박사학위를 받고 현재 연세대학교 사회과학데이터혁신연구센터 연구교수로 재직 중이다. 주요 논저로는 「재분배의 정치경제학: 권력자원과 선거제도의 상호작용」(≪한국정치학회보≫), 「브렉시트 국민투표 결정요인 분석: 기술숙련도와 노동시장에서의 고용경쟁」(≪세계지역연구논총≫) 등이 있다.

심우민

연세대학교에서 박사학위를 취득하고 서울대학교 의과대학 (구)의료정책실 연구원 및 국회입법조사처 입법조사관을 거쳐, 현재는 경인교육대학교 사회과교육과 조교수로 재직 중이다. 저서로 『정보사회 법적규제의 진화』, 『입법학의 기본관점: 입법논증론의 함의와 응용』 등이 있다.

조희정

서강대학교에서 정치학 박사학위를 마치고 국회입법조사처 입법조사관을 거쳐 서강대학교 사회과학연구소 책임연구원으로 재직 중이다. 저서로 『네트워크 사회의 정치와 민주주의: 정부·정당·시민사회의 변화와 전망』, '민주주의의 기술: 미국의 온라인 선거운동', '민주주의의 전환: 온라인 선거운동의 이론·사례·제도』, 『시민기술, 네트워크 사회의 공유경제와 정치』 등이 있다.

김정연

연세대학교에서 정치학 박사학위를 받고 현재 연세대학교 국가관리연구원에서 전문연구원으로 재직 중이다. 한국 정치 과정, 정치 커뮤니케이션 분야, 방법론에 관한 연구에 관심이 있다. 저서로 『빅데이터로 보는 한국정치 트렌드』(한울, 공저) 등이 있다.

한울아카데미 2080
사회과학자가 보는 4차 산업혁명

엮은이 | 조화순
지은이 | 조화순·김성철·강재원·최항섭·박영득·심우민·조희정·김정연
펴낸이 | 김종수
펴낸곳 | 한울엠플러스(주)
편　집 | 배은희·조인순

초판 1쇄 인쇄 | 2018년 6월 1일
초판 1쇄 발행 | 2018년 6월 15일

주소 | 10881 경기도 파주시 광인사길 153 한울시소빌딩 3층
전화 | 031-955-0655
팩스 | 031-955-0656
홈페이지 | www.hanulmplus.kr
등록번호 | 제406-2015-000143호

Printed in Korea.
ISBN 978-89-460-7080-6 93300(양장)
978-89-460-6504-8 93300(반양장)

* 책값은 겉표지에 표시되어 있습니다.
* 이 책은 강의를 위한 학생용 교재를 따로 준비했습니다.
강의 교재로 사용하실 때에는 본사로 연락해주시기 바랍니다.

버추얼 창과 그물망 방패

사이버 안보의 세계정치와 한국

- 김상배 지음
- 2018년 2월 26일 발행 | 신국판 | 400면

사이버 공간의 미래 국가전략을 논하다!

복합지정학과 네트워크 세계정치론의 시각에서 바라본 사이버 안보

'버추얼 창과 그물망 방패'라는 이 책의 제목은 모순(矛盾)이라는 고사성어에서 유추했다. 오늘날 해커들의 공격은 실재(real)하지만 드러나지(actual) 않는 '버추얼 창'을 연상케 한다. 따라서 사이버 안보 분야에서는 실제 범인을 잡는 것보다 누가 범인인지에 대한 담론을 구성하는 것이 더 중요한, 일종의 '범죄의 재구성 게임'이 벌어지기도 한다.

"아기돼지 삼형제"의 우화 속에서 늑대의 공격에 대비하여 힘들지만 꾸준히 벽돌을 하나하나 쌓아올린 막내 아기돼지의 '안보전략'은 지난 100여 년 동안 우리 모두가 본받아야 할 덕목이었다. 하지만 이제는 이렇게 벽돌집을 짓는 것이 더 이상 안보전략의 덕목일 수 없는 시대가 되었다. 오늘날 신흥안보를 비롯한 사이버 안보의 문제는 새로운 위협에 대응하는 새로운 집짓기의 발상을 필요로 한다. 이 책에서 그물망이라는 은유를 사용한 것은 그물망을 아무리 촘촘하게 짜더라도 빈틈은 있다는 의미를 살리기 위해서이다. 이 책은 기존의 국제정치이론들이 상대적으로 인식을 결여해왔던 네트워크 게임을 기반으로 하는 망제정치의 게임에 주목하면서, 단 한 차례의 공격으로 복구가 불가능해질 수도 있는 '벽돌집'이 아니라 몇 차례 피해를 입어 군데군데 구멍이 뚫리더라도 여전히 유효하게 사용할 수 있는 촘촘한 '그물망' 방패를 만들 수 있는 방략을 제안한다.

미래를 보는 눈
미래보다 중요한 미래 예측

- 최연구 지음
- 2017년 8월 10일 발행 | 46판 | 240면

정답 맞히기식의 미래 예측 프레임에서 벗어나라
지속 가능한 미래 예측을 위한 미래학 입문서

미래학이나 미래 예측은 어떤 기능을 수행해야 하는가. 이 책은 여기서부터 출발한다. 미래를 정해진 숙명이 아니라 현재 어떤 선택을 하고 어떻게 행동하느냐에 따라 달라질 수 있다고 보는 것이 지은이가 말하는 미래학 또는 미래 예측의 전제이다. 미래 예측은 경마 경주에서 우승마를 맞히는 확률 게임이 아니라 가능한 미래, 바람직한 미래, 대안의 미래, 최악의 미래 등 다양한 가능성을 열어둔 미래 준비로서의 미래 예측이 될 때 비로소 의미를 가진다.

미래 예측이 예측에서 끝나버리면 우리는 정해진 숙명을 넋 놓고 기다려야 하는 존재가 되어버릴 것이다. 미래는 현재를 어떻게 살아가느냐에 따라 얼마든지 바뀔 수 있다. 피터 드러커(Peter Drucker)의 말처럼 "미래를 예측하는 가장 좋은 방법은 미래를 창조하는 것"이다. 미래 예측이 중요한 이유는 정해진 단수의 미래를 족집게처럼 맞히는 그 자체에 있는 것이 아니라, 가능한 복수의 미래를 파악하여 미래를 준비하게 도와준다는 데 있다. 정답 맞히기로서의 미래 예측이 아니라 미래 준비로서의 미래 예측이 될 때 미래 예측은 비로소 의미를 가진다. 이 책은 미래를 보는 통찰력을 키워주고, 영속적인 미래 예측을 도와주는 미래학 입문서이다.